国家社会科学基金2017年度教育学

"核心素养导向的中小学教科书编制研究"成果

核心素养导向的
中小学教科书
编 制 研 究

朱华◎著

湖南师范大学出版社

·长沙·

图书在版编目（CIP）数据

核心素养导向的中小学教科书编制研究／朱华著. —长沙：湖南师范大学出版社，2022.12

ISBN 978 - 7 - 5648 - 4765 - 4

Ⅰ.①核… Ⅱ.①朱… Ⅲ.①中小学—教材—编制—研究 Ⅳ.①G632.3

中国版本图书馆 CIP 数据核字（2022）第 218985 号

核心素养导向的中小学教科书编制研究

Hexinsuyang Daoxiang de Zhongxiaoxue Jiaokeshu Bianzhi Yanjiu

朱 华 著

◇出 版 人：吴真文
◇责任编辑：孟 霞
◇责任校对：胡晓军
◇出版发行：湖南师范大学出版社
　　　　　地址／长沙市岳麓区 邮编/410081
　　　　　电话/0731 - 88873070 88873071 传真/0731 - 88872636
　　　　　网址/https://press.hunnu.edu.cn
◇经销：湖南省新华书店
◇印刷：长沙印通印刷有限公司
◇开本：710 mm×1000 mm 1/16
◇印张：15.5
◇字数：262 千字
◇版次：2022 年 12 月第 1 版
◇印次：2022 年 12 月第 1 次印刷
◇书号：ISBN 978 - 7 - 5648 - 4765 - 4
◇定价：68.00 元

目 录

引言　基础教育课程改革已迈入核心素养时代 ……………………（1）

第一章　核心素养及其意义 ………………………………………（4）

　　第一节　核心素养的内涵与本质 ………………………………（4）

　　　　一、核心素养的内涵 …………………………………………（4）

　　　　二、核心素养的本质 …………………………………………（8）

　　　　三、核心素养相关概念辨析 …………………………………（11）

　　第二节　核心素养的意义 ………………………………………（16）

　　　　一、核心素养是教育本质的回归 ……………………………（16）

　　　　二、核心素养是课程革新的方向盘 …………………………（18）

　　　　三、核心素养是课堂教学的引擎 ……………………………（20）

第二章　教科书与教科书编制 ……………………………………（22）

　　第一节　教科书的内涵与功能 …………………………………（22）

　　　　一、课程、教材与教科书 ……………………………………（22）

　　　　二、教科书的基本特征 ………………………………………（26）

　　　　三、教科书的作用与功能 ……………………………………（28）

　　第二节　教科书编制及其基本过程 ……………………………（31）

　　　　一、课程编制与教科书编制 …………………………………（31）

　　　　二、教科书编制的一般过程 …………………………………（35）

　　　　三、教科书编制的常用模式 …………………………………（38）

　　　　四、教科书编制的基本类型 …………………………………（41）

第三章　我国中小学教科书编制面临的挑战和解决之道 …………… (46)

第一节　我国中小学教科书编制的历程回顾 ………………… (46)

一、我国中小学教科书编制的历程 ………………… (46)

二、我国中小学教科书编制的基本特点 ……………… (51)

第二节　我国中小学教科书编制的经验成就与问题反思 ……… (61)

一、我国中小学教科书编制的经验成就 ……………… (62)

二、我国中小学教科书编制的问题反思 ……………… (66)

第三节　学生发展核心素养对中小学教科书的新要求 ……… (70)

一、教科书应是传承人类优秀文化，坚定学生树立文化自信
的载体 ……………………………………………… (71)

二、教科书应是引领学生自主学习，鞭策学生实现人生发展
的工具 ……………………………………………… (72)

三、教科书应是促进学生价值实现，助推学生社会责任意识
养成的平台 ………………………………………… (73)

第四节　解决之道：编制核心素养导向的中小学教科书 ……… (74)

第四章　核心素养导向的中小学教科书特征与功能 …………… (76)

第一节　核心素养导向的教科书内涵与特征 ………………… (76)

一、学科本位教科书的育人困境 ……………………… (76)

二、核心素养导向的教科书内涵 ……………………… (78)

三、核心素养导向的教科书特征 ……………………… (79)

第二节　核心素养导向的中小学教科书结构与功能 ………… (83)

一、核心素养导向的中小学教科书结构 ……………… (83)

二、核心素养导向的中小学教科书功能 ……………… (90)

第三节　核心素养导向的中小学教科书对学生发展的价值意蕴
……………………………………………………… (92)

一、构筑学生健康心理，塑造优良品格 ……………… (93)

二、促进学生自主发展，推动终身发展 ……………… (93)

三、培育学生家国情怀，彰显社会价值 ……………… (94)

第五章　核心素养导向的中小学教科书编制理论 …………………………（96）

　第一节　学习理论与教科书编制 ……………………………………（96）

　　一、行为主义学习理论与教科书编制 …………………………（96）

　　二、认知主义学习理论与教科书编制 …………………………（99）

　第二节　认知心理学理论与教科书编制 ………………………（111）

　　一、皮亚杰认知发展理论与教科书编制 ……………………（112）

　　二、维果茨基文化历史发展理论与教科书编制 ……………（113）

　　三、元认知理论与教科书编制 ………………………………（116）

　第三节　知识论与教科书编制 ……………………………………（118）

　　一、知识的分类与教科书编制 ………………………………（118）

　　二、知识的理解与教科书编制 ………………………………（120）

　　三、"学生是参与者"知识观的教科书内容设计 ……………（121）

　第四节　课程论与教科书编制 ……………………………………（121）

　　一、影响较大的课程理论及其观点 …………………………（122）

　　二、课程理论对教科书编制的启示 …………………………（125）

　第五节　教学论与教科书编制 ……………………………………（128）

　　一、教学模式与教科书编制 …………………………………（129）

　　二、教学理论对教科书编制的启示 …………………………（130）

第六章　核心素养导向的中小学教科书编制理念与模型 ………（132）

　第一节　核心素养导向的中小学教科书编制理念 ……………（132）

　　一、立德树人是教科书编制之根本 …………………………（133）

　　二、学生发展核心素养是教科书编制之依归 ………………（135）

　　三、情境探究是教科书编制之突破口 ………………………（137）

　第二节　核心素养导向的中小学教科书编制原则 ……………（139）

　　一、方向性与现实性相结合 …………………………………（139）

　　二、系统性与应用性相统一 …………………………………（140）

　　三、知识逻辑顺序与学生心理顺序相协调 …………………（142）

　　四、教与学相促进 ……………………………………………（145）

　　五、知识、能力与素养发展并重 ……………………………（146）

第三节 核心素养导向的中小学教科书编制要求 ……………… (150)

一、以课程标准为依据 ………………………………… (150)

二、以学习活动为重点 ………………………………… (152)

三、以学生全面发展为宗旨 …………………………… (154)

第四节 核心素养导向的中小学教科书编制模型构建 ……… (157)

一、核心素养导向的中小学教科书目标确定 ………… (158)

二、核心素养导向的中小学教科书内容选择 ………… (163)

三、核心素养导向的中小学教科书内容组织 ………… (173)

四、核心素养导向的中小学教科书内容呈现 ………… (183)

第七章 核心素养导向的中小学教科书编制策略 ……………… (192)

第一节 基于知识整合的中小学教科书编制 ………………… (192)

一、教科书知识整合的涵义、价值及其原则 ………… (193)

二、教科书知识整合的类型 …………………………… (196)

三、基于知识整合的教科书编制示例 ………………… (199)

第二节 基于情境学习的中小学教科书编制 ………………… (204)

一、情境学习的涵义、特点及意义 …………………… (204)

二、基于情境学习的教科书编制环节 ………………… (207)

三、基于情境学习的教科书编制示例 ………………… (209)

余 论 呼唤教师的教材素养 ………………………………… (215)

参考文献 ……………………………………………………… (231)

后 记 ………………………………………………………… (239)

引言
基础教育课程改革已迈入核心素养时代

　　21 世纪，人类社会已经全面进入信息时代，经济模式和职业环境都发生了翻天覆地的变化。一方面，知识技术的更新需要极强的知识领悟力、创造力和人际交往能力来适应快速变换的职业市场；另一方面，信息时代加速了全球化进程，使得世界各国人民的生活、工作和交往都紧密联系，社会生活发生深刻变革，多元文化愈演愈烈。在这样的生存环境中，如何处理多元文化的差异，如何化解人与人之间的矛盾和平相处，如何成为一名讲道德、负责任的时代公民，如何协调人类与自然的关系实现可持续发展，诸如此类的问题都成为全球人类不可避免的难题。现代教育成为破解这些难题的必由之路。在瞬息万变的信息时代，基础教育究竟要"培养什么样的人"才能既适应当前职业社会的需求，又能应对未来职业变化的发展，这已成为全球基础教育领域内共同探讨的热门课题。由此，核心素养研究以其持续影响力和广泛迁移性开始进入人们的视野。

　　国外关于核心素养的研究始于 20 世纪 90 年代。1997—2005 年期间，经济合作与发展组织（OECD）开展了"素养的界定与遴选：理论和概念基础"（简称 DeSeCo）项目研究，率先提出了"核心素养"的结构模型。随后，许多其他国家和地区也开展了以全面提高教育质量的基于核心素养的教育目标体系和以核心素养为指导的课程改革研究。目前，核心素养研究在西方发达国家已经形成了较为系统的课程内容结构、课程体系和质量保障体系，并成为引领西方发达国家 20 世纪末到 21 世纪初的先进课程教学改革理念。综合来看，各国关于核心素养的研究主要集中在以下三个方面：一是核心素养内涵与结构的研究。如联合国教科文组织、经济合作与发展组织（OECD）、欧盟、美国、日本等不同国家都对核心素养的内涵与结构提出了不同的看法，在强调合作与交流能力、公民素养、信息与通信技术的掌握、批判性思维、创造性等方面都具有其共通性；二是核心素养的课程体系研究。这类研究大致又可分为三类：第一类是分项研究，逐渐融合模式，主要以美国和澳大利亚为代表；第二类是核心素养框架统辖课程体系建构研究，主要以芬兰为代表；第三类是间接体现核心素养研究模式的研究，主要以日本和韩国为代表。三是核心素养质量保障框架研究。联合国教科文组织以及欧盟等国家对核心素养质量保障框架进行了积极的探索。如联合国教科文组织在 2010 年启动了面向基础教育，以核心素养为标准的质量分析框架项目研究，作为对教育质量的分析、检测和诊断的依据。可以说，在当前的全球领域内，发展学生核心素养，将学生核心素养的培养完全融入到具体的课程与教学中已达成共识，并成为世界各国课程改革的核心内容。

受到国际众多关于核心素养研究的影响，我国教育界也纷纷展开了对核心素养的研究。国内学者们关于核心素养的相关研究大致起步于 2014 年。2014 年，教育部颁发《关于全面深化课程改革 落实立德树人根本任务的意见》，明确提出"教育部将组织研究提出各学段学生发展核心素养体系，明确学生应具备的适应终身发展和社会发展需要的必备品格和关键能力，突出强调个人修养、社会关爱、家国情怀，更加注重自主发展、合作参与、创新实践"。要"根据核心素养体系，明确学生完成不同学段、不同年级、不同学科学习内容后应该达到的程度要求"。要"依据学生发展核心素养体系……完善高校和中小学课程教学有关标准"，核心素养开始进入我国众多学者研究的视野。2016 年 9 月，《中国学生发展核心素养》在北京正式发布，引起了社会的极大关注和热烈讨论。在我国教育的语境中，学生发展核心素养主要"指学生应具备的，能够适应终身发展和社会发展需要的必备品格和关键能力，是关于学生知识与技能、情感、态度、价值观等多方面要求的综合表现"。我国制定的核心素养是"以科学性、时代性和民族性为基本原则，以培养'全面发展的人'为核心，分为文化基础、自主发展、社会参与三个方面。综合表现为人文底蕴、科学精神、学会学习、健康生活、责任担当、实践创新六大素养，具体细化为国家认同等十八个基本要点"。研制学生发展核心素养体系，调整课程方案，修正课程标准，优化中小学各学科教材，完善教学改革举措等，成为课程改革深化发展的重心工作，标志着我国基础教育课程改革进入"核心素养"时代。

作为基础教育的中小学，应该为学生未来的发展奠定什么样的基础？是扎实的"知识体系"，还是"能力体系"？是基本理论、基础知识、基本技能的获得，还是应对不确定性和复杂性环境的生存能力和处世技巧？核心素养给予了最好的应答。不可否认，随着课程改革的深化发展，我国持续推进中的基础教育课程改革取得了显著成绩，但仍存在许多问题亟待解决。在当前的教育实践中，课堂教学依然固守着知识灌输和技能训练的基本方式，过度关注固定的解题过程、标准化的参考答案现象仍然较为普遍。因此，教师的课程和教学方式要从传统的以学科知识传授为导向转向以促进学生全面发展为导向，依然任重道远。

核心素养作为一种顶层设计，一种课程改革的价值取向，最终是要落实在具体的教学实践中才能得以实现。教科书作为课程实施的主要载体，是落实国家课程标准的重要手段，是沟通课程与教学的桥梁，为核心素养的落实提供了资源和发展平台。我们要培养具备核心素养的人才，就要将核心素养看作是基础教育的染色体，以核心素养作为教科书建设的目标和方向，这也注定了核心素养对教科书编制的引领作用。因此，要发展学生的核心素养，急需开展以核心素养为导向的教科书编制的理论与实践研究，这是我国基础教育课程改革中一项具有重要价值的议题。

第一章
核心素养及其意义

　　核心素养是为了适应全球化、信息化时代大背景而诞生的新概念。关于核心素养是什么，虽然各国用词不尽相同，如经济合作与发展组织（OECD）用胜任力，美国用21世纪技能，日本用关键能力，等等，但指向的问题都是"培养什么样的人才能让他顺利地在21世纪生存、生活与发展"。核心素养究竟是什么？有什么样的研究价值？这是研究核心素养导向的教科书要回答的首要问题。

第一节　核心素养的内涵与本质

　　从构成要素看，核心素养是由核心和素养两个要素组成。"核心"一词，比较好理解，即最关键、最重要的意思。而"素养"则需进行探讨。要明确核心素养的内涵，首先需要厘清"素质""素养""关键能力""学科核心素养"等与之相关的概念。

一、核心素养的内涵

（一）素质

　　素质是我们日常生活中一个耳熟能详的词汇，如我们常说"身体素质""遗传素质""心理素质""高素质"等。素质一词，各门学科对其解释不尽相同。在生理学的概念中，素质"主要指人的神经系统、脑的特性、感觉器官和运动器官的特点"。心理学将素质解释为"禀赋""天资""天赋"①，亦受胎儿期母体内外环境的影响，即心理学层面的素质。它主要由遗传决定，是先天的、个体与生俱来的生理特点和能力，属于生理层面素质的范围；生理层面的素质是生物进化赋予人体机能的一种潜能与欲望，正是因为有了这种先天的潜能，才给人提供发展可能性，也才有文化成果对肉体机能的延伸与改造；教育学意义上的素质，既包括心理学层面的素质内涵，而且还认为素质是可教育、可发展的，在某种程度上是可改变的，可以通过后天的学习和训练获得。教育学理论倾向于将先天的素质称作遗传素质，特别重视素质对于人的能力形成和发展的重大作用。因此，教育学意义上强调素质是先天遗传和后天训练两者的结合，是与生俱来并且可以通过后天训练获得的。

（二）素养

"素养"一词，最早出现在中国古代《汉书·李寻传》中"士不素养，不可以重国"。意指士大夫们平时若不加强修养，就不能担负起建设国家的重任。文中"素养"意为"修习涵养"；在《现代汉语词典》中，素养意指"平日的修养"②；在伦理学大辞典中，素养指"经常地自我锻炼和修养，在某一方面或某一领域有较高的水平"③；在英文中，素养常被译为"attainment"或"accomplishment"，涵盖了西方世界常用的 literacy，knowledge，ability，capability，skill 等含有优良品质的概念。

从"素养"定义来看，叶澜教授认为"素养是建筑在先天遗传基础上，由后天的养育、个体所受的各级各类教育、人生经历、个人已有生命实践积淀而成"④。林崇德先生指出"素养不只重视知识，也重视能力，更强调态度的重要性"⑤。英国继续教育部（Further Education Unit）将素养定义为

---

① 林崇德，杨治良，黄希庭．心理学大辞典［K］．上海：上海教育出版社，2003：1204．
② 中国社会科学院语言研究所词典编辑室．现代汉语词典［K］．北京：商务印书馆，1978：1096．
③ 宋希仁，陈劳志，赵仁光．伦理学大辞典［K］．长春：吉林人民出版社，1989：810．
④ 叶澜．"新基础教育"论：关于当代中国学校变革的探究与认识［M］．北京：教育科学出版社，2006：360．
⑤ 林崇德．21 世纪学生发展核心素养研究［M］．北京：北京师范大学出版社，2016：22．

"成功表现所需的知识、技能和态度经验的发展"①。Dominique Simone Rychen 等人将素养界定为"在特定情境中基于成功调动认知或非认知的应对需求的能力"②。随着时代发展和社会变迁，"素养"一词的涵义也在不断丰富和完善。"素养"更加强调人们在后天环境和教育等综合作用下，通过不断学习、训练、实践而形成的修养，包括道德品质、情感态度、外表形象、知识水平、能力等各个方面，这些方面整合在一起的综合性品质即是素养。学者余文森指出："素养与素质不同，素质更多强调是先天的，素养更多强调的是素质加教养的产物，是天性和习性的结合。素养完全属于人，是人内在的秉性，素养使人成其为人，素养决定人的发展取向。教育的终极任务就是提升人的素养（教育价值所在）。"③ 从上述来看，素养的突出表现在于：在特定情境中，个体能否自主地选择、整合和应用已有的心理社会资源（包括认知的和非认知的）去应对现实社会中的种种需求与挑战。

由此，我们可以将素养理解为：第一，素养指向人本身，强调后天养成，是一个动态发展的概念，具有综合性的特征；第二，素养是一种综合性能力，它不同于"知识"与"能力"，比"能力"的内涵更为宽广，强调知识、能力、情感、价值观的统整，凸显情感、价值观对人发展的重要性；第三，素养是在特定情境中表现出来的一种内在心理品质，具有领域性和跨学科的性质。

（三）核心素养

核心素养是作为一种域外理念被引入我国的教育改革，它并非是一个本土概念。其英文单词是"Key competencies"。在英语中，"Key"有"关键的""必不可少的"等含义；"Competencies"有"能力"之意。从核心素养所包含的内容看，"素养"的翻译似乎更为恰当。"核心素养"概念主

---

① FRANC, OISE DELAMARE LE DEIST&JONATHAN WINTERTON. What Is Competence? ［J］. Human Resource Development International, 2005 (1): 28.

② Laura Hersh Salganik. Key Competencies for a successful Life and a Well-functioning Society ［M］. Hogrefe & Huber, 2003: 43.

③ 余文森. 从三维目标走向核心素养［J］. 华东师范大学学报（教育科学版），2016 (1): 12.

要来源于经济合作与发展组织（OECD）以及欧盟的核心素养框架。经济合作与发展组织（OECD）将"核心素养"界定为："个人实现自我、终身发展、融入主流社会和充分就业所必需的知识、技能及态度的集合，它们是可迁移的，并且发挥着多样化的功能。"① 欧盟在 2005 年发表的《终身学习核心素养：欧洲参考架构》中指出："核心素养是一个人在知识社会中自我实现、社会融入，以及就业所需要的素养，其中包括知识、技能与态度。"② 英国关于核心素养的界定是紧紧围绕社会和科技的发展来展开的，主要是为了培养学生适应社会的能力。为了能够培养这种"能力"，其核心素养包括："公民品格素养、学会学习的素养、信息运用素养、人际交往素养等，还涉及时间管理、创业精神与主动意识、冒险精神以及文化意识等。"③ 美国关于核心素养研究关注的重点是培育有能力的 21 世纪公民、员工及领导者，以及具备工作技能和核心竞争力的人才，并提出"学会求知、学会做事、学会共处、学会发展、学会改变"五大支柱，以满足社会的就业需要。

国内研究者对核心素养的认识受 OECD、欧盟以及其他国家的影响，可谓见仁见智。其代表性的观点主要有：学者钟启泉认为，"'核心素养'的核心既不是单纯的知识技能，也不是单纯的兴趣、动机、态度，而在于重视运用知识技能、解决现实课题所必需的思考力、判断力与表达力及其人格品性"④。学者张华认为，"核心素养亦称'21 世纪素养'，是人适应信息时代和知识社会的需要，解决复杂问题和适应不可预测情境的高级能力与人性能力"⑤。学者李艺等认为，"核心素养的核心要义不是培养学生成为单纯的有知识、有技能并掌握方法的人，而是使之成为有修养、有智慧的人"⑥。学者杨向东指出，核心素养必须满足三个条件：一是对社会和个体产生有价值的结果；二是帮助个体在多样化情境中满足重要需要；三是对

① 林崇德.21 世纪学生发展核心素养研究［M］.北京：北京师范大学出版社,2016：13.
② 林崇德.21 世纪学生发展核心素养研究［M］.北京：北京师范大学出版社,2016：16.
③ 张紫屏.基于核心素养的教学变革——源自英国的经验与启示［J］.全球教育展望,2016（7）：5.
④ 钟启泉.基于核心素养的课程发展：挑战与课题［J］.全球教育展望,2016（1）：4.
⑤ 张华.论核心素养的内涵［J］.全球教育展望,2016（4）：19.
⑥ 李艺,钟柏昌.谈"核心素养"［J］.教育研究,2015（9）：21.

所有人包括学科专家都重要。① 辛涛等学者认为，"核心素养是学生在接受相应学段教育过程中，逐步形成的适应个人终身发展和社会发展需要的必备品格与关键能力。它是关于学生知识、技能、情感、态度、价值观等多方面要求的结合体；它指向过程，关注学生在其培养过程中的体悟，而非结果导向；同时，核心素养兼具稳定性、开放性与发展性等特性，其生成与提炼是在与时俱进的动态优化过程中完成的，是个体能够适应未来社会、促进终身学习、实现全面发展的基本保障"②。尽管经合组织、欧盟以及各国关于核心素养研究的表述并不一致，但无论是命名为"关键能力"还是"21 世纪素养"抑或"五大支柱"，其思想是共通的。即核心素养指公民适应未来社会变革所应具备的关键的、必要的、重要的素养。总的来说，对核心素养的理解至少应该涵盖以下几个方面：

就内涵而言，核心素养侧重于个体在现在及未来社会中应该具备的知识、技能、态度、情感和关键能力等方面；就学科属性而言，核心素养并不指向某一学科知识或某一特定领域的具体问题，而是强调个体积极主动获得知识和技能的方法，跨学科、跨情境地规定了每一个人成长发展与适应未来社会具有重要意义的素养；就功能指向而言，核心素养的功能超出了职业和学校的范畴。它不限于满足个体生活和工作的基本需要，更在于培养更健全的个人，使他们能够更好地适应未来社会的发展和变化，实现促进社会良好运行的目标。

二、核心素养的本质

核心素养作为一种综合性的高级素养，蕴含以下本质：

（一）核心素养指向人的全面发展

唯有人，才可以用素养或品格与能力及其发展水平来衡量。离开人，就无所谓核心素养，核心素养也就失去了存在的主体和价值意义。从《中国学生发展核心素养》的框架内涵中，我们可以看出，致力于学生发展的

---

① 杨向东. 关于核心素养若干概念和命题的辨析 [J]. 华东师范大学学报（教育科学版），2020（10）：48.

② 辛涛，姜宇，林崇德，等. 论学生发展核心素养的内涵特征及框架定位 [J]. 中国教育学刊，2016（6）：4.

核心素养可谓内外兼修，既重视对学生内在的熏陶和发展，又关注学生外在的成长和提升。从文化基础到自主发展再到社会参与，由精神培养到生活实践，核心素养直接体现了对学生全面的综合培养，也反映了学生个体与社会生活不可分割的关系，体现了核心素养与社会、时代的紧密联系。

（二）核心素养是关键素养

关键是相对于普遍、全面来说，是众多之中最重要的、最核心的部分。换言之，"核心素养不是面面俱到的素养'大杂烩'，而是全部素养清单中的'关键素养'。从此意义上讲，核心素养是素质教育、三维目标、全面发展、综合素质等中间的'关键少数'素养，是各种素养中的'优先选项'，是素质教育、三维目标、全面发展、综合素质等的'聚焦版'"①。从众多素养中找到"关键素养"，要根据人的发展与社会发展的要求来确定。"关键素养"能够反映个体特征，具有个性化内涵，对于个体未来走向成功发挥着重要作用。

（三）核心素养兼具个体与社会发展的双重价值

核心素养不仅着眼于学生自身的发展，而且着眼于现代社会的发展，既有个人价值，也有社会价值。学生接受教育后所形成的必备品格与关键能力，既能使学生取得学业成功、获得满意工作，实现其个人价值；也能使学生在成为更完整的个体的发展过程中，促进社会发展进步，彰显其社会价值。可见，核心素养与学生个人和社会的发展紧密联系，学生在获得自身发展的同时，推动社会发展，实现其个人价值和社会价值。因此，核心素养是一种对个人和社会发展具有重要意义的素养。

（四）核心素养是高级素养

人的生存与发展，需要多种素养，这些素养及其发展是有优先、主次和高低之分的。传统"应试教育"培养出来的"读写算"以及记忆、应试等素养，只能说是没有竞争力的低级素养，不属于高级素养范围。所谓"高级素养"，是指人在面对复杂问题情境时能做出迅速反应、创造性解决问题的能力。这种高级素养包括：能应对信息社会挑战的创新能力、信息素养、人际交往能力、合作能力等素养，是适应学生发展和参与国际竞争

---

① 褚宏启. 核心素养的概念与本质 [J]. 华东师范大学学报（教育科学版），2016（1）：2.

必备之需。其次，"高级素养"还体现在它的跨学科性和综合性。核心素养是一种高级素养，它的"跨学科性"指核心素养能够超越学科边界，在不同学科、不同知识情境中进行迁移；它的"综合性"指向知识、能力、情感、态度、价值观的综合，这种综合的表现就是超越知识与技能的素养。这些高级的素养需要我们在不同学习领域、不同学习情境中来培养。

（五）核心素养有时代性和本土性

核心素养的时代性指向适应信息时代人才的培养要求，根据人们身处信息时代所需要的"新技能"而发展，反映出一定的时代特征和前瞻性。在当前全球化背景下各国提出的学生核心素养有一定的共性，如信息素养、创造能力、社会交往能力等都是学生应具备的关键能力。然而，不同的国家有不同的国情和发展挑战，在核心素养的厘定和培养方面也存在一定的差异。各国都要根据本国国情，结合时代发展、社会发展和人的全面发展需要，来制定核心素养的框架和确定培养方案。由此可见，核心素养不仅能够反映时代的特点和要求，而且还受制于国情的差异。我国应基于时代背景，制定符合本国国情和本国学生发展的本土化核心素养。如，在应试教育背景下，我国培养了一批习惯死记硬背、会考试的学生，他们在创造性解决问题方面的能力明显欠缺，则学生的创造能力和解决问题能力培养应是新时代的重点。此外，在多元文化愈演愈烈的今天，坚定学生文化自信，培养学生的国家认同感也格外重要。

（六）核心素养可教、可学、可评

素养既有与生俱来的，也有后天习得的。核心素养是在遗传素质的基础上，通过后天教育的作用形成、发展和完善的。余文森教授指出，"核心素养的形成具有关键期的特点，错过了关键期就很难弥补"。这表明核心素养是可教、可学的，但不是一蹴而就，而是逐步发展起来的。同时，核心素养也是可以进行评价的。核心素养的评价不是总结性或者单一性的评价，而是一种发展性评价，是定性与定量、总结性与形成性等评价的有机结合。可教、可学是核心素养具有的外显部分，这是能够在特定的情境下以一定的方式表现出来的，并且可以有效地进行定量评价。无声、无形但可感、可知是核心素养具有的内隐部分，偏向于一种潜移默化的隐性渗透过程，强调高度关注其形成过程，关注个体在过程中的感受与体悟。这种内隐的部分需要运用定性评价和形成性评价的方式进行评估。

三、核心素养相关概念辨析

（一）核心素养与关键能力

核心素养有两个关键词，一是必备品格，二是关键能力。发展学生核心素养，不仅要培养关键能力，还要培养必备品格。学生适应社会发展和终身发展的必备品格是什么？责任感、事业心、顽强意志、坚忍性格、良好处世心态、协作精神等，显然，这些都是核心素养对学生品格发展的要求。那么，核心素养要发展学生哪些关键能力？在中共中央办公厅、国务院办公厅 2017 年印发的《关于深化教育体制机制改革的意见》（以下简称《意见》）中，明确提出了四种关键能力，即："认知能力""合作能力""创新能力""职业能力"，并指出"要注重培养支撑终身发展、适应时代要求的关键能力。在培养学生基础知识和基本技能的过程中，强化学生关键能力培养"。但是，关键能力的提出，不能意味着核心素养将被关键能力取代。有人认为，随着关键能力的提出，核心素养已经成为教育过去式了，这显然是一种片面的理解，我们不能将核心素养与关键能力混为一谈。核心素养确实是以发展学生关键能力为核心，但核心素养定位在立足于"全面发展的人"。这个立足点因过于宽泛而缺乏具体针对性和可操作性，《意见》中四大关键能力的提出，正好为核心素养中关键能力的落实提供了较强的针对性和可操作性。所以，核心素养与关键能力不是一回事，二者既相互包容，又存在相互交叉的关系。

其实，"关键能力"这一概念，最早由德国职教界学者梅腾斯于 1972年提出。"关键能力"的提出，主要是针对科技发展所引起的经济结构改变以及劳动力市场的深刻变化而言。在这种变化下，职业教育迫切需要培养适应职业和劳动组织变化且具有团队协作意识、创造性、系统思考能力以及解决问题能力的新型工人。梅腾斯认为，关键能力不仅是那些与某些专业实践技能没有直接相关的知识、能力和技能，更是在各种不同场合和职责情况下作出选择和判断的能力，以及能够应对生活中意外变化的能力。正是基于这样的背景，各国纷纷加入关键能力的研究，把它作为人才培养的一个重要目标。比如，英国的关键能力特别注重个体终身发展必须具备的沟通能力、数字运算能力、信息技术能力、与他人合作能力，以及提高自己学习成绩和解决问题的能力。日本将关键能力定义为人的整体能力，并指出从初等教育至大学教育的相应课程应基于这些能力来编制。这些能力主要包括：基本素养、知识和经验；认知性能力、伦理性与社会性能力；想象力和构想力，等等。在我国，有学者指出，"'关键能力'侧重于职业教育领域，强调对职业变化的适应能力，是职业技能和从业能力的综合。主要体现了其工具性，它与核心素养有一定的关联性，但只能代表核心素养的'技能'部分"①。

从各国的观点中，我们不难发现，关键能力就是能够适应未来各种变化的综合能力和素养，如良好的认知能力、创造能力、职业能力、解决问题能力、合作能力等，正是"关键能力"的提出促成了核心素养概念的诞生。

（二）核心素养与学科核心素养

核心素养作为一个宏观概念，必须落实在具体的学科教学中。为了与学科更紧密地联系，我国学者提出了"学科核心素养"的概念，进一步丰富了核心素养的观念体系。学科核心素养是核心素养学科化的产物，其目的是将学生核心素养的培养与学校课程内容联系起来。核心素养学科化以后，教育教学研究很自然地聚焦到学科核心素养上。所谓学科核心素养，是指在面对复杂、不确定的现实生活情境时，个体能够综合运用特定学习方式下孕育的（跨学科）观念、思维模式、探究技能，以及结构化的（跨学科）知识技能，在分析情境、提出问题、解决问题和交流结果的过程中所表现出来的综合品质。学科核心素养的细分，又不可避免地使教学的关注点聚焦到学科具体核心素养上。学科核心素养的细化，有助于其在学科教学中"落地"。但学科的多个核心素养不是条块分割的"多块"或能力框架或要素的罗列，而是"多维"的整合，是个体在解决问题过程中，运用学科知识、方法、情感态度与价值观念的综合表征。

目前，对"学科核心素养"概念的理解有多种解读。学者石鸥指出，学科核心素养不等于核心素养，"核心素养不能衡量或修饰学科。学科以知

---

① 林崇德. 21 世纪学生发展核心素养研究 [M]. 北京：北京师范大学出版社，2016：29.

识、概念、原理体系来表征，学科可以达成某些核心素养，但不能说学科具有哪些核心素养"①。台湾中正大学蔡清田教授认为，"国民核心素养是学科核心素养之核心，是学科知识的盟友而不是敌人。'国民核心素养'可垂直连贯各教育阶段的学科且与各学科进行课程统整设计，进而转化成为'学科核心素养'的具体内涵。国民核心素养由各个学科核心素养共同实践，是跨学科的，可以打破单一学科的传统边界。而学科核心素养具有学科特色，并非每一门学科都需包含九大核心素养，而是各个学科共同合作培养国民核心素养"。② 钟启泉教授认为"核心素养与学科素养之间的关系是全局与局部、共性与特性、抽象与具象的关系"③。纵观学者们的观点，我们将核心素养与学科核心素养的关联理解为：

第一，学科核心素养是在学生发展核心素养框架下，根据具体学科特征和育人特殊功能确定的。核心素养在特定学科（或学习领域）的具体化就是学科核心素养，或者是具有学科特色的素养，是受核心素养引领且为达成核心素养服务的，是核心素养的载体与体现。

第二，学生发展核心素养不能由一门单独的学科可以完成。因为学科教学不是学校教育的全部，学校教育除了学科教学这种主要途径外，还有其他的教育形式与内容，如校外活动、科技活动等，这些活动也是培养学生核心素养思维的重要形式。

第三，任何学科都有培养学生学科素养的任务，也有培养学生核心素养的任务。任何学科核心素养中，可能存在对于学科本身是重要的、关键的，而从学生的整体发展看并非关键的核心素养。如，数学中的几何直观，对于解决数学问题属于关键能力（学科个性），可以作为数学的核心素养之一（共性），但对于学生的一般发展未必是关键能力；再如，通过语文这门学科的学习，学生可以达成"语言建构与运用，思维发展与提升，审美鉴赏与创造，文化传承与理解"这四大语文学科素养；通过历史这门学科的

---

① 石鸥，张文. 学生核心素养培养呼唤基于核心素养的教科书 [J]. 课程·教材·教法，2016（9）：14.

② 蔡清田."国民核心素养"转化成为领域/科目核心素养的课程设计 [J]. 湖南师范大学教育科学学报，2016（5）：11.

③ 钟启泉. 核心素养的"核心"在哪里 [N]. 中国教育报，2015 - 04 - 01（007）.

学习，学生可以达成"唯物史观、时空观念、史料实证、历史解释、家国情怀"这五大历史学科核心素养，等等，这就是个性贡献。人文学科以促进学生人文素养为主要发展外，也要能够促进学生科学素养、艺术素养等素养的发展，这就是共性贡献。

总的来讲，学生发展核心素养指向学生整体、全面的发展，学科核心素质是根据学科特点和学科任务，为培养人的全面发展和社会需要而提出的关键素质，是以"中国学生发展核心素养"为指导，同样指向学生发展核心素养。如果把核心素养比作学生身上的 DNA，那么学科核心素养就是 DNA 链上的脱氧核苷酸，它们互为基础，共同合作促进学生的发展。只有抓住了学科核心素养，才能抓住学科教育的根本，才能达成教育的最终目标。当然，学生通过各学科的学习，目的是达成各学科核心素养，最终成为一个全面和谐发展、适应时代要求和未来社会发展需要的人，并不是要每个人都成为该学科领域的精英或佼佼者。

（三）核心素养与三维目标

三维目标是新课程推进素质教育的根本体现。2001 年，我国启动新一轮基础教育课程改革，其中一个基本标志就是课程改革从"双基"（基本知识、基本技能）走向"三维目标"（知识与技能；过程与方法；情感、态度与价值观）。三维目标的提出，为素质教育在课堂教学中的落实提供了重要抓手和坚实的操作基础。让学生学会是知识与技能维度重点关注的目标，让学生会学是过程与方法维度重点关注的目标，让学生乐学是情感、态度与价值观维度重点关注的目标。学生只有学会、会学、乐学，知识才能转变为能力，才有可能获得更好发展。任何对知识、技能、过程、方法、情感、态度和价值观等维度的割裂教学，都不能促进学生的全面健康发展。

不可否认，作为新的课程理念，三维目标主张课程回归真实知识，回归真实知识学习；既重视学生基本知识与基本技能的学习，又重视对学生情感、态度、价值观的教育。然而，三维目标的提出，主要是基于旧的知识观。旧的知识观往往认为知识是客观的、存在于学习者之外，不依赖于人类存在而存在。从而导致在实际教学中，人们总是在学科教学的文本知识中去寻找它，并且存在对它善贴标签的现象。尽管知识一经产生，就难逃客观化的命运，但所有的知识都是人类的知识，是个人头脑的创造物，没有人，也就无所谓知识。当个人通过社会过程感知事实材料之间的联系、组织经验并推断出日益复杂的定义链时，知识就随之产生和发展了。所以，机械地将知识割裂开来只会走向一个极端，最终阻碍学生对生活、对世界的整体认知。

素养是人的知识、技能、情感、态度、价值观等维度的整合，是从人的视角来界定课程与教学的内容和要求的，有着鲜明的具身性和整体性，无法将"素养"客观化、对象化，这与三维目标的价值追求高度一致。但是，相对于核心素养，三维目标也有其不足：首先，它对教育的人本性、整体性和终极性缺乏关注；其次，它对人发展的关键素质要求缺乏清晰的描述和科学的界定。较之三维目标，素养的内在性、人本性和终极性更加凸显。素养完全属于人，使人成其为人，决定人的发展取向。因此，提升人的素养就是教育的终极任务。

具体来说，三维目标与核心素养的关系，我们可以从五个方面来理解。第一，从课程改革工作的推进来看，核心素养是三维目标的深化和具体化。第二，从两者的概念外延来看，三维目标比核心素养更宽，因为除了核心素养外还有更多的非核心素养。第三，从两者的概念内涵来看，核心素养倾向于"内在"，即教育内容内在于人的状态与水平，而三维目标倾向于"内化"，即教育内容内化的机制。这两者被整合在一起，为学习行为和受教育者素质提供了结构性和整体性的解释。第四，从两者的形成机制来看，核心素养来自于三维目标，是三维目标的提炼与整合。三维目标中的知识、技能和过程、方法提炼为能力，情感、态度、价值观提炼为品格。能力和品格的形成是三维目标的有机统一。第五，从两者的表现形态来看，核心素养又高于三维目标，是个体在知识经济和信息化时代，面对复杂的、不确定的情境时，综合应用学科的知识、观念与方法解决现实问题所表现出来的关键能力与必备品格。显然，教学的终极目标不是三维目标，三维目标只是核心素养形成的要素和路径。教育教学的终极目标是能力和品格，即提升人的素养。素养让我们真正从人的角度来思考教育、定位教育，素养导向的教育更能体现以人为本的思想。

第二节 核心素养的意义

教育改革的实践证明：只有理念先行，对教育价值和意义的认识先行，改革者才能带着激情和理性行走，教育改革才有可能深化并达成目标。核心素养作为基础教育领域的热点话题，是课程改革深化发展的必然产物。课程改革要走进核心素养，首先要真正走进核心素养的价值意义域，只有深入认识核心素养的价值和意义，课程改革才有可能走得更好更远。

一、核心素养是教育本质的回归

教育的终极旨趣在于育人。教育向人的本质回归，是众多有心之士在坚持质询教育本源意义、探究教育实践中获得的共识。但很长一段时间以来，我国教育的目标是以培养社会需要的各种层次和类型的人才为导向，这种工具理性指导下的教育过分强调"成才"教育和人的社会价值。"成才"教育将我们的课堂限定在对学生的知识记忆和技能的培养中，却忽视了学生生命个体的全面发展。须不知，以离开个体生命的成长为主旨而进行的"教育"，是对生命的折损，是对心灵的压榨以及精神的漠视。核心素养的提出是一种正本清源，其主旨就在于促进教育的本质回归，更趋向于"育生命之自觉"，进一步解决人才培养目标的问题。

首先，核心素养促进个性解放，成就个体未来。教育是促进人个性解放的最基本手段。正是因为教育，才使得个体摆脱认知的片面性从而获得自由度。教育对促进人的个性解放体现在用知识武装个体头脑，用思想丰富个体精神，为个体提供更多的选择和可能性。陶行知先生曾经强调对儿童的六大解放："解放眼睛、解放头脑、解放双手、解放嘴巴、解放空间、解放时间。"分别旨在培养个体在社会生活中的观察能力、思维创造能力、动手实践能力及勤学好问能力，开阔眼界，发展个性。核心素养对于促进个体解放与陶行知的"六大解放"大抵有着异曲同工之妙。首先，核心素养通过促进个体的时代适应性实现人的解放。自由不是"由自"，无知不代表自由，越是博识的人越能遵循客观规律并利用客观规律来实现自由，实现解放。2019 年冬，一场恐怖疫情席卷了全球。面对形势严峻的疫情时代，对疫情本身的认识就是一个很好的例子：从起初人们对疫情错误的认知到后来严格把控，自觉隔离——这看似是限制了主体自由，其实是为未来解放自由而努力。由此可知，自由不是抽象静态的存在，而是受社会诸多因素的影响，存在于具体的实践活动之中。想要真正实现个体的解放，就必须适应时代，尊重规律，处理好人与自然、人与他人、人与自我的关系，真正实现教育意义上的人的解放。核心素养是教育领域给时代的答案，既立足于现实，更是面向于未来，是教育理念的一次升级，是通过培养适应发展、具备关键能力的"新文明人"来充分实现人的解放，旨在引领每一个生命个体实现自我的完善和超越。

教育归根到底就是为未来的时代培养新人，它注定具有令人期冀的"明天性"——带着羽毛般的闪亮的希望。美国教育家杜威曾说过"教育即生长"，这种不断生长就是教育向上、向善的力量。核心素养的品格与关键能力就是学生在未来世界发展和自身发展中面临的挑战。随着社会的发展，每个人都会不断地接受教育和学习，个人的终身学习将与劳动创造互相融合，接受终身的教育和学习将成为人们生存与生活的需求，这也是人们心中的未来教育的模样。"核心素养教育则是顺应并发扬了教育的'种子般的特性'，从根核生发加以灌溉与培植，具有'不可遏制'的生长性，它朝着未来的方向不断生长。"① 它以"培养全面发展的人为核心，从文化基础、自主发展、社会参与三个方面，确立了人文底蕴、科学精神、学会学习、健康生活、责任担当、实践创新"六大核心素养；它为生命成长提供心灵的地图与精神的密码，是一种"直面生命、通过生命、促进生命及提升生命"的教育；它以整体的理念与思想引导每一生命个体不断学习、修炼提升，不断走向完整、完美、完满的自我，朝向未来时代期许的具有丰富人性、富有创造力、富有生命力的新人。

其次，核心素养点亮教育的生命图标，实现教育的社会价值。教育是具有工具性意义的，但教育并非只是知识之间的传递，而应该是生命的交

---

① 林高明. 核心素养教育的意义何在 [J]. 山东教育，2018（1）：126.

往与沟通。蒙台梭利曾表示："教育的目的在于帮助生命力的正常发展，教育就是主张生命力发展的一切作为。"作为近年来教育的新理念，核心素养高举点燃生命的火把，由教育的"工具本位"走向教育的"生命本位"，着重聚焦于学生精神世界的成长和社会意识的增强，成为教育回归生命核心的"诺亚方舟"。核心素养内涵中的品格是做人的根基，是幸福生活和道德生活的基石。关键能力是一个人做事的基础，也是幸福生活的基石。生命的幸福感既是"有生命的生活"也是"有生活的生命"，唤醒生命幸福感必须朝向社会，朝向生活事实。每一个人的发展都发生在既定条件下，受到制约的同时也收获际遇和机缘。我们享受信息时代的便捷，也要承担这个时代要求新青年负起的担当，关注未来时代发展的迹象。因此，实现自身生命价值与社会价值的统一是核心素养时代对新一代受教育者的主要要求。毋庸置疑，生命的价值在于积极参与社会生活，勇于实践创新。核心素养背景下的实践创新包括劳动意识、问题解决和技术应用，这也从侧面解决了"社会实践创新如何凸显生命活力"的问题。尊重劳动并且对劳动工作具备积极的态度，在掌握一定劳动技能后主动参与社会实践能凸显生命活力；问题意识强烈，具备具体问题具体分析能力和行动力能凸显生命活力；熟练的技术应用能力，具备将意识转化为物质的动手操作能力也能凸显生命活力。不可否认，在当前的教育实践中，很多学生因受社会不良因素影响，对自我的定位模糊不清，在处理个人与社会的关系上甚至采用对立思维，导致缺乏社会责任感和社会担当，容易出现恶性竞争。这样的生命质量不仅不高，还与我们所倡导的人类命运共同体背道而驰。想要提升生命的幸福感，重焕生命活力，社会参与是有效途径。作为素质教育的延续，核心素养的取向是个人和社会价值的统筹兼顾，要培养的是具备适应社会和时代变迁并且具备关键能力的"新人"。这样的新人参与多元化社会生产劳动，才能在文化、经济、政治等多个领域实现自身价值，在实践中创新，最终实现教育"反哺"，推动社会进步。

二、核心素养是课程革新的方向盘

核心素养推进下的课程改革不只是仅对课程目标或课程内容的调整，而是从课程观念到课程实施、从课程内容到课程评价的一次由内而外的全方位重构。在国际视野之下，有以美国为代表的"相对独立"模式，存在专门的机构对核心素养进行研究，再与课程进行融合；有以芬兰为代表的"规定指导"模式，由国家课程体系规定核心素养要点后指导课程内容和设置；也有以日本为代表的"融合体现"模式，对核心素养没有专门体系的规定，却体现在许多的教育政策文件之中。① 对于核心素养和课程体系的关系，各个国家都根据本国实际教育教学的特点给出了回答。不可否认的是，核心素养与课程体系的结合已经成为新时代背景下的一种国际趋势，而核心素养以一种崭新的视角在更新课程观念、促进课程发展等工作中发挥着不可替代的作用。

首先，核心素养改变了以往"囫囵吞枣"式的课程理解观念。什么是囫囵吞枣式的理解？20 世纪 90 年代以来开展的素质教育的成效已经给出了答案：对于"全面发展"的理解浮于表面，照旧走向"知识为主，分数至上"的老路。《中国学生发展核心素养》框架划分较为细致，理解核心素养课程观念从框架入手其实不难把握精髓。课程作为孕育核心素养的"培养皿"，理应承担具备各个课程特征的核心素养。基于这样的认识，课程体系各个部分将发生变化。如课程内容应为核心素养的达成呈现出情境化特点，从简单"呈现"走向互动"对话"；课程实施应为核心素养的达成转向"关注人"的特点，从单一主体性走向主体间性；课程评价应为核心素养的达成突出"表现性"特点，从输入评价走向输出评价。当然，核心素养不是课程改革的"另辟蹊径"，而是课程改革的"延续发展"。立足于课程的角度，核心素养不是"高高在上"的旗帜，而是真正贯穿至课程体系的各个环节，实现其真正落地，并立足中国土壤生根发芽，开出和而不同的素养之花。

其次，核心素养是课程发展的逻辑起点。不得不承认，以学科内容为逻辑起点是长期以来学科课程的表现形态，学科的整体育人功能在密集的学科知识学习中被忽视。在科技飞速发展的信息时代，学科知识的学习与训练已经不是教育给学生的主要回报了，因为学生的所有问题都可以从搜索引擎找到答案。教育更要承担发展学生核心素养的功能，培养学生提高

---

① 辛涛，姜宇，王烨辉. 基于学生核心素养的课程体系建构 [J]. 北京师范大学学报（社会科学版），2014（1）：7.

对生活的感受力，对自我的认知力，形成应对未来挑战的品格。换言之，以学科内容作为学科课程的逻辑起点的时代即将结束，相反，以学科素养为基础的内容组织将成为学科课程发展的动力和趋势。一方面，核心素养作为一种课程价值取向，是学科课程目标的来源。建构学科核心素养的目的，就是要将核心素养层层纳入到具体的学科课程中，用学科话语将核心素养的要求表达出来；然后，通过对学科核心素养的理解和界定，从中把握本学科对学生和社会发展的意义与价值。只有在实践中将核心素养要求的必备品格、关键能力具体化为可操作的行为和可把握的目标，核心素养才有可能层层落实；另一方面，核心素养作为学科课程的起点和目标来源，在学科内容的处理与实施中发挥着定位与监督作用。它既把控着知识、技能、价值观念等形式组成的内容，又把控学生应对未来社会要获得什么样的发展。即学科课程要将哪些知识和技能纳入其课程内容，才能符合核心素养的要求；学生要学习哪些内容，才能形成正确的价值观念，从而成功掌握本学科核心素养的要求；学生要在怎样的具体生活情境中，才能将核心素养的要求充分表达出来，等等，这些都需要核心素养的"认同"。

三、核心素养是课堂教学的引擎

课程改革的核心是教学改革。作为形塑核心素养主要渠道的教学，自然就成为发展学生核心素养的突破口和希望。毫无疑问，在课堂教学中，核心素养指导着具体的教学设计，指引着教学的发展方向，要求教学的理念、内容、方法、评价等都要紧紧围绕核心素养来进行。例如，核心素养在学科教学领域衍生出来的学科核心素养概念，就是指导教学目标设计的主要依据。学科核心素养强调的是教学目标的主体性、可操作性和可测量性。主体性旨在将教学目标回归至学生本身，实现将课堂还给学生，因为素养的主体只能是人，教学目标的实现也只能体现在人身上；可操作性旨在强调教学目标符合实际和时代特点，是能达成的目标，不是乌托邦式的"教育宣言"；可测量性是指教学目标本身是教学效果的评价标准，能依靠教学目标检验教学实践优劣。优秀的教学设计是对"教学艺术"和"教学技术"的统筹协调，在公民素质和人才规格被重新定义的核心素养时代，教学设计对培育健全人格、发展创新精神的作用不可小觑。同时，关注生命的教育理念和动态生成的课堂教学也在积极呼唤着素养导向的教学设计，从教学目标到教学过程，无一不是在顶层设计的嬗变之下焕发出全新的色彩。遗憾的是，在当前中小学的教育实践中，单调且整齐划一的简单操练和固定解题套路的问题与标准答案现象比比皆是，这种教学思路虽然能使学生很熟练、很牢固地掌握学科知识，练就很强的解题能力。但是，当你跟学生相处一段时间下来，总会感受到他们身上缺了什么东西，这东西就是素养。尤其是课改以后，很多教师变"满堂灌"为"满堂问"成了新趋势。一个接一个碎片化的问题让学生应接不暇，这些碎片化问题只会让知识"闪存"，却很难让知识在一些特定应用中被激活，从而转化为新的学习生产力；也难以帮助学生形成对知识的整体印象，以保证学习的深刻性和综合性。因为教学的主要目的不是获得若干学科知识、技能和能力，而是在获得学科若干知识、技能和能力的同时，指向人的精神、思想情感、思维方式、生活方式和价值观的生成与提升。换句话说，学科教学要有人的意义，即有文化意义、思维意义和价值意义，这才是学科教学的本质！学生要学习的各学科知识归根结底是学科专家思维的产物，其中蕴含了学科专家所具有的正确价值观、必备品格和关键能力。学科教学的本质，就是要让学生通过学科的学习，习得像科学家那样的思维方式。有了这样的思维方式，他自己就知道要怎么思考，怎么学习，怎么自主解决问题了。

　　事实上，就学科的知识结构而言，任何学科都"可以分为表层结构（表层意义）和深层结构（深层意义）。表层意义就是语言文字符号所直接表述的学科内容（概念、命题、理论）（内涵和意义），深层意义是蕴含在学科知识内容和意义之中或背后的精神、价值、方法论、生活意义（文化意义）。表层结构和意义的存在方式是显性的、逻辑的（系统的）、主线的。深层结构和意义的存在方式则是隐性的、渗透的（分散的）、暗线的。但它是学生素养形成和发展的根本（决定性的东西）"①。只有抓住学科教学的本质特征，学科教学才有可能实现对学生品格塑造与能力发展，才能把学生培养成知识丰富、思维深刻、人性善良、品格正直和心灵自由的人。

---

① 余文森. 核心素养的教学意义及其培育 [J]. 今日教育，2016（3）：11.

第二章
教科书与教科书编制

学校教师和学生对教科书耳熟能详。究竟什么是教科书，教科书是怎样编制出来的，不同的人有不同的理解和看法。实际上，这些问题都涉及对教科书的概念、属性及对教科书编制的相关认识。认识模糊，理解不透，将会直接影响教科书在教学中的地位、作用及其功能发挥。

第一节　教科书的内涵与功能

习惯上，人们往往把教科书理解为教材，认为教材就是教科书，教科书就是教材的全部，并常与学科、课程、教学资源等概念混淆。究竟如何界定教科书，需要厘清课程、教材、教科书等相关概念。

一、课程、教材与教科书

（一）课程

课程一词，可以说是教育理论中歧义最纷繁的概念之一。在中国，"课程"这个词最早出现于唐宋期间。唐朝孔颖达在《五经正义》里为《诗经·小雅·巧言》中"奕奕寝庙，君子作之"一句注疏："以教护课程，必君子监之，乃得依法制也。""奕奕"，大貌。"寝庙"，宗庙。"奕奕寝庙，君子作之。"直译为："大的宗庙，君子造它。"此外，宋代朱熹在《朱子全书·论学》中也有所提及"课程"一词："宽着期限，紧着课程""小立课程，大作功夫"，意即"功课及其进程"，比较接近我们日常语言所指的课程概念。在西方，最早提出课程（curriculum）一词的是英国教育家斯宾塞。该词源是从拉丁语"currere"一词派生而来的。有两个义项："currere"意思是"奔跑"，"curriculum"一词意思是"跑道"（race-course）。前者侧重在"跑"，是一个引申为学习过程的动词。后者侧重在"道"，是一个引申为学习内容和学习进程安排的名词。根据这个词源，西方将最常见的课程定义为"学程"：即"学习的进程"（course of study）或"学习的路线"。"学程"的课程既指向一门学程，也指向学校提供的所有学程。"curriculum"一词在斯宾塞的原意中指的是静态的跑道，即静态的、外在于学习者"组织起来的教育内容"就是课程。对"curriculum"的词源"currere"的研究，在当代诸多课程研究的文献中，许多课程研究学者表现出浓厚的兴趣。根据"currere"原指"跑的过程与经历"，学者们认为课程的含义主要表现为学生与教师在教育过程中的活生生的经验和体验。

　　关于课程的理解，我国学者张华认为大致可以归为三类①：一是课程即学科。典型的定义见于中国大百科全书中，认为课程"是指所有学科（教学科目）的总和，或学生在教师指导下各种活动的总和，这通常被称为广义的课程；狭义的课程则是指一门学科或一类活动"②。二是课程即目标或计划。认为课程是教学过程中要达到的目标，是教学的预期结果或教学的预先计划。如奥利沃（P. oliva）认为课程是"一组行为目标"，塔巴（H. Taba）认为课程是"学习的计划"，约翰逊（M. Johnson）认为课程是"一系列有组织、有意识的学习结果"，等等。三是课程即学习者的经验或体验。这种课程观点深受杜威的影响，强调课程只是蓝图，最终是学生所获得的经验。代表人物有卡斯威尔（H. L. Caswell）和坎贝尔（D. S. Campbell），他们认为课程是儿童在教师指导下所获得的一切经验；福谢依（A. W. Foshay）认为课程是学习者在学校指导下的一切经验。

　　从目前的研究态势来看，课程内涵的发展表现出如下趋势："从强调学科内容到强调学习者的经验和体验；从强调目标、计划到强调过程本身的

---

① 张华. 课程与教学论［M］. 上海：上海教育出版社，2000：67-68.
② 中国大百科全书：教育［M］. 北京：中国大百科全书出版社，1985：207.

价值；从强调教材这一单一因素到强调教师、学生、教材、环境等教学四因素的整合；从只强调显性课程到强调显性课程与隐性课程并重；从强调"实际课程"到强调"实际课程"与"空无课程"（the null curriculum，被排除在学校课程体系之外的课程）并重；从只强调学校课程到强调学校课程与校外课程的整合。"新的课程定义以更宽泛的内容力求建立既包含作为计划的课程开发管理，又包含教学过程；既包括学科课程也包括活动课程，甚至包括模仿教学和陶冶教学等在内的课程体系。这种无所不包的课程内涵，大有取代"教育"的趋势。虽然课程的概念几乎等于教育，但是学者们在分析运用这一概念的时候，还是不知不觉地把它作为教与学的媒介在用，实践界更是如此。这只能说明，课程观的不同，课程的内涵也不一样。但当代课程观强调课程动态性、层次性、交互性却是不争的事实。

（二）教材

"教材"的范围很广，凡是能指导学生学习的一切材料都可称其为教材。钟启泉教授将教材定义为："是教师为实现一定教学目标，在教学活动中使用的、供学生选择和处理的、负载着知识信息的一切手段和材料。它既包括以教科书为主体的图书教材，又包括各种视听教材、电子教材以及来源于生活的现实教材等。"① 教材有狭义和广义之分。广义的教材包括教师和学生在课堂内外使用的所有教学材料，比如课本、练习册、辅导资料、自学手册、录音带、录像带、计算机光盘、幻灯片、教学实物，等等。狭义的教材就是教科书，是课程的核心教学材料。从目前来看，教科书除了学生用书以外，还配有教师用书以及与之配套的读物、挂图、卡片、音像带等。

概括地说，教材是根据一定的育人目标、学习内容和学习活动方式分门别类编写的，供教师和学生在教学活动中使用的全部教学材料。这些材料不仅是教师教学的基本资料，也是学生认识世界的媒介。从表现形式上讲，教材包括教科书、讲义、讲授提纲及其他电子出版物、多媒体、磁带等视听材料；从使用对象来讲，教材可分为小学教材、中学教材和高等学校教材三大类。

---

① 钟启泉. 现代课程论 [M]. 北京：教育科学出版社，2003：167.

从课程与教材概念的梳理中，我们不难发现课程与教材概念的异同：课程主要体现社会及学科知识和教学的要求，包括"教什么"，即教学内容如何组织、如何规划学习进程。其内容是按照课程标准的要求规定下来的，包括"知识与技能、过程与方法、情感态度和价值观领域"，它具有法定地位。因此，教材内容相对稳定且不能轻易改变。从本质而言，课程的发展就是为了解决"何种内容最有价值""如何有效传递这些内容"。教材要解决"用什么教"的问题，是"教什么""如何教得更好"的依据。包括所有能有效传递和反映课程内容、承载课程价值的文字与非文字材料，是课程得以实施的具体保证，也是课程的"物化形态"。课程如果没有教材作保证，只能是空中楼阁。教材内容经过教师的加工处理和"教学化"过程转变，就成为教学内容。所以，教师使用教材的原则不是教材教，而是用教材。

（三）教科书

在英文中，教科书称为 Textbook。在我国，人们习惯将教科书称之为课本。表示它是学校进行教学和考核学生在学校学习功课的根本。在《教育大辞典》中，教科书也称"课本"或"教本"，也是"根据各科教学大纲（或课程标准）编写的教学用书，是教材的主体，是师生教学的主要材料、考核教学成绩的主要依据，以及学生课外扩大知识领域的重要基础。通常按学年或学期分册，划分单元或章节，主要由课文、注释、插图、实验或习题等构成，其中课文是最基本的部分"①。也有学者认为，"教科书是在学科课程的范畴之中系统编制的教学用书，它集中反映了国家的意识形态和教育理念。教科书是学校教育中最重要的教材。或是教材系列的主体部分，是衡量一个国家或地区基础教育水准的重要标志"②。学者石鸥指出，"教科书属于教材，但并不等于教材。现代意义的教科书应该满足如下条件：第一，产生了现代学制，根据学制，依学年学期而编写出版；第二，有与之配套的教授书（教授法、教学法）或教学参考书，教授书内容要包括分课

---

① 顾明远. 教育大词典［K］. 上海：上海教育出版社，1990：698.
② 钟启泉.《基础教育课程改革纲要（实行）》解读——为了中华民族的复兴为了每位学生的发展［M］. 上海：华东师范大学出版社，2001：188.

教学建议，每课有教学时间建议等；第三，依据教学计划规定的学科分门别类地编写和出版"①。从上述理解出发，教科书应该是汇集人类知识精华的相应学科的学术论著和权威教学资源。它根据现代学制，依学年或学期编写；它以国家课程标准为指导按照学科编写，系统反映学科内容；它以教育目标和课程目标为蓝图，精选基础知识和基本技能，其内容承载学科知识，反映学科特征；它由特定出版社出版发行，并有与之配套的教学参考书；它不同于一般书籍，通常按学年或学期分册，并划分单元或章节。它既为学校师生教与学提供文本式的参考凭借，又为教育部门及学校考核教学效果提供主要依据，直接影响课程实施的全过程。

由此看来，教材是教科书的上位概念，它包含教科书但不仅仅局限于教科书。教科书是教材的下位概念，它包含于教材且是最具代表性的核心教材。通俗地讲，所有的教科书一定是教材，而教材却不一定是教科书。教科书只是众多教材中非常重要的一种，在教材中历史最长、比重最大、作用最强、使用面最为广泛，以及内容最基本也最为成熟。随着现代科学、信息技术的迅猛发展和人们教育理念的不断更新，涌现了一些新型的教材形式，教材家族在不断丰富和壮大。教科书虽然不等于教材，但是到目前为止，教科书仍然被公认为是最基本、最主要的教学材料。从课程教材的发展来看，教科书虽然并不代表课程的全部，但它是课程计划和课程标准操作的依据，是课程目标和课程内容转化为教师和学生理解和操作的具体方案。

二、教科书的基本特征

教科书是特殊的文本，又是读者最多、最被读者信赖、最耗费读者精力和时间，以及对读者影响深远的文本。这样重要的、特殊的教育文本，必然有其自身的特殊性。认识教科书文本的特殊性，是编写让千千万万读者受益的好教科书的前提。教科书文本的特殊性体现在以下几方面：

（一）文本的教诲性

"任何教科书，首先都是用来教的。教科书的教诲性用社会学的说法是

---

① 石鸥. 最不该忽视的研究——关于教科书研究的几点思考 [J]. 湖南师范大学教育科学学报，2007（5）：5.

规训性，用教育学的说法是主流价值观的确立，都是关于应该做什么不应该做什么的说理，是什么对什么错的标准的提供。"① 教科书的教诲性特征，使教科书的预期目标和任务必然是以教科书传递的内容说服并形塑学生；使学生在掌握教科书内容的同时信服教科书，最后因为信服教科书而对教科书所承载的主流信念与价值产生信服，并按其要求做出行为上的改变。在这一意义上，教科书其实就是对读者思想和行动的指令书，直接或间接地规训着学生学习什么、信仰什么、什么可以做什么不可以做，以及应该想什么不应该想什么，等等。

（二）文本阅读的独特性

可读性是文本的主要特征。教科书是文本，必须能够用于阅读，至少在表达上要求符合审美特性，利于学生认知、理解、吸收、消化及运用。但教科书又不同于专著和一般图书，其读者对象是教师和学生。所以，教科书又是特殊的文本。这就决定了阅读这种文本的独特性，即其读者具有极大的同质性和极大的异质性。一方面，教科书的读者群是年龄、学识、阅历非常接近的学生，外在形态差异极小；另一方面，教科书实际上具有学生群和教师群两个异质读者群。这两个读者群完全是异质的，一个是素质相对较高的教师群，一个是处于启蒙阶段的学生群。

（三）文本结构的整体性

教科书文本结构的整体性体现在三个方面：其一，教科书文本在内容整体上是一致的。任何一册教科书都不是孤立的，一册教科书与其他各册教科书是一个整体，一门课程的教科书与其他课程的教科书也是一个整体。它们有着共同的演变规律，体现社会的主流思想和价值观，反映了人类的知识现状，表达了时代对后继者的总体期望；其二，教科书是以整体的科学知识系统形式而存在的，文本结构具有较强的逻辑性和系统性；其三，教科书是团体力量的集合，要融入大批编者、学者的智慧和思考。教科书编者在编写教科书时，不仅要符合教学理论的要求，同时在整体上要形成教科书的知识网络或知识链。一方面，要保持教科书自身的系统性。另一方面，要与直接关联的教科书内容相衔接。

① 石鸥，石玉. 论教科书的基本特征 [J]. 教育研究，2012（4）：92.

（四）文本的可教学性

编制教科书的目的是教学，因而教科书一定是要能教与学的文本。教科书的教学性至少有以下两种表现：一是教科书的可听性。读者对教科书文本解读的意义，不仅仅是"看"和"读"出来的，还是要用耳朵"听"出来的。教科书的编写既要有利于眼睛"读"，也要适合于耳朵"读"，特别要适合于在眼睛"读"的同时耳朵"读"，以及在耳朵"读"的同时眼睛"读"；二是集体性阅读。教科书文本一般是集体的、发生在特定场合的阅读，所以教科书常常是集体发声的文本。一群又一群的读者被作品所影响所感染，更有可能相互影响相互感染，互相激励着填补作品的空白，成就甚至超越文本作者的意义。所以，教科书的集体性阅读也是一种教学性阅读。

三、教科书的作用与功能

教科书的作用和功能是有目共睹的。但我们必须承认，随着时代发展和教学理念的更新，教科书的功能也会有差异，但其基本功能是不变的。

（一）教科书对教师的功能

1. 教科书是教师课堂教学的指南

教科书承载着教师教授给学生的系统文化知识与技能，是课堂教学的内容文本。在课堂教学中，教科书充当了内容媒介，直观地体现了要向学生提供的知识内容。教师的讲授、板书、活动设计和知识拓展都是围绕教科书展开，是教师课堂教学中重要的指南。纵观整个教科书的发展历程，教科书自产生以来，其功能就与教师的教相联系。教科书成为理想课程转变为正式课程的载体，是教师运作理想课程与经验课程之媒介，还是连接学生知识与经验之桥梁。教师利用教科书有目的、有组织、有计划地对学生进行教学，使学生掌握系统的知识。教科书的这种功能，在某种程度上隐性地规训着教师的教学行为，要求教师按照教科书编排的结构框架和逻辑顺序向学生传授知识。当然，要让教科书更好地为学生服务，教师必须要转变将教科书视为教学目的和绝对权威的观念，实现从"教"教科书向"用"教科书转变。

2. 教科书是教师教学检测的依据

教科书在每节课文后设有练习题，大多为基础题，目的是让学生明晰基本概念，加深理解等；每章后设有习题，目的是让学生对全章知识有个整体把握，深化知识、应用知识、训练方法及提高能力等。因此，教科书能检测、诊断教学效果。教师通过检测学生完成习题的情况，可以很好地查漏补缺，从而调整教学计划，有针对性地进行教学。

3. 教科书是教师研究和创新的对象

教科书是教师教学的一个参考文本，教师不能局限于教科书去"教"教科书，而应该创造性地"用"教科书教。在长期的教育教学中，教师积累了使用教科书的丰富教育经验，了解了各种教科书的编写意图、理念和编排结构。在此基础上，教师应承担起研究和开发教科书的职责，在教育教学中生成更符合学科知识体系和学生生活经验的教科书内容，通过教科书这个平台更好地为学生服务，从而实现学生的全面发展。

（二）教科书对学生的功能

1. 教科书是促进教育公平的重要基础

教科书是对人类文化的精选和传承，是实现课程培养目标的核心材料，也是课程标准的具体化，关系着人才培养的方向与质量。与此同时，教科书也是数量最多、学生使用最多及遍布范围最广的内容文本。在学校教育中，学生学习学科知识都是由一本教科书开始，各门学科要求学生掌握的基础知识和基本技能是一样的，这在一定程度上减少了因地域差异或贫富差异带来的教育不公现象，有利于实现教科书教育资源的共享。此外，学生考试大多围绕教科书上的知识展开，知识点再难也万变不离其宗，都基于教科书，又超越教科书，有利于国家更加公正、客观地选拔人才，为教育公平的实现提供了可能性。

2. 教科书是传递知识技能的有效载体

教科书是知识的载体，是学生最快获得知识的来源。教科书所承载的文化知识，最终目的是要引导学生学以致用，获得全面发展。无论时代如何变迁，自近代新学实行一百多年来，我国各版本的教科书，特别是中华人民共和国成立以来的教科书在这方面做出了重要的贡献，积累了丰富的经验。学生通过教科书中文化知识的引领，主动理解和建构这些知识，获得知识与技能、过程与方法、情感态度与价值观的全面发展。

3. 教科书是激发学生学习动机的工具

教科书语言通俗易懂，排版美观有趣，图文并茂，可读性和趣味性很强，能够激发学生的学习动机，引导学生有兴趣地学习。教科书栏目设置多种多样，能够启发学生思考，将知识灵活运用于实践中。教科书习题安排由易到难，层层深入，符合学生的认知特点，有助于学生准确定位，查漏补缺。教科书注重以问题引发学生的认知冲突，让学生通过自主学习，自主查阅资料解决问题，形成相关能力，这些都体现了教科书激发学习动机的功能。

（三）教科书对国家的功能

1. 教科书具有人才预设功能

教科书是国家意志、民族精神和专业知识水平在教育行为中的集中体现。每一代教科书孕育一代人，教科书在编制和开发上处处展示着它的人才预设功能。每个时期、每个阶段，国家要培养什么样的人，最终都会反映到教科书里。国家对于教科书的掌控在于确定教科书中哪些知识最有价值，教科书的内容决定着培养什么样素质的社会人才才能有利于国家未来的建设和发展。历史地看，我国中小学教科书的发展始终呈现出与国家课程发展相适切的"面孔"，围绕培养什么样的学生和怎样培养学生来开展工作。教科书内容的不断发展和更新，满足了现代社会的要求和对同时代人才培养的预想。立足新时代发展的教科书，就是要培养有理想、有本领、有担当的社会主义事业接班人。

2. 教科书具有道德渗透功能

新的课程标准把学校德育教育放在了首位，除了在思想品德教育系统进展集中教育外，还在其他各个学科的教科书文本中渗透德育教育。教科书内容无不隐含着爱生活、爱自然、爱祖国、爱科学、爱他人等思想，学生在获得知识与经验的同时，思想上也受到了潜移默化的影响。国家通过将主流文化多次渗透于各科教科书中，使学生潜在地形成正确的价值观。这种正确的价值观一直在无形地、长远地、潜移默化地影响着学生群体，在不知不觉中使学生形成了符合国家道德标准的价值观。

3. 教科书具有文化传承功能

教科书中汇集了人类千百年来通过社会实践积累起来的文化知识精华，其内容涉及古典诗词、经典名著、古文字、历史人物、风俗节日、神话传说、书画建筑等，是传承民族文化的重要载体。"在全世界许多国家的学校课堂上，正是教科书为教学提供了大量的物质条件，也正是教科书确定了什么才是值得传承下去的精华和合法的文化。"① 教科书的文化传承功能表现为：首先，教科书可以通过弘扬中华民族优秀的传统文化，延续文化命脉，让传承了五千年的中华文化得以代代相传，历久弥新；其次，通过传统文化的渗透，能向学生教授优秀的道德品质，例如言行一致、谦敬礼让、讲求仁爱的思想以及勤俭节约、自强不息的传统美德。

教科书在社会和学校教育教学中的多功能性，促使我们不能只从学校教育教学的角度看待教科书的作用，而应当从更广泛的社会意义上认识教科书的功能与价值。

第二节　教科书编制及其基本过程

教科书，作为一种重要的教育文本，其编制是一个既费神思又期望最多、非难最多的有目的、有计划的系统工程。教科书文本在内容选择、结构组织、印刷制作等方面是否既符合课程标准的质量规定，又满足不同受教育群体的合理需求，都有待于教育研究者和教科书编制者从不同视角，以不同方法进行深入持久的研究与探索。

一、课程编制与教科书编制

（一）课程编制

"编制"一词，在英语中对应的单词是"development"，早期被用来表

①　M·阿普尔，L·克丽斯蒂安—史密斯. 教科书政治学［M］. 侯定凯，译. 上海：华东师范大学出版社，2005：95.

示"编制"的英文词还有"making""building""construction"等，这些词的本义是制作、建筑的意思。在我国，现代汉语词典对"编制"的解释是："根据资料做出（规程、方案、计划等）。"① 不少学者在定义"编制"一词时都取此意。"编制"一词多见于课程领域，比如"课程编制"。与"课程编制"相关的概念还包括"课程设计""课程研制""课程开发"等。要了解教科书编制的含义，首先必须了解"课程编制"及其相关概念。因为教科书是依据课程标准编写的教学用书，对课程编制及其相关概念的理解可以拓宽对教科书编制概念理解的视野。

"课程编制"，又称"课程研制"或"课程编订"，来自英语"curriculum development"一词。从国内外学术界对"课程编制"含义的理解来看，代表性观点大致有四种：第一，钟启泉先生的"课程研制"观点。他把课程编制看成"借助学校教育计划—课程—实施与评价，以改进课程功能的活动的总称"。此观点揭示了课程编制的活动性，概括了课程编制的目的是改进课程功能，也触及了课程实施和课程评价问题，但把课程等同于教育计划似乎有欠合理之处。第二，陈侠先生的"课程编订"观点。他认为"课程编制是实验、研究、编辑和审订教学内容的全过程"。此观点揭示了课程编制的过程特征，但将课程编制游离于学校活动之外了。第三，英国的菲利普·泰勒和科林·里查兹针对欧美"课程研制"一词的混乱状况提出来的"课程编制"的观点。他们认为课程编制是指"那些精心计划的活动总和，通过它们设计出学程或教育活动模式，并提供给教育机构作为其学程或教育活动模式的方案"。此观点揭示了课程编制的活动性，但也将"课程编制"活动排斥于学校之外。第四，美国奥利瓦的"课程研制"观点。奥利瓦从分析课程的定义和课程的目的入手，揭示了课程研制与教育教学活动的紧密联系，但只看到了学生学习经验的媒体，没能揭示这种媒体的实质。

在课程研究领域，课程编制实际上是解决如何选择材料，采取怎样的方法和技术将这些材料按一定的顺序组织成合理结构的问题。主要有两层

---

① 中国社会科学院语言研究所词典编辑室. 现代汉语词典（第五版）[K]. 北京：商务印书馆，2005：81.

含义：其一，课程编制是一种方法和技术；其二，课程编制是一个完整实践过程。这两方面都包括如何确定课程目标、拟订课程形式与结构、选择与组织内容、实施课程和评价课程等一系列方法、技术，以及这些阶段的一套完整实践。

关于课程设计的理解，有学者指出，课程设计是"按照育人的目的要求和课程内部各要素、各成分之间的必然联系而制订一定学校的课程计划、课程标准和编制各类教材的过程，是课程建设系统工程的一个组成部分"①。课程设计实际上既包含了课程计划和课程标准本身的内容，还包括了课程计划和课程标准的设计过程，更多地强调课程的基本要素以及这些要素的组织和安排。而课程开发是一种决定课程、改进课程的活动和过程，探讨的是课程形成、实施、评价和改变课程的方式和方法，其中，也包括了课程设计以及设计的背景。

一般认为，课程设计"是一个更上位的概念。在任何工作正式开始之前，都必须有一个前期的计划、安排，而在课程建设领域，就是'课程设计'"。② 如"课程理念、课程目标、课程内容的选择与组织"等要素都属于"课程设计"的范围。只有对这些要素预先计划之后，才谈得上对课程设计要素的安排和技术上的支撑，以及设计的结果。此外，课程设计需要关注到课程编制的过程、要素、技术以及需要关注的问题等多个方面，这些方面都需要预先进行设计。

（二）教科书编制

对教科书编制概念的理解，纵观国内学者观点，大致有以下几种：其一，教科书编制是根据学校课程方案和学科课程标准要求，选择和组织教学内容编写并对出版发行的教科书进行评价的过程；其二，教科书编写就是在课程理念指导下的教科书构思创作过程，是从撰写教科书之前的构思策划到撰写成文的过程，是为满足教学活动需要而展开的一种融理论和实践于一体的双重实践活动；其三，从课程设计角度对教科书编制的含义进行阐述，认为教科书设计的过程就是课程设计的具体化过程。

① 廖哲勋，田慧生. 课程新论 [M]. 北京：教育科学出版社，2003：260.
② 钟启泉. 课程论 [M]. 北京：教育科学出版社，2010：62.

教科书编制的基本理念源于对课程编制的基本理念以及对教科书概念、地位、功能、实质和内容的全面理解和把握。尽管学者们基于不同视角提出了不同的看法，在术语的使用和解释上虽有差异，但本质上讲，学者们对教科书编制的理解还是具有相同性。普遍认为，教科书编制是在课程理念指导下，全面理解、把握教科书及其构思创作教科书的过程。其中有两个核心因素是必须考虑的，一是要考虑教科书内容的知识结构、系统和逻辑，二是要考虑不同发展阶段学生的认知方式、结构和过程。

事实上，我们在给"教科书编制"下定义的时候，务必弄清楚编制主体、使用主体、编制理论、编制理念和编制目标等一系列问题。编制主体更多的是指编制团队，包括构思者、撰写者、审阅者、出版者、印刷者、评估者及使用者。一本优质的教科书离不开一支优秀的团队，具体包括教研人员、学科专家、一线教师和艺术设计者等；使用主体是教科书的所有使用者，意在强调教科书作为"学材"的作用，既方便教师的教，又方便学生的学；编制理论强调与教科书编制相关的理论，如课程理论、教学理论和学习理论等；编制理念指教科书编制是在何种课程理念、教学思想的指导下开展编写工作的，在一定程度上体现利益相关者的需求；编制目标即编制教科书的目的何在，也可以理解为某一版本的教科书目标。

基于上述理解，我们将教科书编制理解为：以课程标准为指导，由专业编制团队基于一定的课程理论、方法及技术，按照学生的认知发展规律，对课程目标、课程内容、课程实施和课程评价等课程各要素进行组织与落实的过程。

（三）本书对教科书编制的划定

本书将教科书编制研究的范围主要划定为从教科书项目开始启动到教科书文本编辑完成这一过程。众所周知，我国中小学教材编制实行的是准入、初审及审定制度。初审通过后，要进行试教试用，在教学环节对教材（教科书）进行全面检验，在审定通过后才列入全国或本省（区、市）中小学教学用书目录。当然，教材唯有通过实践检验，才能发现问题，便于及时修订，因而对新编教材的审查环节不容小视。本书在此无意回避这一环节，其目的在于构建一个基于核心素养的中小学教科书编制框架，特别关注教科书在编制理念、内容选择、内容组织、呈现方式及功能定位上服务于学生核心素养发展的趋向。

二、教科书编制的一般过程

关于教科书的编制过程，不同学者也提出了不同的观点。香港学者黄显华等提出了教材编制过程的设计模型：第一，建立教材的目标。第二，媒介的选择：书籍或电子媒体。第三，在编写教科书内容时，需考虑：（1）教科书课文的编写；（2）图表的设计；（3）印刷样式设计。第四，作者的修订及外部的编辑。第五，产出。日本学者西之园晴夫认为，教材的编制过程大体上可以分为六个阶段十七个步骤。①（见表2－1）

表2－1　西之园晴夫的教材编制步骤

阶　段	步　骤
规划阶段	（1）调查教育需求，特别是预测教材的使用范围和使用频度； （2）调查和分析作为学习者的对象； （3）计算并评估教材制作所需要的时间、劳力和费用； （4）用于编制的共同作业、合作体制、资金等的事前评估； （5）对于教材开发总体的事前评估
设计阶段	（6）教育目标的设定与明确化； （7）目标的分析与结构化； （8）学习经验（活动）的选定与系列化； （9）学习方式或是沟通模型的选定
制作阶段	（10）提示教材之内容的选定； （11）利用媒体的信息提示与教具制作两个步骤
试行阶段	（12）预备性试行； （13）个人或是小组的试行两个步骤
评价修正阶段	（14）反应与行为的分析、评价； （15）修正教材两个步骤
实用阶段	实用规模的试行实施与修正； （17）教材的生产两个步骤

从两位学者关于教科书编制过程的观点看，香港学者的教科书编制过程指向从编出教材文本到修订、编辑加工的过程，对教科书文本的教学实

---

① 毕华林．走向生本的教科书设计研究［D］．山东师范大学，2006：7．

施和评价修正并不包括在内。日本学者的教科书编制过程包括教科书文本的制作到教学实施、文本修正及正式产出这一系列环节。尽管各国的教科书编审制度不完全相同，但其教科书编制过程的观点无疑给我们提供了诸多启示。基于本书对教科书编制的划定，将教科书编制过程归纳为四个环节十二个阶段。

（一）编制准备

编制准备也称作项目启动。这一环节具体分为：确定编制主体——→调研学习——→把握编制理念——→制订编制计划四个阶段。

首先，确定好编制主体。一部高质量的教科书需要稳定、专业的编写团队卓有成效的研究与探索。如由"专职教科书编者、知名教科书研究专家、教学经验丰富的优秀教研员及一线教师"组成的教科书编写团队，既能较好地保证教科书的权威性和严肃性，又能照顾到教科书的教学适切性。

其次，编制主体需进行一线调研。主要包括：了解教科书主要使用者对教科书的需求；调查现行教科书使用过程中出现的问题以及一线教师对教科书的改进建议；对国内外教科书进行比较研究，更新课程理念，学习课程标准，理解课程内容特点及教科书编制的理论与方法技术，等等。

第三，把握教科书编制理念。编制理念应体现国家意志，顺应新时代课程改革的需要，牢牢把握教育方针和课程标准的旨要。在基础教育课程改革文件中，明确提出课程标准是教材编写的依据，教材内容的选择应符合课程标准的要求，教科书是使学生达到课程标准所规定的质量要求的内容载体。

最后，制订教科书编制计划。包括：教科书编制的主要目标、阶段目标、各阶段的任务安排，以及各学科的大教育目标、学科课程目标、学科教科书目标，等等。

（二）内容编制

教科书的内容编制具体分为：拟制框架——→样节编制——→样节文本修订三个阶段。

教科书的内容框架，就像人的骨架一样，是教科书编写的根基，必须牢固扎实，属于宏观规划。比如，各册教科书在整个学段中的地位如何，各单元在本册书中担负怎样的学习任务，各组块、各栏目应该如何衔接，等等。在体系构建中，应处理好教科书的整体性与应用性、逻辑顺序与心理顺序、内容编排与文本呈现、教与学等关系。

教科书的基本框架确定好之后，编写者就要开始编制样节，弄清楚编写体例、编排方式及编制体系结构，明确课程特点与写作风格，为教科书立项申报做准备。包括：采用何种叙述方式、选择哪些学科内容、选取哪些生活素材，以及按照怎样的逻辑顺序组织内容等。编者在编写样节的过程中要注意很多事项，比如，不能运用过于文学化的语言，不然会冲淡学科知识的科学性；要顾及不同年龄阶段学生的特点，体现内容的生活化、趣味性、迁移性与开放性。

样节编制完成后，需要经过多阶段反复的讨论与修订，每个阶段侧重解决不同的问题，各个学科的侧重点也不同。经过反复讨论、不断改进的样节修订好后，呈送有关专家、教学研究人员以及中小学教师审阅，广泛征求意见。

（三）文本呈现

文本呈现这一环节也可以说是文本的印制、立项及其完善加工环节。这一环节具体分为：印制产品——→立项申报——→文本设计——→文本完善四个阶段。

样节文本经过反复修订后，就可以设计图表和印刷版式，印制正式产品，开始进入立项申报阶段。首先，要根据国家教材立项申报的要求就教科书编制的指导思想，设计特点等写好教科书立项审查报告；然后将立项审查报告和印制好的教科书样节报送教育部中小学教材审定委员会进行审定。立项批准后，组织人员学习、讨论立项审查意见，根据意见再完善修改文本，在此基础上完成教科书全部内容文本的初稿设计。文本初稿完成后，还要对教科书文稿进行审阅与加工。包括审阅教科书的整体和谐性、内容的细化，以及与插图设计者沟通联系，设计插图与封面等，确定教科书最终呈现的版式。在呈现方式上，总的原则是要有利于教与学，符合卫生学、教育学、心理学和美学的要求。内容阐述要层次分明，文字表达要简练、精确、生动、流畅，叙述方式要注重启发性，内容板块要有契合性，整体上要呈现出趣味性与知识性等。

（四）文本产出

教科书文本定稿后，教科书编者联系出版者，正式印制成书。

从上述看来，教科书的编制确实是一个复杂的系统工程。从编制准备到文本产出，绝不仅仅是对教科书内容结构的简单调整和修改的过程，更取决于教科书编者的课程理念、价值取向以及学术背景和专业水平。即使教科书编者保持"力求公正"的客观态度，但内容的选择、删除、讨论问题的方式都有意识或无意识地反映了编制者的主观意识。无论怎样，优质的教科书需要专业的教科书编制团队根据时代发展需要、文化传承需要、学科发展需要，以及学生发展特点进行卓有成效的不断探索、完善和打造，这一点是毋庸置疑的。

三、教科书编制的常用模式

教科书的编制不是一个价值中立的过程，总要受特定课程价值的支配，其背后必定折射出编制者特定的课程观。因此，并不存在放之四海而皆准的固定有效的教科书编制模式。在纷纭复杂的课程编制模式中，教科书的编制总是隶属于以下几种课程编制模式。

（一）"学科中心"模式

"学科中心"模式认为，学校教育的目的是将人类数千年积累的文化科学知识传授给下一代，这些知识的精髓在于学校设置的各个学科。主张将人类已有的知识按其内在的逻辑体系分别加以组织，形成一个个并列的学科领域，以反映人类文化和科学知识精华的学科为中心来设计课程。学科中心设计的出发点是学科本身，主张学校课程应以各科知识的分类为基础，以学科知识教学为核心，以掌握各科的基本知识、基本技能为目标；认为课程内容就是学生要学习的知识，而知识的载体就是教科书。

学科中心取向的课程内容体现为科目设计、学科设计和大范围设计三种主要组织形式。科目设计，是把"课程内容分为众多科目，并赋予一定的价值等级，区分出不同科目对各类学生的适合程度。学科设计，即将学校所开设的课程内容对应于数学、自然科学、社会科学和人文学科的分类，并沿用这些学科的概念和逻辑体系作为课程内容的框架"①。学科设计强调理解学科的要素和结构，以此将知识体系确立为学科而不像科目设计那样只是占有材料和信息。大范围设计，又称"广域设计"，是把两门或以上的

---

① 钟启泉，汪霞，王文静，等. 课程与教学论 [M]. 上海：华东师范大学出版社，2008：98.

有关科目合并成单一的大范围教程，为学生提供相互关联的广泛知识领域的综合观点；试图克服科目课程的破碎形式，便于指明各科要素之间的关系；旨在培养丰富的人性，形成统一的人格。

"学科中心"取向的教科书编制将课程内容作为课程的水平组织和垂直结构的基础，有利于传承人类文化遗产，帮助学生理解和掌握系统文化知识，提高教师教学效率。但它存在明显的缺陷：第一，倾向于割裂知识，从而割裂了学生对知识整体性和内在联系性的理解；第二，脱离现实世界所关心的事物以及正在发生的事件，导致对新知识的排斥；第三，没有恰当考虑学生的需要、兴趣和经验，导致教学组织单调，教学方法单一；第四，把课程内容定义为教材，把课程内容看作是事先规定好了的东西。

"学科中心"模式的课程编制方式经过若干世纪的发展，在各方面已比较成熟完备。现有的学校组织形式、环境设备、教材教具、教师的培训方式及学业成就的评价方式等一般都是按照学科中心设计的要求进行组织的。

（二）"学习者中心"模式

"学习者中心"模式认为，知识只是教育的手段，而非目的，教育的根本目的在于造就人。主张课程内容的组织要以儿童的兴趣、需要和动机为中心。这种取向不是以课程内容为教科书的水平组织和垂直结构的线索，而是以关注学生的需要、兴趣和目的为线索，强调学生个性和主体作用的发展；重视在教育教学活动中由教师和学生共同设计课程内容，学生可以参加与自己的兴趣和需要一致的班级或小组，也可以从事个人的学习计划，建立自己独特的知识结构。其主要特征为：第一，学校活动以学生的需要和兴趣为基础。学习者的需要和兴趣是决定课程与教材结构的关键；第二，重视课程实施中形成的课程结构。因为学生的学习动机是内在的，学习目的和学习任务也不是由外部强加的，学习内容是学生通过主动探究获取的；第三，把重点放在学习问题的解决过程上。

"学习者中心"取向有两种主要形式：一是活动——经验设计。这种设计的课程结构几乎由学习者的需要和兴趣来决定，由师生合作制订计划，强调学习问题解决的过程技能。二是开放教室设计。这种设计强调学生可自由组合，按各自兴趣和需要来学习；学习的进度、方式和内容因人而异，不强迫和压制学生，对各种课题进行连续的探究和讨论；教师的任务是布

加以研究的排列方式。这种编排方式是按照逐步增大其半径的同心圆的圆周来安排教材，允许在多个教学阶段让学生重复学习大纲中的某些章节。教材内容的广度随着学生年龄的增长和知识理解程度逐步加深，在深度上不做特殊要求。其优点是便于复习和记忆，缺点是用时多，学习效率较低。

20 世纪 60 年代苏联的教科书也基本是按这种方式编排。当时苏联教育界认为，"普通中学低年级语文教材采用圆周式编排方式较好。巴拉诺夫等教育家认为，这种教材结构会使某些章节和课题或新教材的全部教程在以后各年级中重复出现。比如，在学习关于词组的概念后，根据词组就可划分此类：名词、动词、形容词等。这样，在随后的各个年级教材中就可以继续学习这些词类。"①

（三）螺旋式体例结构

螺旋式教科书结构编制是在直线式的基础上发展而来的，是将与学习者思维方式相切合的学科结构置于课程的中心地位，教材内容以学习者的接受能力为重点，按照繁简、深浅、难易的程度，以深度和广度的不同层次安排在教科书的不同阶段重复出现。学科的基本结构随着年级的上升不断拓宽加深，使之在课程中呈螺旋式上升的态势；"螺旋式"组织教科书内容，一方面保证了知识自身演变的内在逻辑性，即"直线式"组织课程的优点；另一方面又继承了圆周式扩散、加宽的心理组织方式，较好地将学科逻辑与学生心理逻辑结合起来，容易适应各年级学生的思维特点，有利于学生理解、巩固所学知识。其缺陷是容易造成学科内容的臃肿和不必要的重复，重复过多，不仅浪费时间，而且会降低学生的学习兴趣。

布鲁纳主张课程的编制采取螺旋式组织结构。他认为，课程编排既要符合儿童认知发展的特点，又要使教材能进行适当的转化，以利于寻找适合儿童、促进儿童智慧生长的教学策略。课程的编制一方面要把学科普遍的和强有力的观念态度作为课程的中心；另一方面要将教材分解为不同水平，使之与不同学生的接受能力结合起来。编制一个好的螺旋式课程应从三个方面着手：首先是课程内容的编排要系列化。即要把学科中普遍的、基本的概念和原理作为课程的中心，并且要注重内容编排的连续性；其次

---

① 韩艳梅. 语文教科书编制研究 [D]. 华东师范大学，2004：143.

是使学科的知识结构与儿童的认知结构相统一；再次是重视知识的形成过程。① 因此，教材的编制应该是由课程专家、专业教师、心理学家共同来完成。专家能够按照知识的基本结构去编制教材，因为他们更懂得该门学科知识发展的来龙去脉，知晓它的基本概念、原理及网络结构；教师能够从教学的角度来反映教材怎样才能符合教学的规律和特点；心理学家能够从学生的智力发展和心理成熟等角度考虑教材要怎样安排才能适应学生的认知发展阶段，编写出适合各年龄阶段学生学习的教材。

　　螺旋式组织教科书内容包括两方面：一是学科的概念、原理、规则等要螺旋式组织；二是学习与探究态度的螺旋式组织。教科书的逻辑组织强调学科本身的逻辑顺序，适合于逻辑体系严密的学科。螺旋式组织课程内容时要按照学科知识本身的系统及其内在联系，将教科书内容排列与有关学术领域的知识体系相对应。如我国现行的中学物理教科书基本是按照经典物理学的逻辑顺序组织的。教科书的心理组织强调根据儿童发展特点、兴趣、需要和能力组织课程，比较符合各年龄段学生理解和巩固知识、应用知识、形成智力和操作技能的心理特点。例如，我国的地理学科就是按照"乡土地理——→本国地理——→世界地理"的顺序来组织教材的，这种组织方式注意到了学生的兴趣、需要和能力，重视学生的生活经验，体现了学生本位的思想。

（四）范例式体例结构

　　教科书的范例式组织方式起源于德国瓦根舍因的"范例教学模式"理念，是借助精选教材中的示范性材料，通过个别的范例即关键性问题来掌握一般的科学原理和方法。其基本思想是：按学科结构方式来组织教材内容将受到学科系统性、完整性的限制，造成教材内容繁琐，很难精简，对学生的灌输量太多，束缚了学习的主动性，压制了创造精神。主张从整个教材系统中选取蕴含着最本质、最根本、最基础因素的典型事例和范例，并把科学的系统性与学习者的主动性统一起来，通过对这种范例的传授与探索过程，使学生的认识从个别到一般，从具体到抽象，理解并掌握基础

---

① 陈晓端，郝文武. 西方教育哲学流派课程与教学思想［M］. 北京：中国轻工业出版社，2008：206，208.

性、普遍性的知识和科学方法，从而提高学生独立思考能力和判断能力，发展学生学习的主动性和创造性。

范例教学理论关于教材编制的观点，我们简称为"三性""四统一""五分析"。即范例式教材内容的选择要体现三个基本特性，范例式教材的编写应坚持四个统一原则和五个方面要求。

第一，范例式教材在教学内容上坚持三个基本特性。（见表 2 - 2）

表 2 - 2 范例式教材内容选择的三个特性

三个特性	具体要求
基本性	教学要选择反映学科基本概念、基本原理、基本规则、基本规律的内容，目的是使学生掌握学科的基本知识结构
基础性	教学内容选择应从实际出发，适应学生知识水平和智力发展水平，并且切合学生生活经验和学生生活实际
范例性	教师精选出来的教给学生最基础性和最基本型的知识要能起示范作用。学习者学习这些知识后，要能够举一反三，触类旁通，学会学习迁移并应用于实际，以培养学习者独立思考和判断、分析、解决问题的能力

第二，根据范例教学理论，范例式教材编制应坚持四个统一的原则。（见表 2 - 3）

表 2 - 3 范例式教材编制的四个原则

四个原则	具体要求
教学与教育统一	教学在传授知识、技能的同时，要进行思想道德等精神领域的教育，要把教学的教育性教育和道德教育这两个方面统一起来
问题解决与系统学习统一	学生提出的问题或课题是学科系统中的一个有机组成部分，教师要针对这些问题或课题进行系统教学。虽然学生的学习材料是个别的、特殊的、典型的内容，但他们的知识系统却是完整的
掌握知识与培养能力统一	教科书编制要把传授知识和教授学习方法两者融入其中。在向学习者传授知识技能的同时，要培养他们学会独立思考、获得学习方法的能力，让学习者的知识与智力、能力获得双重发展
主体与客体统一	主体指学习者，客体指教材。教学中要把学习者的智力发展水平、个性特点以及对教材的理解与掌握结合起来，激发学习者学习兴趣，调动他们学习的积极性和主动性

第三，范例式教材编制针对如何遵循上述原则，提出了五个方面的要求。（见表2－4）

表2－4　范例式教材编写的五个要求

五个分析	具体要求
基本原理分析	分析具体学科中重要和带有普遍意义的内容；分析学生从这些内容学习中能掌握的基本现象、原理、规律和概念，以及形成的基本态度和方法
智力作用分析	分析这个课题内容对学生的作用；分析课题能否使教师从这些问题中了解学生对知识的掌握情况；针对学生的问题采取有针对性的教育措施，加强学生的智力活动
未来意义分析	分析这个课题的内容对学生未来发展的意义；启发学生理解这些课题内容对他们未来的意义
内容结构分析	分析这个课题内容的构成要素以及要素之间的关系和层次；分析这些课题内容的教学难点，让学生明确应掌握的系统知识及其结构
内容特点分析	分析这个课题的特点和学生对这个课题感兴趣的内容；分析应采用什么样的教学方法和手段引导学生提问；分析应该布置什么样的作业使学生有效地应用知识

范例式教材提倡用精选的、带有基本性和基础性的范例内容来编制教材，通过这种范例教材教学，使学生遵从从特殊到一般、再从一般到特殊的规律来认识世界，了解事物。这对于改革旧的教材结构体系，换一种方式理解课程与教学具有积极的意义。在教育实践中，尽管任何一种教科书的编排都有侧重点的不同，但不可能只采用单一的一种方式，而是多种方式的结合。例如，"在数学教材中，乘法教材必须以加法教材为基础才能进行，它是以严密的逻辑步骤组织起来的，顺序不能颠倒。但是，在加法之后不能立即转入乘法，因为儿童的能力尚无这种准备。因此，在加法之后应转入减法，而且还需要不断地回复到加法练习，因为减法是加法的对应，属于同一级概念。这样，通过减法练习而巩固加法，以等待儿童的发展，在反复的基础上再转入乘法"①。随着教科书多样化进程的发展，教科书结构已从传统的单一结构转向多种结构并行，从传统的线性结构发展到网状结构，呈现出多样化和综合化的趋势。

---

① 任丹凤．中小学教科书编制设计的理论与实践研究［D］．华东师范大学，2003：121．

第三章
我国中小学教科书编制面临的挑战和解决之道

历史可以镜鉴现实。在人类历史发展进程中，教科书反映国家意志、主流价值观念和社会现实，随时代发展变化而变化，成为时代对人发展要求的象征。在课程改革迈进核心素养的新时代，来思考中小学教科书的编制问题，需要对课程发展历史流变中的教科书编制历程进行深刻洞察，才能厘清其发展思路，探求其发展问题，明确其发展方向。这不仅对课程建设有重要意义，也是回顾教科书发展成就，反思教科书发展不足，展望教科书发展未来的一个很好的切入点。

第一节　我国中小学教科书编制的历程回顾

教科书的编制是课程发展各个历史时期的缩影，以中华人民共和国成立后课程改革进程为基础，结合教科书自身发展脉络，我国中小学教科书的编制经历了过渡、苏化、本土化、无序化、回归基础、走向开放、实现多元、关注素养的发展过程。通过梳理新中国中小学教科书的编制历史，既可以端量我国中小学教科书的发展路径，也能窥见新时代中小学教科书编制的发展指向。

一、我国中小学教科书编制的历程

（一）"过渡"的中小学教科书
中华人民共和国成立之初，百废待兴，在全方位学习苏联建设经验的社会大环境之下，教育领域也不例外。1949 年 12 月，教育部召开第一次全国教育工作会议，提出了我国教育应以"老解放区新教育经验为基础，吸收旧教育有用经验，借助苏联经验，建设新民主主义教育"①。为解决 1949 年和 1950 年秋季入校师生教学用书问题，全国大范围的中小学教科书大多是编译自苏联课本或改编解放区和国统区质量较好的课本，然后经由新华书店出版发行。由于改编的课本在质量上参差不齐，经过短期的过渡与调整后，我国开始了对教材进行全方位的改造。1950 年 9 月，国家出版总署在北京召开全国出版工作会议，正式提出了中小学教材必须全国统一供应的方针。同年 12 月，教育部成立了中小学教材编审机构——人民教育出版社（下文简称人教社），专门负责编写出版全国中小学通用教科书的任务。1951 年，人教社编写了第一套全国中小学通用教科书，教科书内容部分来自对解放区和国统区教科书的修订与改编，部分编译自苏联教科书。这是一套过渡性质的教科书，标志着我国中小学教科书"编审合一""统编通用"的国定制教科书制度初步形成。

（二）"苏化"的中小学教科书

20 世纪 50 年代是我国教育理论开始全面向苏联学习时期。1956 年，人教社参照苏联十年制学校教学大纲和教科书自编了一套十二年制教科书。这是第二套全国中小学通用教科书，因把苏联十年制教科书的教学内容放在我国十二年制学校学习，出现了分量轻、内容浅、水平低等问题。这一时期，"以苏为师"是我国课程改革的主流指导思想，中小学教科书的编写也基本是"全盘苏化"。典型表现为：第一，搬用苏联的教学计划、教学大纲、教科书概念及其整套理论，确立了学科本位的课程观和学科知识为中心的课程教材编写模式，重视学科体系与课程体系的系统完整性和知识学习的重要性；第二，移植了苏联高度统一的中央集权制教科书编写制度，全国中小学一个教学计划、一套教学大纲、一套教科书，教科书编写实行"一纲一本"。

（三）"本土化"的中小学教科书

基于移植苏联课程模式引发的诸多教育问题，国家开始有意识地摆脱

---

① 中华人民共和国教育部办公厅. 教育文献法令汇编（1949—1952）［G］. 1958：8.

苏联模式带来的弊端，试图探索适合中国实际的课程体系。在 1958 年经济建设"大跃进"的影响下，"课程大革命"成为这一时期的课改主流，"学科课程和教材也被大幅精简，生产劳动教育和思想政治教育受到高度重视"。① 在教科书的编写上，国家下放了编写和管理权限，允许各地因地制宜自编教科书。但放权后的教科书因受到"大跃进"和"课程大革命"影响，普遍出现了内容"政治化"、理论知识多，事实材料少、系统性差等问题。针对各地自编教科书问题，教育部在 1959 年颁发《关于编写普通中小学和师范学校教材的意见》，指出"普通中小学教材应该保证全国必要的统一性和应有的水平"。人教社根据教育部指示，在 1961 年和 1963 年先后编写了第三套和第四套全国中小学通用教科书。其中，1963 年的教科书借鉴了国外经验，并初步运用辩证唯物主义观点和方法对教科书编排体系进行了分析与改进，教科书突出知识的系统性，加强了基础知识和基本技能训练，注重联系社会生产与学生生活实际，开始迈出了具有中国特色的步伐，对于构建我国本土教科书具有重要意义。

（四）"无序化"的中小学教科书

"文化大革命"期间，苏联教科书理论受到彻底批判，中华人民共和国成立后十七年来积累的教科书编写经验被抛弃，中小学教科书的编写进入无序状态。主要表现为：其一，全国无统一教学计划，无统一教学大纲，无统一教科书；其二，教科书编写无组织机构，编写权力完全下放给地方，各地成立了中小学教科书编写组，开始自编教科书；其三，各学科教科书的基础知识和基本技能内容被删除，生活、社会、革命构成了全部的教科书内容，教科书体系遭受严重破坏。

（五）回归"基础"的中小学教科书

"文化大革命"结束后，课程改革面对的一个重要任务就是"拨乱反正"，解决"文化大革命"中遗留下来的各种教育问题。在教科书编写上的"拨乱反正"表现为：第一，统一教学大纲，重建人教社，继续实行教科书统编制；第二，清除"文化大革命"中五花八门的自编教科书，以基础知

---

① 彭彩霞. 中国基础教育课程政策三十年（1978—2008）［M］. 北京：中国社会科学出版社，2015：83.

识为主的学科中心教科书取代"文化大革命"中的活动中心教科书。1978年，教育部颁发《全日制十年制中小学教学计划实行草案》以及全国统一的教学大纲，人教社集中全社的主要编辑和各地大中小学优秀教师赶编了新中国成立以来第五套全国中小学通用教科书。20世纪80年代后，根据邓小平同志"三个面向"的指示，教育部在1981年先后颁发了《全日制五年制小学教学计划（修订草案）》《全日制六年制重点中学教学计划（试行草案）》和《全日制五年制中学教学计划（试行草案）的修订意见》。依据新的教学计划要求，人教社在1981至1985年间编写出版了第六套全国中小学通用教科书。教科书编写初步结束了混乱的局面，步入了正常发展轨道。但由于受苏联单一学科知识体系的课程设置和"左"倾思想影响，教科书内容不断强化学科知识体系，脱离学生实际，脱离社会实践，难以适应全国不同地区学生的发展需要。

（六）走向"开放"的中小学教科书

1986年4月，《中华人民共和国义务教育法》颁布，我国开始进入依法治教新阶段。自此，我国基础教育课程"小学—中学"的传统分段设计开始被"义务教育—高中"两阶段的全新设计取代。与此相适应的教科书编写有以下几个明显变化：第一，教科书"编""审"分开。1986年9月，教育部成立全国中小学教材审定委员会，突破了只有专家才能编教科书的局面，确立了教科书"编""审"分开制度。有条件的高校、科研单位、专家、学者和长期从事教育工作的教师个人都可以按照国家要求编写教科书，教科书内容和体系安排上允许有不同风格，编写的教科书经过全国中小学教材审定委员会审定通过后公开出版使用。第二，探索"一纲多本"。1988年8月，国家教育委员会颁发《九年义务教育教材编写规划方案》，明确提出九年制义务教育教材"必须在统一基本要求、统一审定的前提下，逐步实现教材的多样化，以适应各类地区、各类学校的需要"。教科书开始突破改革开放初期课程设置大一统与学科固化的编写局面，走向多样化、特色化编写。其代表性的教科书是由不同出版主体，以研究项目的形式，采用专家、教师、编辑三结合组织编写的以适用不同地区、不同层次学校学生使用的"八套半"教科书。其中的5套半于1992年通过国家审查，在1993年秋季开始供全国中小学起始年级选用。第三，尝试"多纲多本"。1988年

9 月，国家教育委员会颁发《义务教育全日制小学、初级中学教学计划（试行草案）》，规定除了国家统编教学计划、教学大纲和教材外，北京、上海、浙江等地可以制定符合本地实际的教学大纲和课程标准，编写适应本地实际的中小学教科书；第四，关注人的综合素质培养。20 世纪 90 年代后，在延续"双基"的基础上，教育部相继颁发了一系列课程改革的相关政策文件，课程改革重视体现义务教育性质，面向全体学生，突出"人"的综合素质培养要求。如 1992 年 8 月，国家教育委员会颁发《九年义务教育全日制小学、初级中学课程方案（试行)》和 24 个学科的教学大纲，将之前的"教学计划"更名为"课程计划"，增强了课程的层次性和选择性，为学生的生存发展提供了更多选择机会。按照新大纲要求，人教社重新编写了九年义务教育"五四"学制和"六三"学制的各个学科的教科书，于 1993 年秋季在全国开始供应。新的教科书无论从种类、内容、体例还是从排版、印刷、装订，其系统性、灵活性与时代性都在不断加强。

（七）实现"多元"的中小学教科书

进入新世纪，我国启动了新一轮基础教育课程改革，以三维目标为引领的中小学课程改革随之开启，教科书编写进入空前繁荣时期。首先，课程标准取代了实施多年的教学大纲。较之教学大纲，课程标准更强调学生的学，强调学生的学习过程与学习方法。其次，教科书正式引入竞争机制，实行"一标多本"编写。2001 年 7 月，国务院通过的《基础教育课程改革纲要（试行)》明确规定"实行国家基本要求指导下的教材多样化政策，鼓励有关机构、出版部门等依据国家课程标准组织编写中小学教材。"至此，教科书"一纲一本"的编写局面被彻底打破，诸多出版单位相继投标参与了新教科书的编写工作。自 2001 年以来，"义务教育阶段 22 个学科共 167种教材，普通高中 16 个学科共 67 种教材"。① 经全国中小学教材审定委员会审查通过后供全国各地中小学选用，基本满足了不同地区学校的教学需求。第三，教科书编写突出"人"的主体地位。各种新版教科书在依据课程标准的前提下，加强了与现代社会和现实生活的联系，注重学生学习方

---

① 朱慕菊. 从"一纲一本"到"一纲多本"的历史跨越［N］. 中国教育报，2009 – 11 – 05（05）.

式的转变，"重视学生综合素质和创新实践能力的培养，全面落实与贯彻素质教育的精神"。①

（八）关注"素养"的中小学教科书

从 2012 年至今，随着党的十八大"全面实施素质教育"的提出以及核心素养理论与实践的尝试，我国基础教育课程改革进入深化发展阶段。2014年，教育部颁发《关于全面深化课程改革　落实立德树人根本任务的意见》，明确提出"组织研究提出各学段学生发展核心素养体系，明确学生应具备的适应终身发展和社会发展需要的必备品格和关键能力，突出强调个人修养、社会关爱、家国情怀，更加注重自主发展、合作参与、创新实践"。要"根据核心素养体系，明确学生完成不同学段、不同年级、不同学科学习内容后应该达到的程度要求"。2016 年 9 月，随着《中国学生发展核心素养》的发布，引起教育界、学术界对核心素养进行广泛关注和热烈讨论。研制学生发展核心素养体系，调整课程方案，修正课程标准，优化中小学各学科教材，完善教学改革举措，成为课程改革深化发展的重心工作，标志着我国中小学教科书编写进入"核心素养"时代。

二、我国中小学教科书编制的基本特点

我国中小学教科书的编制从中华人民共和国成立以来至今，经历了一个漫长的探索与发展时期。虽然特定时期的教科书呈现出不同的编写特点，但从整体上把握分析，不难看出其共同具备的基本特征。

（一）以时代背景为罗盘

教科书编制反映了一定历史时期的政治、经济、文化以及教育发展趋势，是整个教育背景的凝练表达。透过教科书折射的光影，我们足以考究一段历史。我国中小学教科书的编制是一个动态的发展过程，是紧跟时代步伐前进的，是在大背景下开展的，因而呈现出鲜明的时代性特征。

一是意识形态的时代性。教科书是宣传国家政治思想，倡导社会主义核心价值观，体现主流价值文化的重要载体。国家政权的性质决定了教科

---

① 徐岩. 引领新中国教材发展　编写新世纪主流教材——人教社 60 年教材发展的历史回顾与经验总结 [J]. 课程·教材·教法，2011（1）：8.

书的编制是为一定阶级服务的，因而教科书在很大程度上体现出了鲜明的意识形态属性。教材建设是国家事权，任何一个国家国民教育体系中的教科书编制，都十分注重体现国家意识形态。在编制我国中小学教科书的过程之中，强调符合国家主旋律，传递正确的主流价值思想成为了一条重要的编制原则。不同历史时期，国家对教科书所要传达的价值认同是有差异的，教科书所选的文本都有其深层的意义和价值，意识形态属性通过教科书这个物质载体从而得以具象化。从我国中小学教科书的发展历程来看，每个时期的初始总会伴随着大规模的教科书编制运动，因为当权者能够深刻认识到教科书是推行意识形态的最好载体。比如，新中国成立初期，受苏联教育思想的影响，我国教科书意识形态的范畴主要是集中在对学生进行辩证唯物主义教育上，集中在对马列主义的推行与学习上。因此，这一时期教科书的编制结构体系是受辩证唯物主义所统摄的，力图使学生在学习教科书知识结构的过程中形成辩证唯物主义的世界观。而"文化大革命"时期的教科书政治意识形态属性特征最为明显。教科书编制的主要原则是以贯彻毛泽东思想为主，在全社会形成学习毛泽东思想、弘扬工农兵精神的作风和思潮。到了改革开放时期，教科书在意识形态领域则注重体现发扬民主、加强法制的思想，以推行构建社会主义现代化的思潮和弘扬相应的主流文化价值观。由此可见，教科书编制中的意识形态弘扬也是具有时代特征的。

二是内容选择的时代性。我国中小学教科书内容的选择是与我国的发展进程密切相关的，可以说教科书内容的选择深刻反映了我国不同时期教育的指导思想。20 世纪 50 年代仿效苏联课程模式，课程内容定位于落实"双基"目标，学科知识成为教科书内容选择的基本取向。改革开放初期的教科书，在内容选择上较偏重用马列主义、毛泽东思想来武装头脑，以达到"拨乱反正"的目的，使当时的教育局面快速恢复正常。这一时期的教科书在内容选择上难免呈现出"繁难偏旧"的弊端。随着改革进入发展期，为了适应我国现代化建设的需要，教科书也进行了新一轮的改革。这一时期的教科书在内容选择上更加强调知识的传授与更新，重视基本知识以及基本技能的培养，以改善教科书内容过于"繁""难""偏""旧"的情况，这在一定程度上也导致了教科书在内容选择上过于机械性以及封闭性的弊端。进入新世纪，新的教育指导思想对教科书内容的选择提出了新的要求，这一时期的教科书开始关注时代、关注学生，甚至开始关注与学生相关的现实社会生活。教科书编制在内容选择上体现了生活气息，也在不断走向开放化。由此可见，教科书编制在内容选择上体现了鲜明的时代性特点。

三是语言文字的时代性。语言是社会沟通交流的桥梁，是人类最重要的交际工具和思维工具。语言是教科书文化的载体，教科书内容正是通过语言文字的表述而得以呈现。许慎在《说文解字·叙》里曾说道："盖文字者，经艺之本，王政之始，前人所以垂后，后人所以识古。"随着社会的发展，教科书的语言风格也在不断发生着改变。例如，我国"文化大革命"时期的中小学教科书在语言风格上呈现出强烈的政治色彩，教科书上到处贯穿了毛主席语录以及工农兵思想。这种教科书编制的语言风格是在有意识有计划的美化以及强化某一社会角色的形象，以期达到个体对社会所倡导的主流价值文化的内化目标。在我国改革开放初期，由于受传统教材观的影响，教科书在语言风格上多是以"独白式"，即以知识逻辑为中心，以呈现相应学科知识内容为主，教科书的语言表达风格是一种自说自话的形式。随着时代的发展与教育观念的更新，当前我国中小学教科书编制强调寻求民主的"对话式"的语言风格，以期适应学生发展与时代发展的需要。比如在教科书语言表述上就减少了"要""应该""必须"等带有命令性的词语，而增设了"尝试""通过""尽量"等带有商量性的词语。这种教科书语言风格一改往常的严肃刻板，更加强调亲切自然以及追求构建与学生之间平等对话交流的情境。由此可见，我国中小学教科书编制在语言风格上也是具有十分鲜明的时代性的。

（二）以科学理念为指导

教科书是实现课程目标的重要物质载体，课程改革取得成功的关键还得将眼光聚焦于教科书的编写。纵观我国教科书编制的演进史，可以清晰地看到教科书编制的理念是和国家的发展同步的，是与社会的前进并行的，是跟世界先进教育思潮相接轨的。

从社会主义现代化思潮到素质教育再到当前的立德树人等教育理念的推行，正是在这些科学理念的指导下，我国每一时期的教科书编制都或多或少地体现出新的编制思想与路线，由此推动着教育改革前进的步伐。比如，改革开放之前的教科书编制思想着眼于能够培养为社会主义做出贡献的劳动者，以能够参与社会工农业生产性劳动为主要目的，教科书比较注重生产性劳动知识与思想的传授，是具有经验理性导向的教科书。改革开放之后，由于国家经济建设发展的需要以及国外教科书编写理念的引入，我国教科书的编写开始注重为四个现代化建设服务，以培养具有现代化科学文化知识的社会主义建设者为主要目的，教科书的编制理念也由经验理性导向向理论理性导向过渡。而现代化科学技术人才的培养关键是要加强对基础知识、基本理论的教育，以及对基本技能的训练。因此，这一时期强调回归"双基"的教科书编写，学科性与基础性成为指导这一时期教科书编制的基本理念。20 世纪 90 年代伴随素质教育的呼声，课程改革中的个性化因素开始萌芽，人们更倾向于通过知识提升素质，教科书开始注重人的素质培养。以"学生本位"为编写理念的潮流迅速取代了以往以"学科本位"为主的编写时代，教科书的编制理念开始由关注学科理论知识转向关注人的全面发展。教科书的编写将重心落到了学生身上，按照学生的心理发展逻辑以及身心发展特点来合理安排并组织编写工作。培养什么样的人，怎样培养人以及为谁培养人这一重要编制理念与原则贯穿了教科书编写的全过程。21 世纪以来，活动、经验、生活、探究等个体个性化发展的因素开始进入课程改革视野，课程改革重视"关心学生的学习方式的转变，强调以人为本的理念、素质教育的精神、终身学习的挑战"①。教科书超越了原来狭隘的"知识中心"编写观，不再过分追求学科本身的完备性和知识的覆盖面，而是把"一切为了每一位学生的发展"作为核心理念。党的十八大将"立德树人"作为我国教育的根本任务，以此来回答新时期我国教育应该培养出什么样的人的问题。2017 年，三科统编教材的编制与发行使用，更是体现出我国中小学教材在编制上切实贯彻并落实了立德树人的指导理念。创新教科书编写理念，强调以核心素养为中心，建设符合时代发展与教育发展的新的教科书体系成为了当前教科书编制的主要工作与目标追求。

透过对教科书编制历程的审视发现，我国中小学教科书的编制总是在

---

① 石鸥. 中小学教科书 70 年忆与思 [J]. 湖南师范大学教育科学学报，2019（2）：4.

一定科学理念的指导下进行的，这些理念的推行是国家发展、社会需求、时代进步、教育思潮等多种因素相互作用的结果。新的教科书必须体现新的教育理念，这不仅是我国乃至世界范围内的教科书发展必须遵循的一条重要原则，也是教科书编制过程中体现的一个鲜明特征。

（三）　以课程标准为依托

课程标准一词，最早出现在 1912 年南京临时政府教育部颁布的文件上，被定义为"规定中小学的培养目标和教学内容的文件"。此后一直沿用至 1952 年我国进入全面学习苏联时期，课程标准才改为了教学大纲。2001 年印发的国家义务教育各学科课程标准（实验稿）又重新使用了课程标准一词。在 2001 年教育部印发的《基础教育课程改革纲要（试行）》中提出："国家课程标准是教材编写、教学、评估和考试命题的依据，是国家管理和评价课程的基础。应体现国家对不同阶段的学生在知识与技能、过程与方法、情感态度与价值观等方面的基本要求，规定各门课程的性质、目标、内容框架，提出教学和评价建议。"[①] 可见，课程标准在我国整个基础教育课程建设中具有举足轻重的意义和地位。教科书编制以课程标准为依托是我国教科书建设发展过程中的经验总结，也是特征表现。

第一，课程标准是教科书编制的最根本的依据，指导着教科书的编写审定、教学过程的开展，以及学校与教师教学工作评定等各方面的教育工作。教科书内容是在遵循课程标准要求的前提下，以反映不同阶段学生的学习结果而选择并组织的，是学生学习所必须要达到的目标要求。因此，教科书是对国家课程标准所规定的内容与基本要求的进一步具体呈现，教科书编制必然要基于国家课程标准。首先，无论在什么社会性质的国家，课程标准都是教科书编制的直接依据。教科书作为沟通师生教与学之间的重要物质载体，将抽象的课程标准变成了具体化的可实施的文本，以更好地达成教育目标。其次，教科书也是实现课程标准的重要工具，课程标准所描绘的理想蓝图需要教科书来使之转化为实际工程。因此，国家课程标准的质量会直接影响到教科书编写的质量。

---

① 教育部. 教育部关于印发《基础教育课程改革纲要（试行）》的通知（教基〔2001〕17号）[R]. 中华人民共和国国务院公报，2002（12）：29.

第二，为了尽量体现课程标准的要求，教科书编者总要对课程标准进行深刻而又详尽的解读。在编写教科书时不仅要从宏观层面去整体了解课程标准的教育理念与课程目标，还要从微观层面去研究和理解课程标准提出的课程内容标准、实施建议，等等。教科书的编写通过内容文本的选择、体例结构的安排，以及整体的呈现设计来落实课程标准的基本要求，同时也渗透着教育理念。在课程标准的实施建议中，提出了具体的教材编写建议，这是教科书编制所不得忽视的部分。只有充分考虑课程标准方面的建议与要求，教科书的编制工作才能有条理且有依据地展开。

第三，教科书呈现课程标准的方式可以是多样的，我国从"一纲一本"到"一纲多本"再到审定制教科书制度的发展就充分体现了这一点。由不同出版社集群编制发行的教科书虽然在内容或者呈现形式上有所差异，但都会在不同层面体现出课程标准的要求，且始终贯穿课程标准的精神。总的来说，课程标准对教科书编写的要求可以表现为：首先，教科书的教学目标是对课程目标的贯彻。比如，在我国课程标准中关于课程目标的阐述从注重双基到三基再到关键能力的转变，使得教科书的具体教学目标也从这些维度出发进行设定。其次，在编写教科书中选择与组织的教学内容是根据课程标准的内容目标而定。比如，在内容结构上符合总体框架和逻辑顺序的安排、在内容选择上体现课程标准对学生的学习要求、在内容组织上注重知识的综合性与渗透性。

教科书编写是课程改革与教育发展过程中至关重要的一环，我国教科书体系的构建是在国家课程标准的指导下有序开展的。课程标准作为国家颁布的为保证教科书编写质量以及总体方向性的指导性文件，是教科书编制过程中必须予以参考的权威性文本。

（四）以知识传递为基础

现代认知心理学认为，知识是个体通过与其环境相互作用后所获得的信息及其组织，储存于个体内的就称为个体的知识，而通过书籍等媒介储存于个体外的就称之为人类的知识。可见，知识是课程构成的基础，也是教科书编制的基础。教科书的编制要从浩如烟海的人类文化知识中，从社会发展变迁的时代知识中，从历经考验仍能呈现出经典性的历史知识中，精选出能够传递下去的学生需要了解并掌握的核心知识，并围绕这些关键知识进行素材的分类、收集、整理与编排。知识的传递自然也就成为了教科书编制的责任以及特征展现。

从我国教科书编制的历史来看，不管教科书的内容以及形式如何改变，都体现出了结构完整的知识体系。例如，全面学习苏联时期的教科书是以苏联的知识逻辑以及框架为体系，目的是向学生传递苏联的知识，以培养共产主义的知识分子。在教科书编制的本土化时期，我国开始构建中国化的教科书知识体系与逻辑组织，向学生传递符合本国发展实际的文化知识，以培养能够建设社会主义的知识分子。新时期，以统编教科书的发行与使用为例，我国教科书的编制开始注重中国传统经典文化，传递给学生的是更多经典性的传承性的知识，这些知识体系自然成为了教科书编制需要选择的关键。由此可见，知识成为构建课程的直接制约因素，也是教科书编制中不可或缺的组成部分。脱离了知识，教科书编制也就成了无源之水、无本之木。

其次，教科书所传递的知识绝不是静态的、绝对的、孤立的真理。在传统的观念中，总认为教科书编制就是将近似于真理的知识进行合理组织与编排，而忽视了知识不仅仅是符号或图片所呈现出来的单纯文本，它的范围和种类是很宽广的。知识传递的过程是师生与文本互动的过程。因此，教科书编制会给师生的交往活动留有空间和间隙，比如教科书中的练习或者实践探究活动等方面的设置就充分体现了这一点。教科书编制的目的不在于向学生灌输单纯的不变的抽象真理，而在于向学生传递有价值的文化知识。可见，在教科书编制过程中对于知识的选取是非常有考究的，这关系并影响着学生所获取的知识类型与水平。比如，我国"文化大革命"时期教科书编制的知识体系是混乱无章的，严重影响了学生知识结构的形成与获取的水平。而我国改革开放以后的教科书编制就侧重于向学生传递基础性的知识与技能，较之于之前的教科书知识难度明显有所下降。这不仅是因为考虑到基础教育阶段的知识对学生来说应该是相对最基础的，最应该被掌握，也是考虑到对于知识本身而言也应该是最基础的。以至于随着教科书编制的不断发展，基础性以及发展性的知识选择成为了重要的一条编制原则。有学者曾经指出，经过人类社会不断的探索与积累总结，形成了相对比较稳定的知识结构体系，这些知识对于学生的发展来说是非常重要的。可见，教科书内容是将最基础的、最重要的那些知识进行编排组织，以进行知识的传递。

最后，教科书是实现知识传递的重要方式。构成教育的重要因素包括教育者、教育对象以及教育中介，教育中介是沟通教育者与教育对象的中间桥梁，而教科书又在教育中介中处于关键核心的地位。不得不说教科书在教师的教与学生的学方面发挥着举足轻重的作用，学校的课堂教学基本上围绕着教科书展开，教科书所选择的知识也就是在这些因素相互作用的过程中得以传递与发展。可以看出，教科书编制工作在教育发展过程中以及课程建设中都作用突出、地位鲜明。以知识传递为基础是我国中小学教科书编制的重要特征之一，反过来说教科书编制也是实现知识传递的重要方式。

（五）以不断优化为手段

教科书编制是一个过程而不是结果。因此，它总是处于不断提升与发展中。或许是随着课程改革的不断前进与推动，或许是随着先进教育思想的渗透与推行，或许是随着时代潮流的发展与变迁，教科书编制中的制度、体系、结构、原则以及方法等都在逐步规范化、系统化。教科书是教科书编制产出的成果。因此，教科书的质量能够深刻反映教科书编制的质量。从我国中小学教科书质量的持续提升以及多样化发展态势来看，教科书编制正是以不断优化为手段从而保证教科书的不断高质化。

第一，教科书的功能发生了转变。过去很长一段时间内，我国教科书的功能是为了教师能够更好地进行教的活动，是从教师的角度出发去编写教科书的。这也正是传统教材观的鲜明特点，教科书是"教本"。自从我国素质教育的提出与推行之后，教科书编制逐步开始关注到学生的主体地位，关注到教学过程中人的因素，并开始考虑到教学过程中如何从学生的角度去更好地理解教科书内容与开展教学活动，"学本"的新型教材观取代了"教本"的陈旧教材观。这一关键性的变化促成了教科书功能的升级，这不仅是教育改革见效的成果，也是教科书编制过程优化的成果。

第二，教科书体例结构的持续完善。翻开我国新旧时期的教科书，就能明显发现教科书在编排体例上发生了显著变化。以我国中小学最新版统编语文教科书为例，这一版教科书的编制一改往常单线组元的形式变为双线组元，不仅强调语文要素也强调了人文素养。双线组元的编排形式是对当前核心素养观念的落实，目的是为了让教科书更好地培养学生的关键能力。在教科书的结构安排上，有单元导读、课文助读、习题策略以及学习策略，等等。其中助读系统不仅吸纳了之前各版本教科书的优点，而且在此基础上进行了进一步的提升优化。教科书每个单元的最开始都会有单元学习提示，每一篇课文的篇头会有预习提示，课文后会附有相关的知识积累与拓展内容，文中注释以及背景介绍较之前也更加详细与准确。另外，该版教科书最大的特点是注重了学生的实践体验与学习方法的指导，整体的编排与组织更适合学生的学。教科书编排体例结构的变化，不仅是为了适应时代发展与学生发展的需要，也是为了提升教科书编写的质量。

第三，教科书呈现方式的逐步优化。教科书的呈现方式包括图片系统的呈现以及文字系统的呈现。首先从图片系统的呈现来看，一是教科书封面的设计。以我国"文化大革命"时期的教科书为例，火红的封面与主题突出的标题，无一不在宣传着特定的思想意识形态，而这一鲜明的风格却也从侧面透露出十足的单调与乏味。对比当前我国中小学教科书，封面上不仅展现了课文中出现的文化元素还有传统经典文化元素的体现，这既是先行组织者策略的贯彻也是在对学生进行潜移默化的文化熏陶。二是课文插图的选用。我国当前中小学教科书较以前各版除了加大文中插图的比例外，还注重了插图的多样化以及与选文内容的契合性。这些插图生动形象且符合学生审美，不仅增加了选文的可读性与直观性，也在一定程度上激发了学生的学习兴趣与动机。其次从文字系统的呈现来看。教科书的文字系统是构成教科书的主体部分，以往我国中小学教科书中文字的呈现多是以严肃性以及强硬性的口吻，大都带有命令性的意味。而现今我国中小学教科书的文字呈现表现得更加简明通俗以及亲切生动，客观上更加符合学生的身心发展特点。这些都是能体现出教科书呈现方式不断优化的方面。

我国中小学教科书编制的发展过程也在向我们展示，只有不断超越自身、发展自身、批判继承及持续优化，才能符合发展需要的过程。以不断优化为手段，是实现高质多样化教科书的重要方式，也是最好的方式。

（六）以学生发展为追求

从教科书的编制历程中可以看出，在很长一段时间里我国中小学教科书的价值取向是相对单一的，即强调以学科知识为中心。按照知识的逻辑顺序与体系来编写教科书，这也正是学科本位的教科书。以我国1986年教科书编审分开制度的确立为界线，在这之前所编写的教科书更侧重于以学科知识为编排主线。这样的教科书能够帮助学生系统连贯地掌握学科知识，构建完整的学科知识框架，很大程度上方便了教师的教也方便了学生的学，目的是促进学生的智力发展。因此，在我国教科书编写的前几十年里，这种教科书编制思路占据了主导地位。确定教科书编审分开以后，以需求为导向、以质量为取胜关键的教科书编制市场注意到教科书的编制仅仅关注学生的智力发展是失之偏颇的，也是不适应当前教育环境的，教科书的编制要树立以促进学生的全面发展为编制理念。我国新课程改革中提出"以人为本"即"一切为了每一位学生的发展"的理念，为了贯彻并落实这一理念，构建了以学生全面发展为中心的中小学课程与教学体系，教科书作为实施课程与教学的关键载体，其编制自然也体现了这一核心理念。当前我国中小学教科书编制正持续突破以往只追求学生智力发展的桎梏，从促进学生全面发展的角度出发去确定编写目标、构建中国特色的教科书体系，形成教科书编写的新格局。

第一，教科书改革始终贯穿"以人为本"的价值取向。从我国教科书发展的实践过程来看，教科书改革一直都在坚持与时俱进，始终将学生的发展为本作为教科书改革的关键点与突破口。我国中小学课程与教材的持续健康发展，是全面推进素质教育、落实学生发展核心素养的关键保障。因此，中小学教科书的改革作为这一过程中的关键环节对于课程与教材的改革发展起到了至关重要的作用。教科书改革的目的之一，就是帮助学生拥有最应该掌握与理解的知识经验，以便更好地适应社会的发展，在未来社会中生存与竞争。虽然课程以及教材的建设存在多元的价值取向，且对学生的发展都具有不同的价值与意义，但无论价值取向偏向何种，都在于帮助学生理解相关的知识、提高相应的能力，关系着学生的发展。

第二，教科书内容更符合学生的认知发展规律。教科书编制从知识中心走向能力素质中心，其中最大的转变就是主体。新课程改革强调三种新的学习方式，即自主、合作与探究，教师在课堂教学中要促进学生学习方式的转变，教科书就要为这种学习方式的转变提供条件，既要有利于教师的创造性教学，又要引导学生将已有的知识结构和经验体系与当前的学习结合起来进行主动探索和知识的有意义建构。教科书编制在编排内容时很大一个方面会考虑到学制的影响，比如我国在缩短中小学学制时期编制的教科书就是严重不符合学生认知发展规律的。这一时期的教科书对学生来说内容偏难偏多、难以全面理解与掌握，不利于学生的发展，导致了教育质量的下降。在我国学制的稳定与确立一方面是考虑到学生的认知发展规律，另一方面也是考虑到了社会发展的需要。因此，我国中小学教科书编制在内容的选择与编排上日益呈现符合学生认知发展的特点。

归根结底，教科书编制的最终目的是促进学生的发展，无论是传统学科本位的教科书还是如今学生本位的教科书，在编制的一开始就奔着让学生能够从中获得什么知识、掌握什么能力以及得到哪方面发展的目标，明确回答学生通过教科书学什么的问题。改进编制的过程与手段，构建更符合课程与时代进步的教科书体系，以学生的发展为追求是我国中小学教科书编制历经几十年风雨过程中呈现出来的鲜明特征。在时代的大背景下，以科学理念作为指导、以课程标准作为依托、以知识传递作为基础、以不断优化作为手段，最后以学生的发展作为追求，这既是教科书在编写过程中需要考虑的因素以及遵照的原则，也是其编写过程中呈现出来的独特风格，是其鲜明的特征展现。

第二节　我国中小学教科书编制的经验成就与问题反思

我国中小学教科书编制的历史，浩浩荡荡上百年之久，即便是从中华人民共和国成立以后算起也走过了七十多个年头。教科书编制在曲折中前进，在激荡中确定了多样化的格局，在坎坷中不断提质提量；教科书的编制一路砥砺前行且仍昂首阔步在前进的征程中。在这段留有脚印的峥嵘岁月里，我们可以清晰地看到教科书走过的不凡历程。回首过去以总结经验，立足现在以看清问题，展望未来以再创辉煌。

一、我国中小学教科书编制的经验成就

（一）开拓创新，编制中国特色的教科书

新中国成立之初，教育发展相对落后，课程与教材改革还未提上日程，导致很长一段时间之内是学习借鉴苏联的教育经验与成果，教科书编制带有浓厚的苏联气息。当时全国各大行政区教科书编制不仅混乱无章，而且时间紧任务重，要想在短时间内编制一套可以立即投入使用的中小学教科书是几乎不可能完成的事情。因此，以吸收老解放区以及革命根据地的经验为基础，以照搬苏联教科书的内容以及体系结构为主线，成为了当时教科书编制的主要工作，这在当时既是无奈之举也是最佳途径。然而，历史实践证明这样的教科书编制方式显然是不适合中国国情的，直接翻译的苏联教科书不仅不符合我国教育发展的实际也不适合我国的教学实际情况。我国必须将课程以及教材建设工作安排到位，以摆脱毫无意义的教科书编写模仿与牵强附会的教学方式，结合中国发展的实际情况，探索真正适合中国发展需要的、符合中国国情的、具备中国特色的、属于中国人自己的教科书。

20世纪50年代中期，新中国开始打破苏联模式的束缚，克服教条主义的倾向，结合本国实际，探索中国自己的教科书编制之路，并以人教社为主要编审机构在1956年编写出版了中华人民共和国成立以来第二套全国通用的中小学教科书。这是一套完全自主编写的相对系统完整的教科书，在中国教科书发展史上具有十分重要的意义，也是我国教科书编制过程中自我探索的第一个成果。改革开放以后，根据我国地域发展特点、经济文化发展水平的状况以及教育水平的实际差异，我国在很大程度上放宽了教科书的编写权限，鼓励各地的专家、学者以及一线教师共同参与到教科书编制队伍中来，以形成教科书编写的合力，编写出符合本地发展实际的乡土教科书。20世纪90年代以来，为了进一步适应国家经济文化发展的需要，

素质教育的提出对教科书的编写提出了更高的要求。教科书从内容的选择上、体例结构的安排等方面不断创新，不断增强与时代和社会之间的联系，不断体现国家的发展与科技的进步。我国中小学教科书的编制日益符合了中国国情，日益体现了发展实际的需要，促进了国家文化软实力的提升，形成了中国的文化自信，构建了中国的教科书体系。

历史实践充分证明，只有适合中国发展实际、适合中国教育状况、适合中国学生的教科书才是最好的教科书。在开拓中不断创新发展，不断编制出中国自己的教科书体系，是我国教科书发展的最好出路。

（二）持续探索，完善教科书编制体制

我国教科书编制的经验成就体现在制度上是非常显著的。新中国成立相当长一段时间，我国中小学教科书实行的是由国家教育部统一进行编审出版，由国家制定统一的教学大纲或课程标准，人教社一直是这一时期"部编教材"或"统编教材"的主力军。这种集中统一的教科书编制制度，在一定程度上保证了我国中小学教科书的质量，并且适应了我国当时的历史形势和社会发展，对安定社会以及教育发展发挥了至关重要的作用，其规范化、系统化的管理也能够促成教科书的按时出版。然而，随着我国教育改革的不断深化和发展，大统一的教科书已不能适应我国地域辽阔、人口众多，以及经济文化发展不平衡的区域、城乡乃至民族间的实际需求。编制不同类型的教科书供不同地区和学校使用，并通过竞争来促进教科书建设的繁荣和教科书质量的提高成为当时教育事业发展亟待解决的问题。1986 年全国中小学教材审定委员会和各学科教材审查委员会的成立，改变了十几年来人教社教科书"一枝独秀"的局面，我国教科书编制开始实行编审分开，由"国定制"过渡到"审定制"。这既是教材管理的一次创新，也是我国中小学教科书编制体制的一次重大突破。2001 年，教育部颁布相关文件成立了两级审定的教科书制度。国家与地方两级课程教材审定管理体制的构建在我国教科书建设史上意义重大，不仅改变了教科书编审过于集中的弊端，也充分发挥了地方在编制教科书上的优势与积极性。

其次，市场经济体制的发展也将这种竞争机制引入了教科书编制过程中。以市场需求为导向的教科书编制取向，彰显了教科书作为一种文化性商品的特殊价值。三级课程管理催生了地区性教科书以及校本教科书，这

些以符合本地或本校实际发展需要、以体现地方与学校特色为取向的实验性教科书和乡土化教科书，满足了各地、各校学生个性化学习的需求。在国家编审分开的制度之下，凡是经过国家认可的教科书就可以纳入学校选用的范围，我国中小学教科书构建了一个系统完善的、具备特色的编写体系。

最后，随着我国新一轮基础教育课程改革的推动与发展，教科书管理体制也发生了深刻变革。21 世纪时代的变化与教育事业的蓬勃发展，我国教科书编写核准与审查的权责分工更加明确与清晰，在发展中逐步确定了教科书出版的竞投标机制。在中小学教科书项目的竞标中，北京师范大学出版社、华东师范大学出版社、广东出版集团、湖南出版投资控股集团等多家出版社都参与了中小学教科书项目的竞标，教科书出版改变以往单主体的编写模式形成了多主体的编写格局。可见，我国中小学教科书的编审制度正日益形成系统化、规范化的格局，教科书出版制度也在日益得到完善与改进。

（三）与时俱进，形成多样化发展格局

我国中小学教科书的编制经过几十年的不断发展，已经形成了从"一纲一本"到"一纲多本"的多样化发展格局。在国家统一规定颁布的课程标准下，我国中小学教科书编制坚持统一要求前提下的灵活多样发展，正确处理了标准性与灵活性的问题。教科书编制的统一性就是要求将国家教育路线和方针贯彻到底，实现教育目标、课程目标以及教学目标的基本要求，参照课程标准进行教科书的编制活动。多样化就是鼓励各地区、各学校及各编制主体能够编写出不同风格、不同主题、不同版本的教科书，以提高教科书对全国不同地区与学生发展的适应性，实现教科书的个性化，构建开放性的充满活力的教科书体系。例如，人教版、岳麓版、湘少版、川教版等各大出版集群在课程标准的统一要求下结合本地区发展的实际情况，编写出了极具地方特色的教科书。新世纪基础教育课程改革的过程中，在时代呼唤以及新的教育思想观念的推行下，国家鼓励并支持各大主体参与到教科书编制的队伍中来，以持续构建和完善教科书多样化发展的管理机制，打造教科书编制的时代新格局。不仅是各大出版社相继出版了多种教科书，就连同一出版社也在不断改进与出版新的教科书，各具特色的教

科书版本使得教科书建设的多样化格局初步形成并在日益发展成熟。

在探索教科书多样化发展的路上，我国从未止步。教科书编制制度和多样化教科书建设的高歌猛进，创造了斐然的成绩。这主要表现在教科书版本、类型、教科书资源以及教科书形态上。一是教材版本层出不穷，有人教版、湘教版、北师大版及粤教版等，由多家国内知名出版社如人民教育出版社、外语教学与研究出版社、北京师范大学出版社、湖南教育出版集团等组织编写的中小学教材及相关配套教材，品种丰富；不同版本教材承载着不同的内容，各尽其优，各展所长；在使用过程中相互借鉴，发现不足，推动了教材编写和出版质量的进一步提高。二是教材类型多样，有国家教材、地方教材（乡土教材）、校本教材；有民族教材、实验教材；还有城市教材、农村教材、东部教材、西部教材，以及不同水平、不同地域、不同学制教材的多样化体系。教材不断更新，时代特色与地域特色越来越凸显，满足了不同人群的学习需要。三是以纸质媒介为主的教科书格局被打破，数字教科书、电子书包以及多媒体信息电子数据库等互联网化的教育资源进入了我国中小学教科书的体系范围中，基于现代信息传媒技术的立体化教科书建设正在蒸蒸日上。历史实践证明，教科书的多样化推动了我国中小学教学思想和方法的变革，实验教科书以及乡土教科书的发展也为我国中小学教科书编制积累了宝贵的经验。

与时俱进，持续推进教科书建设的多样化并完善教科书多样化的管理制度，这既是我国几十年教科书建设的宝贵经验也是巨大成就。

（四）欣欣向荣，壮大教科书编制队伍

教科书由谁来编？编制团队的组织及其作用发挥至关重要。如果教科书编制团队在课程思想、编写理念、人员组织等方面不能严格把关，教科书的质量自然得不到保证，其结果势必影响课程的整体水平和教学质量。我国从 1950 年 12 月人民教育出版社成立到 1985 年教材审定制形成之前，中小学各科教科书基本上是由人民教育出版社根据国家统一制定的教学计划和教学大纲，进行"一纲一本""编审合一"的人教版教科书统编、统审及出版发行。人教社作为国家教科书出版机构将教科书编制的权力做到了最大化的集中统一。人教社的教材编辑们先后编写、出版发行了七套全国中小学通用教科书，为我国高质量的教科书编写积累了丰富经验，在新中

国教育史上矗立了一座为国家培养一批批栋梁之才的不朽丰碑。尽管1958年至1977年间出现过课程设置和教科书编写权下放的事实，但那是特殊历史时期的产物。人教社在我国中小学教科书编写出版队伍中的龙头地位不言而喻，但将其作为我国地域经济文化和学生发展水平差异显著的各地中小学教科书唯一的编写出版机构却是有失科学性以及全面性的。教材多样化后，这一缺陷得到了显而易见的改进。中小学教科书编写结束了人教社单一主体投入的局面，形成了社会多机构竞相参与的新局面。除人教社外，各大出版社集群相继出现、竞相争艳，形成了百花齐放的格局。各大出版社特色鲜明、优势明显，给我国中小学教科书注入了新的编写力量。不仅如此，不同科研机构、社会团体、教科书编写专家、一线教育工作者，甚至一些知名教育家和学者都开始参与到教科书编制队伍中来，教科书编制队伍不断壮大，参与的群体更加多元，为其编写注入了新的活力。不同群体的编制理念与编写思路各不相同，他们在编写过程中密切配合，各尽其优，各展所长，相得益彰，更多地考虑各地学生实际需求，提高了教科书的适切性与实用性，推动了教科书编写质量的进一步提升。随着教科书在国内越来越受到关注和重视，教科书编制队伍的不断壮大既是经验成就也是不可逆转的发展趋势。可以说，教科书编制已经成为了我国当前教育发展中的一个重要学术研究领域。

二、我国中小学教科书编制的问题反思

教科书是整个编制团队智慧成果的凝聚，也是专业产出的结晶，离不开稳定、专业的编写团队卓有成效的研究与探索。虽然我国中小学教科书编制成就突出，但问题依然明显。

（一）教科书编制主体理解的差异性

首先，教科书编制的主体是人，教科书编制者对课程标准的基本理念、课程目标、课程内容及教学建议等要求的理解把握程度与重视程度是不相同的，这就决定了教科书在落实国家课程标准以及教育目标时存在难免的差异性。例如，某些版本的教科书在编写时并没有很好地落实课程标准。再如，在对各学段的目标特别是小学低学段学生培养目标的把握上，有些教科书的知识选取难度就偏高，不利于低年级学生的学习兴趣与问题探究

意识的激发。甚至个别按照本地区特色以及发展需要编写的教科书不符合课程标准的相关要求。

其次，教科书编制者对文本内容的选择加工带有一定的主观性。教科书的编制绝不是简单的文本挑选以及粘贴复制，选择什么样的内容以及如何加工呈现出这些内容是教科书编制者需要完成的工作。但凡涉及选择就涉及主观行为，教科书内容的选择与编制是主体自主行为的放大体现与具体化。比如朱自清的散文《背影》入不入小学语文教科书就成为了教科书编写讨论的焦点，有人认为应该纳入课文体系中，而有人却持坚决反对的意见，这是教科书编制主体发声的鲜明体现。对教科书内容的加工也是能体现教科书编制主体创新性的一个方面，在这一过程中主体的创新水平就显示出来了，教科书编制的水平也就拉开了差距，因而导致了我国当前中小学教科书质量的良莠不齐。

此外，教科书编写者的主体差异性还表现在我国地域辽阔、各地区发展极其不平衡上，结果导致了全国范围内的教科书编写质量的差异。教科书作为师生教学使用的关键性文本，质量差异必然会引起学生发展水平的差距。2017年国家推行使用的三科统编教科书，从这个角度出发来看很大程度上是为了解决这一关键问题。但中小学教科书编制的工作量大且是系统工程，要实现所有学科的统编耗时耗力。总之，我国中小学教科书编制如何更好地处理教科书的主体差异性，提高各地区教科书编制的质量是需要得到关注的问题。

（二）教科书编制内容的封闭性

教科书质量，在一定程度上决定着学校教育人才的培养方向，直接影响课程标准的达成程度。我国中小学教科书由于受苏联教育理论和实践的影响，更倾向于课程是知识或学科的理解。教科书编制遵循的是由学科知识的内在逻辑体系来组织教科书内容的思路，这种编制思路能保证学科知识的逻辑清晰和循序渐进，有利于学科知识体系的构建。但学科知识本位的教科书强调以知识为主线，向学生呈现更多的是静态的、平面的、结论性的知识。这将不可避免地造成教科书内容的概念密度大、难点多，使得教科书有很大的封闭性，不利于学习思维方式的发展，也会使学生对教科书的学习失去兴趣。教科书应该是为学生获得更好发展而编制的。对于学生来说，教科书的价值最终也最显著地体现在如何促进学生学习和促进学生发展方面。尤其在发展学生核心素养，落实立德树人根本任务的新时代背景下，学习已然成为人类生存的一种本能，教科书应该更好地承担发展学生学习能力、促进学生终身发展的功能。那么，教科书该如何促进学生主动学习，如何培养学生的创新能力，如何把获得的知识与社会生活结合起来，如何帮助学生离开学校后可以顺利适应社会，有条不紊地处理危机，等等，都是课程与教科书研究者及编写者需要思考和关注的问题。

（三）教科书之间的联系缺乏统筹性

在当前落实核心素养的大背景下，教科书的整合是系统工程，不同教科书之间需要加强联系与整体管理。只有不同学段以及不同学科之间的教科书协调统筹起来，才能更好地发挥教科书的育人功能。很长一段时间以来，我国中小学教科书在统筹协调方面出现了以下问题：一是教科书内容素材的重复。在选择教科书素材时，不同学科的教科书会选择到相同的文本内容。比如在进行持之以恒的美德教育时，语文教科书中用到了铁杵磨成针以及水滴石穿的故事，而品德与生活这一科教科书也用到了相同的故事。这样不仅局限了持之以恒的道德教育，也造成了学生的思维定式。二是不同版本的教科书在同一内容的表达上也存在不一致现象，尤其在教科书的内容选择和呈现上有差异。比如，有些版本教科书在内容的切入点上会运用案例，而有些则会从情景上进行切入。三是不同学段的教科书内容在衔接上不连贯。九年义务教育阶段的教科书内容在整体上来说是联系性较强的，但是初中和高中之间的教科书内容衔接就存在不到位现象。比如，初中的教科书在某些内容上降低了难度，而高中的教科书却没有与之相匹配，在难度上没有做出相应的调整。学生如果缺少初中的知识积淀，在高中阶段学习起来就会费劲吃力，给中学实际教学也带来了一定的麻烦。

教科书编写是一个系统工程，是需要将教科书内容前后连贯起来以保持教育影响的一致性的。每一个教育阶段的学习都是为下一个阶段打好基础，做好铺垫。因此，教科书编制需要考虑到每一个学段之间的统筹性，小学阶段要与初中阶段的教科书联系起来，初中阶段也需要与高中阶段的教科书相连接，做到内容连贯性，难度相适应。

（四）教科书编制的审查欠缺监督机制

教科书审定制度在我国的不断发展与完善是国家政策落实的结果，自1986年实行教科书编审分开以来，国家一直重视教科书的审定工作。教材编写核准环节随着时代的发展与教科书制度的完善在2012年被国务院正式取消，但供全国范围内各大中小学校使用的教科书必须要经过国家的审定才能正式投入使用，可见教科书编制的审定环节至关重要。

对于教科书审定环节中相关审定人员的资格条件、基本要求和工作安排等在国家相关法律条例中都有严格的规定和说明，但是对选定审查人员以后的审定工作以及审查程序是缺乏监督机制的。在教科书审查过程中，由于审查人员的疏忽大意或者是态度上的不严谨又或者是过程中的纰漏造成教科书中出现的差错，追责是没有法律依据可循的，这很容易导致审定人员的态度懈怠。编写出来的教科书能否顺利出版发行、能否准入市场，这完全取决于教科书审定委员会是否通过，相关审定人员具有决定权。

经审定后出版发行的教科书中出现低级错误与表达欠妥的现象时有存在。比如教科书中出现错别字的现象就时有发生，曾有教科书将"途经"写成了"途径"，"年纪"写成了"年级"，而在小学阶段教科书错别字的出现是极其不利于学生发展的。再如教科书中的内容表述欠妥的问题，把老师比喻成妈妈就没有顾虑到男教师，用凶巴巴来形容体育老师也是非常不妥当的。教科书的出版、选用涉及多方面的利益，关系到广大师生群体以及出版机构的发展。因此，需要完善相关的法律监督机制。

（五）教科书出版市场弊端丛生

将市场竞争机制引入教科书的目的是力图突破传统教科书出版模式的固有束缚，以市场为手段来提高教科书编写的质量以及实现教科书的多样化发展。然而在具体的实行过程之中，教科书出版招标的制度却暴露出不少弊端。首先，是资源上的浪费。参与招标的出版社在教科书的编写上会投入巨大的人力、物力和财力，但是最终能不能实现该教科书的出版发行是不确定的。因此，一旦该出版社招标不成功就会导致教科书的难产，花费巨额资金编制的教科书很可能就不能面世。其次，是市场的恶性竞争。为了在市场销售额上获得更多的利润，部分出版单位会争相打价格战，以降低教科书的价格来赢得出版的资格。这种为了教科书的出版而争抢的行为，是对教科书市场竞争规则的破坏，也严重损害了其他出版集团的利益。再次，是教科书的地区垄断。我国中小学教科书的编制出版是一条能够产生巨大经济效益的产业链，各地区在选择教科书时可能会本着"肥水不流外人田"的想法，倾向于选择由本地出版单位编写出版的教科书。以我国中学历史教科书部分省市的中标情况为例：上海市中标的是华东师大出版社，四川省中标的是四川人民教育出版社，河北省中标的是河北人民出版社，湖南省中标的是岳麓书社。可见，外省出版社编制的教科书几乎被排除在外。最后，是教科书的多本化倾向。国家大力提倡教科书的多样化发展，以市场需求为导向也正是为了促进教科书事业焕发出蓬勃生机，加强中小学教科书编写的灵活性，形成多样化的发展格局。但是教科书在多种版本竞争的趋势下，却产生了同质化、多本化的倾向。当前教科书版本众多，虽然每个版本都会有所创新且体现一定的特色，但是在内容实质上、知识点的选择上，以及结构体系上是大同小异的。这样的多样化只是被多本化所取代的多样化，并没有实现真正意义上教科书编制的多样化。当前教科书编制出版市场中出现的问题值得我们重视，竞争机制与市场发展的尚不成熟需要加以改进并不断完善。

第三节 学生发展核心素养对中小学教科书的新要求

学生发展核心素养的提出，明确回答了培养"全面发展的人"这一根本问题，把教育关注的视野从学科知识中心转向了对人的整体发展。它突出强调了个人修养、社会关爱、家国情怀，更加注重自主发展、合作参与、创新实践。它超越了人们长期以来知识与能力的二元对立思维模式，强调知识、能力、情感、态度的统整，重视情感、态度、价值观对人发展的重要性。其目的在于帮助学生个人适应未来社会生活目标，促进个人发展和有效参与社会活动。它指向过程，关注学生在其培养过程中的体悟，而非结果导向。它面向学生终身发展和未来社会，需要培养的重点是人的审辨思维、创新能力、沟通能力、合作能力、信息素养及社会责任等。教科书要承担积极培育学生的核心素养的重任，就要突破传统上过于关注学科知识中心的编写误区，以学习者为中心，立足于学生的全面发展；不仅仅只传授知识，还必须通过传授知识的过程引导学生学会学习，促进学生主动发展；帮助学生在学校学习和日常生活或未来职业生活之间建立联系，① 为所有学生的终身发展奠定基础。

一、教科书应是传承人类优秀文化，坚定学生树立文化自信的载体

中华文化，博大精深、卓越辉煌，它是整个民族赖以生存的精神血脉，是浸润华夏儿女心灵的智慧食粮，更是一个国家持久发展的不竭动力。文化内化于心，外化于行，渗透到人活动的方方面面。"文化自信是一个民族、一个国家以及一个政党对自身文化价值的充分肯定和积极践行，并对其文化的生命力持有的坚定信心。"② 文化自信是实现文化的传承、创新与超越的内在动力。一个民族要统一和发展，只有树立了坚定的文化自信，才能在面对外来文化与传统文化时，既不盲目排外，也不保守复古；进而推动传统文化在新的语境下融入时代发展，融合现代科技实现文化的创新，实现文化的超越，引领未来。国家主席习近平在很多场合提到了中国传统文化，表达了对我国优秀传统文化思想价值体系的尊崇，并指出"一定要通过学习树立对五千多年文明的自豪感，树立文化的自信、民族的自豪感"。中国博大精深的优秀传统文化沉淀着中华民族最深沉的精神追求，如自强不息、精忠报国、革故鼎新、扶危济困等，一直是中华民族奋发进取的精神动力。

任何时代，任何人都无法否认，课程及其教材就是对整个人类积累起来的优秀文化的精选和传承。教科书从人类浩如烟海的文化典籍中选择出

---

① 弗朗索瓦－玛丽·热拉尔，易克萨维耶·罗日叶. 为了学习的教科书：编写、使用、评估[M]. 汪凌，周振平，译. 上海：华东师范大学出版社，2009：70.

② 景君学. 新时代文化自信与文化自主的现实镜像化建构［J］. 甘肃社会科学，2018（3）：37.

学生需要掌握的内容编制，在一定程度上是文化的"集萃"，展示的是文化的精华，便于学生在短时间内掌握人类长时间积累的科学文化知识。它不仅直接参与教学实践，而且影响课程改革。如语文教科书中的《黄河颂》《望岳》等表达对祖国山河雄奇壮美的热爱；《芦花荡》《过零丁洋》等表达爱国人士的爱国情怀；《我爱这土地》《乡愁》等表达游子对故国的恋土深情和思乡愁绪。文化的优秀、国家的强大、人民的力量，就是我们文化自信的强大底气，是我们文化自信的水之源、木之本。学生在教科书中学习人类优秀文化，吸收人类优秀智慧成果，感悟中华民族团结奋进、和谐友善、自强不息的伟大民族精神，体悟到仁爱孝悌、勤俭朴实、互助互爱的传统美德。这有助于增强他们的民族自尊心和爱国主义感情，形成对自身文化生命力的坚定信念，从而使他们发展成为有宽厚文化基础、有文化自信的人。

二、教科书应是引领学生自主学习，鞭策学生实现人生发展的工具

人的发展归根结底是自主自我发展。作为传播人类优秀文化的载体，教科书虽然决定不了人的自主发展，但却实实在在能起到引导作用。学会学习和健康生活是自主发展的两个方面：学会学习体现于乐学善学，表现在勤于反思，还包括与时俱进的信息意识；而健康生活要求学生珍爱生命，学会自我管理，塑造健全人格。

首先，教科书精选的内容，是能促进学生发展的最有价值的文化知识，承载着国家和民族对未来人才培养的期望。这些知识能点燃学生的学习热情，激发学生的好奇心与求知欲，陶冶学生的心灵，培育学生的科学精神。例如，人教版小学语文教科书中就有不少课文都涉及科学精神。二年级下册《动手做做看》《邮票齿孔的故事》等课文能发展学生勇于探究、独立思考的能力；三年级下册《画杨桃》《想别人没想到的》等课文能发展学生大胆思考，学会质疑的品质；四年级上册《呼风唤雨的世纪》《电脑住宅》更是让孩子们领略到科学技术的神奇，发展其理性思维的同时激发热爱科学的兴趣。人文社科类的学科尚且如此，理工方向的学科对科学精神的培养更是直观。其次，教科书知识的组织与编排能激发学生利用已有知识与经

验去了解、感受，牵引着学生去阅读、去主动探索知识的发生与发展过程；培养学生自主地处理信息、发现问题、分析问题和解决问题的能力。例如，相对语文教科书中基础知识的传授来讲，人文主义精神的育人价值更富有意义；相对数学教科书中相关公式的掌握来讲，思维能力的培养更为重要；相对英语教科书中英文单词的识记来讲，国际视野和文化认同感的培养更为重要。教科书虽不能直接发展受教育者诸如此类的能力，但能作为媒介提供给学生自主发展的学习资源来达到发展自身，学会学习的目的。第三，教科书知识的呈现方式灵活多样，切合学生认知特点，能指引学生认清和挖掘自己的优点，树立完善自我的信心；同时又敢于正视弱点，把自己的缺憾和不足转化为积极向上的动力，进一步认识自我，发展自我，从而使自我在人生境界、道德品格、人性修养等方面有逐步的提升和纯化，并由此实现自我的人生发展。

三、教科书应是促进学生价值实现，助推学生社会责任意识养成的平台

社会性是人的本质属性，实现自我价值是人的社会性的内在需求。实现个体自我价值就要参与社会、融入社会，处理好自我和社会的关系，并在实现自身责任和担当的前提下做到实践创新，由个人价值的实现迈向整个社会的进步。教科书所承载的知识，最终目的是要引导学生学以致用，成为一个对国家、对民族、对社会发展有用的人，而这个有用必须体现在具体的社会参与中。优质的教科书一直担任着引导学生社会化的角色，特别是人文社科类的教科书，其中的育人资源更加丰富。就以统编版小学语文教材为例，谈及"发展个性，培养创新精神"的课文共有 29 篇，占比 7.6%；谈及与人和睦相处的课文有 33 篇，占比 8.6%；谈及"和、诚、仁"的课文数量高达 102 篇，占比 26.8%；更有多篇课文涉及"独立与生存""分享与合作""专心与敬业""学习与勤劳""自我认识与勇敢"。①这都是教科书促进学生社会参与、培养其责任担当意识与实践创新能力的

---

① 郑文静，吴亚林. 小学语文教材中的价值诉求——基于人教版小学语文教材的文本分析 [J]. 教育学术月刊，2016（12）：95，96.

体现。教科书中诸如人物故事、传记等知识的学习，并不仅仅只是为了让学生知道这个故事；而是要通过学习这些故事，引导学生逐步树立起一种为社会、为国家作贡献的情感态度、价值取向和行为方式，养成在日常活动、问题解决、应对挑战的过程中所需要的担当意识。在教科书内容中设计一些颇有时代性的诸如国家意识、法治意识等相关的主题，让学生围绕这些主题，在实践过程中探究、体验和感悟，从而获得经验，磨炼意志，陶冶情操，提升境界。这样既能培养他们的综合实践能力和创新意识，还能夯实他们可持续发展的底蕴，增强他们的社会责任意识。

第四节　解决之道：编制核心素养导向的中小学教科书

从新中国中小学教科书编写的探索与实践中，我们清晰地领略到了教科书日益蓬勃的发展生机。教科书以更宽阔的视野认识和实践"育人为本"，它既是教科书编者对全面深化基础教育课程改革的深刻诠释，也是基础教育课程改革从"知识本位"到"素养本位"的逐步拓展过程。展望新时代，开启新征程。当前，学生发展核心素养已成为我国深化课程改革，落实立德树人根本任务的一项重要举措，是对培养"全面发展的人"这一本质要求的深刻诠释，有助于实现从学科中心转向对人的全面发展的关注，为课程与教学改革指明了方向。教科书编写必须聆听时代声音，积极主动地回应时代呼唤，进一步探索"素养本位"的育人要求。

在课程与教学改革中，核心素养只有落实到学科中才能真正落地，学科对发展核心素养的贡献主要通过课程教材与教学来实现，教科书在课程与教学中又承担重要的基础作用。教科书是依据课程标准编写的教学用书，既是实现培养目标的核心教学材料，又是课程标准连接教师和教学的桥梁。教科书的质量关联着学校教育的人才培养方向，直接影响课程标准的达成程度。立德树人根本任务要落地，必须编写以"核心素养"为依归的教科书，因为只有这样的教科书才具有旺盛的生命力和恒久的价值。否则，不论课程标准如何充溢着核心素养，都难以保证核心素养在教育实践中的具体落实，教科书的育人使命与担当也难以更好达成。

从我国中小学教科书编写发展的历史和时代趋势来看，以核心素养为导向的教科书编写契合了新时代教育的历史转向，是谋求教科书促进人全面发展的重要基石。第一，它是对"学科本位"教科书的继承与发展。既继承了"学科本位"教科书的总体发展趋向，逻辑清晰和循序渐进地培养学生基础知识与基本技能，也彰显了鲜明的时代特色，把研究的视野转向在不同领域、不同情境以学习者为核心来设计学习内容。第二，它是对"三维目标"的继承与发展。既体现了"三维目标"的知识与技能学习，也彰显了"三维目标"中所蕴含的情感、态度、价值观的发展。第三，它是促使我国中小学课程与教材走向国际化的重要基础。在世界全球化背景下，课程与教材的改革既要重视"国际化的参照"，吸收他国成功经验，又必须扎根中国大地，促进本国教育发展。"培育学生适应终身学习和社会发展的关键品格与能力是个体享有高品质生活的需要，也是实现中华民族伟大复兴的时代性需求。"① 因而，编写核心素养导向的教科书是历史发展的必然。

---

① 徐洁：迈向"核心素养"：新中国成立 70 年基础教育课程改革的逻辑旨归 [J]. 教育科学研究，2020：16.

第四章
核心素养导向的中小学教科书特征与功能

不可否认，遵循学科逻辑是长期以来我国中小学教科书编制的唯一主线，这种理念的支配确实降低了教科书编制的难度并且保障了知识体系的完整性和逻辑性，对人才培养起到的作用不可小觑。但在人类社会发展更加开放、更加多元、更加冲突化和复杂化的信息社会，如果将学科知识逻辑导向的教科书推向极致，必然会与信息社会学生发展应具备的最重要、最关键的知识、能力、品格等核心理念相悖，进而滋生一系列的教育问题。核心素养导向的教科书是解决这些问题的有效手段，它致力于培植学生自主发展的愿景和能力，为所有学生学会做人、做事及终身发展奠定基础。

第一节　核心素养导向的教科书内涵与特征

学生发展核心素养，需要编制核心素养导向的教科书。核心素养导向的教科书编制必须突破传统上过于关注学科知识中心的编制误区，将编制视角从关注知识逻辑转向关注人的全面发展和整体素质的提高。

一、学科本位教科书的育人困境

教科书因学科而产生，本质上我们将其理解为学科本位的教科书。学科本位教科书是把学科知识作为教科书内容的基本来源，从学科知识领域内选择一定的内容，按特定知识领域的内在逻辑体系来组织教科书内容。

在编写理念上遵循以学科知识为中心，重视知识的重要性；在内容设计上坚持以学科知识及其发展为基点，强调本学科知识的优先性；在编排方式上，以直线式为主，坚持以学科知识的逻辑体系为线索，强调本学科自成一体。这种编写思路适合学生的认知发展规律，使学生能够快速有效地掌握人类文化遗产，并以逻辑清晰和循序渐进的方式获得人类文化知识，有助于学科知识的生成和技能的训练，从而使学生高质量地掌握基础知识与基本技能。同时，还便于教师的教与学生的学，成为学生简捷有效地获取学科系统知识的重要途径。但在实践过程中，容易陷入过于关注学科知识逻辑而忽视人的整体发展的多种需求的困境，这种困境典型表现在两个方面：

（一）容易疏离现实的具体生活，脱离学生的实际需求

关注学科知识逻辑的教科书过于追求知识体系的科学性与完整性，把学生定格在设定的书本世界和科学世界之中，这与以不确定性和复杂性为特征的学生真实的现实生活世界毫不匹配，造成学生认知结构的支离破碎，与现实生活的疏离感日益增强，社会意识逐渐淡化。教育远离学生的实际需求，无疑会影响学生学习的兴趣，使学生缺乏诸多学习的动力。

（二）容易割裂知识和社会的整体性，剥夺学生发展的自主性

关注学科知识逻辑的教科书以分门别类的方式组织和编排学科知识，各学科相互分离，彼此孤立，造成学科与学科之间、学科与社会生活之间的人为割裂。孤立的科目不利于学生从整体上认识外部世界，难以培养他们的实践能力与创新能力。"长期接受碎片化信息，容易使人们养成用孤立的眼光去看问题的习惯，最终会弱化人们对复杂事物的思考能力。"[①] 再者，一味重视学科知识的系统性，难免导致科目过多、过繁、过杂和缺乏整合，教学也更容易侧重于知识的灌输。"当教学被当作一种简单的知识传递时，它便不能引发学习，甚至还会阻碍学习。"[②] 单向的知识传授也限制了学生的视野，束缚了学生思维的广度，导致学生学习的主动性丧失。

由此可见，在对人才质量规格具有全新要求的新时代，单靠遵循学科逻辑编制教科书来培养新人已力不从心。教科书编制理念应努力实现从学

[①] 余文森. 核心素养导向的课堂教学 [M]. 上海：上海教育出版社，2017：68.
[②] 安德烈·焦耳当. 学习的本质 [M]. 杭零，译. 上海：华东师范大学出版社，2017：16.

科知识中心转向对人的全面发展的关注，构建以学习者为中心，统整设计学习内容，开放性设计学习活动的切合当下课程改革深化发展的"素养本位"教科书。

二、核心素养导向的教科书内涵

核心素养导向的教科书，顾名思义，就是把"发展和培育学生核心素养"这一理念贯彻于整个教科书的编制过程中，注重以学生为本，立足于学生的发展。它是对以往教科书编制过于重视学科知识逻辑，忽视学生全面发展的一种超越，试图从学生的角度来揭示教科书是什么的问题。

较之传统的学科本位教科书，核心素养导向的教科书内涵突出体现在以下几个方面：

第一，在编写理念上，核心素养导向的教科书在尊重学科知识的同时，将关注点聚焦在"人"身上，面向学生的经验世界，一切从学生的角度出发，关注学生自身的发展和成长，重视学生主体能动性的发挥，突出对学生的创新精神和实践能力的培养。

第二，在内容设计上，核心素养导向的教科书突破了传统的以学科知识为中心设计教科书内容的思维局限，把研究的视野转向在不同领域、不同情境下以学习者为核心来设计学习内容。尤其关注学生在面临真实复杂情境中，如何综合运用所学的知识、技能、态度、方法来思考、处理和解决实际问题的能力。

第三，在结构安排方面，核心素养导向的教科书不仅注重知识，更是把知识作为素养生长的平台和基础。它遵循核心素养的培养逻辑，组织和整合着各科知识，使学生能够实现真正将知识内化到认知结构中去，实现知识系统结构和知识应用结构的完整统一。

第四，在呈现方式上，核心素养导向的教科书注重启发性和开放性。它将知识进行技术化处理并以艺术化的方式呈现，方便学生学习。其文字叙述注重情境性和探究性，栏目设置注重适切性和必要性，图表功能注重多样性和丰富性。

概而言之，核心素养导向的教科书是在对学科本位教科书教育价值进行批判、扬弃的基础上，将编制视角从过于关注知识逻辑转向关注人的整体素质发展。其根本出发点是利教易学，既为教师的教服务更为学生的学服务。其核心理念是"以发展学生素养为本，促进学生全面发展"，其关键特征是生活性、跨领域性、情境性、探究性及发展性功能突出，其最终体现是"教本"和"学本"的统一。

三、核心素养导向的教科书特征

（一）跨学科性

在学科知识逻辑导向的教科书中，学科知识体系是构成教科书的主要内容，单一的学科知识体系同时限定了课程的学科边界。核心素养的达成绝非某单一学科的功劳，它是各个学科的合力，是学科间知识联系与作用的共同结果，具有高度的普遍性和整合性，这种跨界思维在某种程度上可以满足培养综合性人才的需求。因此，核心素养导向的教科书内容追求跨学科知识的融合与迁移。这种跨学科知识融合主要体现在三个层次结构：微观上要照顾单册教科书之间的联系；中观上要顾及各个学段的上下衔接；宏观上要考虑单个学科教科书之间的有机融合。也就是说，教科书内容在呈现某一新内容时，要引入与该内容相关的其他学科的知识，学生通过动用已有知识，达到更好地理解新知识的效果。比如，在教科版小学科学五年级下册《浮力》的有关知识学习中，教科书开篇就引入了学生在小学语文二年级上册所学的课文《曹冲称象》，学生通过回忆课文内容，能够很好地理解其中蕴含的科学知识——浮力。此外，核心素养导向的教科书在习题方面也更加注重内容的灵活性、开放性和跨学科性，往往需要学生同时动用几门学科的知识来解答习题中的问题，以培养学生的跨界思维。其实，从教科书的发展历程来看，教材建设早就超越了单领域，逐步走向多元学科融合的道路。除教育学以外，历史学、政治学、社会学和伦理学等都潜移默化地影响教材的研究。核心素养导向的教科书正在逐步消除知识与实践、个体与社会之间的隔阂，以一种"集大成"的研究范式推动着教育理论的发展。

（二）情境性

学生核心素养的发展，光靠知识传授是不够的，还需要设计系列围绕目标展开的学习活动。核心素养导向的教科书不是知识的再现者，而是引导学生主动探究、建构知识的学习活动设计者。建构主义认为，知识是具备个人性和情境性的，是动态的，不是永恒不变的。这无疑是对人们长此以往追求客观而永恒的知识提出了质疑。知识的个人性指的是知识的获得和理解与每个人的个体经验、成长背景、认知风格有关；知识的情境性在于肯定知识产生于具体的情境之中，并非凭空出现。学生在具体的情境中进行思考，能够更好地理解、感悟和建构知识。人类的知识生产都是情境性的。知识的客观化、外在化，是人类保存、传承知识的基本策略。学习就是要让知识重回情境进入发生状态。① 知识具有情境性，这就决定了核心素养导向的教科书也要具备情境性的特点。想要激发学生的学习主动性和激情，塑造有血有肉的课堂，创设情境确实是有力手段之一。但若为了情境而创设情境，创设一些与教科书内容无关的情境只会与我们的教学期待背道而驰。所以，核心素养导向的教科书要创设具备有整合性的真实情境。围绕"情境"这个核心，将教科书内容连接学生生活，将问题作为学生开展学习活动的有效载体，引导学生与知识展开一场真实的对话，使学生在真实情境下学习时更有所感、所触和所获。比如，在学习《故都的秋》时，北方地区的学生就更能体会作者对于秋天的感受，因为对于他们来说这个情境是真实的。再如，为了学生核心素养的发展，确立低碳生活的若干原理、意义与基本准则的教科书内容是远远不够的。但是在此基础上，如果以问题为导向设计一个学习活动，抛出一个真实的问题情境，学生就能通过自主探究、跨学科学习，自觉、自主、自发地把这些原理、准则应用于问题解决中，以便在将来能运用于自己的现实生活中，并影响身边的人。

（三）探究性

学生学习的过程在本质上就是一个不断探究的过程。认知理论认为，学生的学习不是被动或机械地记忆知识，而是一个主动建构知识、探究知识的过程。杜威也曾认为科学教育不仅仅是要让学生学习大量的知识，更重要的是一个学习科学研究的过程或方法。要让学生在探究过程中体悟、感受知识的魅力，这些都蕴含探究的意蕴，也是课程改革所极力倡导的。探究能力是一种综合性能力，强调学习的过程性，其中，"探究性"学习素

---

① 杨九诠. 学科核心素养的要义 [J]. 江苏教育，2018（8）：74.

材的获得是实施探究活动的关键所在。具备探究性的教科书内容看似经典简单，但却包含丰富的内涵和广阔的外延。这就是培养学生解难、释疑及运用能力的绝佳探究素材，它具备有使学生产生疑问、引发认知冲突的特性。它倡导学生自己组织知识，并将知识纳入个人的认知系统。核心素养导向的教科书的角色定位不是知识的再现者，而是学生知识构建和探究的设计者。它在重视知识传递的同时，以学生能力或素养发展为目标和线索来设计内容，尊重和珍视学生在学习过程中的独特体验、感受和理解，注重学生探索知识生成的过程。这种设计的目的不在于得出结论，而是重在参与、重在学习的过程、重在学生参与过程中的情感体验，体现出以学习者为中心的思想。比如，对于历史教科书的设计而言，更应该注重探究的过程，因为历史是过去式的东西，学生无法直接体验。但通过探究的过程，学生能够在很大程度上理解各个历史时期的思想理念。

（四）实践性

实践是检验真理的唯一标准。根据"素养"一词的定义，核心素养发展的目标在于实践。教科书内容的编制自然也不能停留在从概念走向概念，应该搭建和学生实际生活相关的桥梁，走向学生个人生活的同时致力于运用，这样才富有现实的生命力。有学者提出，素养是行为能力，是行为指向或实践导向的。因为素养是人在真实情境中做出某种行为的能力或素质。[①] 可见，真正检验素养是否达成的关键还在于行为实践，核心素养导向的教科书必须具备学习实践的引导性。为引导实践而设计的教科书是以学生的真实生活情境为出发点连接知识体系，满足学生的不同需求，丰富学生的生活体验，为学生核心素养的达成提供操作性指引，从而实现知识的广泛迁移。例如，我们教授相关学科原理的目的，不仅仅只是把握相关知识，更重要的是发展相关能力并且将所学致力于实践操作，通过自主探究、跨领域的综合学习将知识纳入实际生活。不然，学生的学习终究也只是纸上谈兵，发展不了真实能力。因此，具备学习实践的引导性是核心素养导向教科书的又一特征。

---

① 褚宏启. 核心素养的国际视野与中国立场——21 世纪中国的国民素质提升与教育目标转型[J]. 教育研究，2016（11）：8，9.

（五）开放性

教科书设计的开放性，是针对其封闭性而言。教科书内容设计的封闭性，也可以称为完成性，是把教科书内容设计成一个完整而又独立的知识体系。封闭的教科书为学生所有的学习活动提供了明确的指示和全部说明，学生按照所提供的这一系列程序、步骤，而不需要借助其他学习工具或者其他学科知识就可以完成知识点的学习。核心素养导向的教科书一定是开放的，内容的呈现和安排具有点拨和诱导的特征。所谓教科书的开放性也即教科书的未完成性，是指教科书内容的设计有待于学生根据具体问题情境通过多种渠道和其他学科知识的迁移来补充内容，得出结论。其中，学生有比较多的自主学习空间和思考空间。教科书的开放性包括内容的开放、过程的开放、结果的开放及方法的开放等。内容的开放，重点在给学生留下对某些知识概念、结论进行补充、思考与探究的空间。过程与结果的开放重点关注学生在思考过程中所体现的思维灵活性、广泛性，以及实践能力和创新意识。教科书不设立统一答案，不追求对错，甚至于不评价优劣。方法的开放则是把重点放在引导学生追求解决问题的不同途径与方法上，比如，上网、实验、访谈等。以历史学科为例，在设计鸦片战争的学习内容时，如果设计一系列问题，诸如：鸦片战争发生于什么时间？由哪个国家发动？结局如何？等等，则意义不大。因为这些问题的答案是标准的，只有一个。但如果设计成学习要求，比如，收集有关鸦片战争的资料，分析其发生的起因、事件的过程与结局及其对整个中华民族的意义等，这类学习要求依赖学生通过自主探究完成，且结论往往具有开放性。

（六）发展性

核心素养导向的教科书的发展特性有两个层面的含义：一是促进学生个体的发展；二是肯定教科书本身的发展。教科书编制的意义从狭义上来讲，就是为了方便教学，从宏观意义上来讲就是促进学生发展。前者是直接目标而后者为最终目标，可以说直接目标是为最终目标服务的。当前，立德树人是我国教育的根本任务，我国课程改革也在积极回应时代要求，将目光从"学科知识"聚焦于人，大步迈向"素养时代"，以更好地落实立德树人。教科书编制应践行时代育人使命，把握核心素养的大方向，突出核心素养教育的价值，做到"目中有人"；贯彻落实学生的全面发展，为学生提供自主发展的空间；聚焦培养独立思考的能力和学习意识来体现"人"的存在和"材"的丰富性。因此，核心素养导向的教科书不仅具有促进学生个体发展的效果还兼具自身的发展性。教科书编写理念本身就经历了几大阶段才走向了核心素养，其本身就是双基和三维的继承和发展，并且将在未来的发展中继续进化。

第二节 核心素养导向的中小学教科书结构与功能

教科书的结构是决定教科书质量的关键，我们又称之为教科书的组织结构。教科书的结构决定教科书相应的功能，一定的功能必定有相应的结构。

一、核心素养导向的中小学教科书结构

教科书结构实际上是一种人为结构，受很多因素的制约。教科书编者不同的编制理念和思想都会有不同的教科书结构，但其设计的最终目的都是着眼于人的发展，服务于人的发展。所谓"教材结构（这里的教材相当于我们所指的狭义的教科书）是各科教材之间的合理组合和各科教材内容各要素、各成分之间的合乎规律的组织形式"①。可以说，教科书的结构既是教科书内容的编排方式、呈现方式和组成形式，也是教科书的框架。简言之，教科书从封面到封底之间的所有组成部分，就是我们所理解的教科书的结构。

"教科书作为促进学生学习的资源和工具，首先必须为学生提供必需的信息资源，这些信息资源我们称之为教科书内容，它是教科书最基本的构成要素。这些内容要素依据不同的理论，采用不同的方式呈现出来，形成

---

① 顾明远. 教育大辞典［K］. 上海：上海教育出版社：1990：286.

不同形式的教科书功能模块，引导着学生的学和教师的教。"① 由此可见，我们可以将教科书的结构划分为两大部分：一是内容结构，主要以知识的形态表现出来，体现教学内容，是教科书的内在结构和核心结构；二是教科书的体例结构，主要是指教科书知识的呈现形式，体现教科书的整体框架，是教科书的外在结构。

（一）教科书的内容结构

教科书的内容结构是教科书为实现学科课程目标而选择的对学生有实际价值的、按照一定规律组织的知识要素、能力要素和思想品德要素等及其相互关系，它们共同反映学科特征。内容结构是教科书的教育价值所在，是教科书之魂、之本。

1. 知识要素

教科书的知识要素主要包括两方面：一是知识的选择。教科书的知识选择既是重点又是难题。历史上，斯宾塞提出"什么知识最有价值"，泰勒提出"如何选择有助于实现教育目标的学习经验"，都是基于对教科书知识如何选择的思考与探索。可以说，究竟要选择什么样的内容进入教科书一直是课程与教学领域研究的重点问题。教科书中包含了人类千百年来通过社会实践积累起来的文化知识精华，是特定文化的浓缩和载体。人的生命有限，学生的学习时间也有限，在有限的时间内，学生不可能把浩如烟海的知识全部学完。教科书必须按照一定的标准筛选出反映学科特征、对学生的发展最有价值的知识。因此，以各学科课程标准中设定的目标为主要依据，以此来统领学习内容，成为教科书选择知识的依据。二是知识的组织。由于人类文化的知识结构与学生心理发展的结构并不一致，教科书编制者首先必须根据学生的认知结构和心理发展顺序重组人类文化知识，让学生在学习文化知识后，不仅可以构建知识结构，获得个体感悟和经验，而且还可以感知和体验知识创造的主体，了解教材编者的编写意图、编制思想和价值取向，从而积累丰厚底蕴的文化和丰富的人生经验。其次，对于可操作性较强的、以技能性知识为主的学科，教科书除了要精选该学科

---

① 毕华林. 走向生本的教科书设计研究——以中学化学教科书设计为例［D］. 山东师范大学，2006：15.

的知识精髓以外，还要特别关注其内容的组织结构。其内容的呈现方式要满足学生的兴趣、爱好和需要，有利于学生在探究中获得学习的方式或方法。总之，知识的组织应兼顾学生的认知能力、心理发展特点以及学科发展的逻辑顺序。

2. 能力要素

随着人们教育理念的提升，学生能力的培养和发展成为教育工作者研究的重点。什么是能力？学生应该具备哪些能力？有学者将"借助学科和教材的有计划的系统接受，以知识技能为核心而形成的各种能力"称为学力。① 关于学力，日本学者佐野良五郎构建出了学力的三层结构模型："第一层：基础学力，包括学习态度、学习能力和掌握必要的基础知识和基本技能能力；第二层：问题解决能力，指学生必须具备的主动学习能力和生存能力、自学能力和良好的心理调控能力，以及发现问题、探究问题和解决问题能力；第三层：创造性能力，包括用批判性的眼光进行学习与理解的能力，具有创造性思维和创造性行为特征的能力及对知识开放性、多维性的认识。最下层学力基础是指培养学生能力所必需的生理、心理、知识基础。"② 心理学研究表明，能力既在活动过程中表现出来，又是在活动中形成和发展。能力的培养是一个循序渐进、连续不断的过程，核心素养导向的教科书设计的学习活动灵活多样、内容丰富，自始至终都贯穿着对学生多种能力的培养，尤其是注重对新时代学生应具备的关键能力的培养。如，通过探究性活动，培养学生自主探究意识和习惯；通过实践活动，培养学生运用知识、解决问题的能力；通过拓展性活动，培养学生自主学习能力和创新能力；等等。

3. 思想品德要素

在教育教学中，教科书不仅传授来自人类各个领域的知识、技能和技巧，而且还传递立场、自然观、社会观以及人生的价值和目标，即世界观、政治和道德价值观的基本态度。因此，一本注重思想品德要素渗透的教科书，对于学生良好品德的形成而言就是一本圣经。一般来说，思想品德要

① 钟启泉. 关于"学力"概念的探讨［J］. 上海教育科研，1999（1）：16.
② 钟启泉. 现代课程论（新版）［M］. 上海：上海教育出版社，2003：264.

素包含四个方面的内容：一是有关自身的内容，包括勤俭节约、诚实守信、自强不息等；二是有关与他人关系的内容，包括尊重他人、团结协作、文明礼貌等；三是有关与集体以及社会关系的内容，包括集体意识、热爱党和人民、热爱祖国，热爱家乡等；四是有关与自然以及崇高事物的关系的内容，包括热爱自然、尊重真理等。核心素养导向的教科书要将思想品德要素贯穿于各科教材中，努力实现思想品德要素四方面内容和谐发展。通过将其与知识和能力融合，以渗透的方式，对学生有目的地进行思想品德教育，以此来提高学生的思想品德素质和科学文化素质，培养新时代有理想、有本领、有担当、有正确人生观、价值观和世界观的社会青年。

综上所述，无论是知识要素、能力要素还是思想品德要素，它们在教科书内容结构中都是不可缺少的部分。三要素是相互交叉、相互渗透的，在教科书中的分布应做到统筹兼顾、不可偏废。只有知识学习、能力培养和思想品德教育三者齐头并进，在传授知识的过程中培养能力，同时渗透相应的品德及情感，才能更好地达到促进学生全面发展的目的。

（二）教科书的体例结构

教科书的体例结构是指教科书的内容通过什么样的架构和组织得以呈现，也可称为教科书的形式结构。一般由导言、目录、课文、习题、活动、图表、注释、附录、索引等部分构成。核心素养导向的教科书是以学生发展为本的教科书，教科书的每个部分都在帮助和引导着学生的学习。根据每个部分在教科书中的作用，我们将其进一步划分为导学系统、课文系统和助学系统。

1. 教科书的导学系统

教科书的导学系统包括：导言、目录和索引三部分。它能够引导教师的教和学生的学。

第一，导言。主要包括前言、单元导语和课前导读。前言是学生翻开教科书最先映入眼帘的栏目，旨在对教科书内容、编写思路、编写体例和结构、学习方法以及学科性质等作一个清晰的说明。通过前言，学生可以明白教科书到底讲了什么，从而引发学生的求知欲；教师可以明确主题，理清教学思路。单元导语和课前导读是对单元内容和课文内容的概括和梳理，以及对学习方法的提示。学生通过导语、导读，能够对所学知识有个整体把握，对于后续的学习有明确的目标指向。好的导言能够打开学生的兴趣和智慧之窗，起着引领和激发的作用。核心素养导向的教科书在导言上顺应新课程改革的基本理念，以亲切平和的口吻、简洁明了的语言文字，注重与学生"对话"，拉近与学生的距离。因此，导言的可读性强，为学生的思考和想象留有余地，引导着学生的学习。这无不体现着学生的主体地位，发挥了教科书的"学本"功能。

第二，目录。如果说教科书是一扇门，那目录就是打开这扇门的金钥匙。目录位于正文之前，是对一本书内容的高度总结和概括，是各个章节的排列顺序。通过目录，学生能对整本书的内容形成框架，使知识系统化，条理化。目录还是供学生快速查找内容，帮助学生整理知识、记忆知识的工具。通过目录，教师能够快速把握知识的重难点，从而有针对性地设计教学。目录是教科书导学系统的核心部分，没有目录，无疑加大了教师的教和学生的学的难度。核心素养导向的教科书要充分利用目录对于学生学习的引导作用，在设计上力求新颖、美观，图文并茂，字体颜色、大小错落有致，选择的背景图片反映学科特性，引发学生无限联想。同时，目录设计要清晰明了，关注学生的阅读心理，以提高可读性为目标，指引学生后续的阅读。总之，核心素养导向的教科书目录在设计上应既具有审美性，又具有可读性。

第三，索引。索引位于教科书的结尾部分，是对教科书中重要知识点，如人名、地名、概念、书名等按一定的方式（笔画或拼音）列出对应的页码，以方便学生检索的工具。通过索引，学生可以快速查找教科书中的重要知识，引导学生对知识进行整理。同时，索引可以将学生引向各自感兴趣的内容。这样不仅可以扩大学生的学习范围和眼界，还可以引导学生对所学知识进行深入思考和理解。索引不是教科书的必要组成部分，但它却是核心素养导向教科书不可或缺的要素，发挥着引导学生学习的重要作用。

2. 教科书的课文系统

教科书的课文系统包括课文、活动和习题等。它是教科书的核心组成部分，是教师教学和学生学习的主要对象。

第一，课文。课文就是教科书的正文，是教科书的核心所在。它主要是以文字的形式向学生呈现该学科的知识，如理论、概念、事实和资料等。

要使课文能促进学生的学习，就要精心选取内容和精心设计结构。课文内容的难易程度、抽象水平、语言风格等都影响着学生的学习。因此，课文的编写要在学生已有的知识经验上，选取学生感兴趣的、与生活息息相关的内容。内容要有明确的中心思想以及能够集中反映中心思想的丰富材料，也就是说，课文内容要具有可读性和可理解性。课文结构是谋篇布局的手段，是指句子、段落以及整体之间的内在联系和呈现形式。一般来说，常见的课文结构有并列式、总分式、对照式和递进式。总体而言，课文的内容和结构都会对学生的学习产生影响。核心素养导向的教科书课文在编写上应用生动形象的语言、有趣的故事情节、引人深思的画面来吸引学生的注意力，调动学生的学习兴趣。在结构上应清晰明了、逻辑性强，以增进学生对课文内容的理解和记忆。

第二，活动。为了引领学生的学习，教科书往往会围绕教学目标设计一系列学习活动，如：以想一想、思考与讨论等为主的动脑活动；以实验、做一做等为主的动手活动；以角色扮演、社会调查、访问等为主的综合性活动，等等。这些活动往往呈现于教科书丰富多彩的栏目中，功能因栏目而异。教科书的学习活动设计体现了学生的知识学习不应该是一个被动的过程，应该是在现有知识和经验的基础上，通过主动参与和自我探索、自动生成的过程。学习活动使知识的呈现由"静止封闭"走向"动态开放"，具有启发性。因此，核心素养导向的教科书重视学习活动的设计，各个活动栏目功能明确，能使学生在灵活多样的活动中主动参与、体悟、感受知识的形成过程，以获得直接经验，促进学习方式的转变。

第三，习题。习题是促进学生发展的思考题、练习题和操作题等，是课文系统的重要组成部分之一。根据习题所发挥出来的作用，可以将习题分为巩固知识类习题、获得方法类习题以及运用知识类习题。精心设计习题，对于学生巩固、理解和运用所学知识，以及教师检测教学来说都非常必要。传统教科书的习题往往聚焦于巩固新知识，且仅仅编排在教科书每一章节的最后。殊不知，教学应得到及时反馈。学生对知识的反馈远比埋头苦学重要得多，一旦缺乏对知识的反馈，学生的学习难度就会增加。核心素养导向的教科书在注重习题巩固知识功能的基础上，更加注重习题对于学生灵活应用所学知识解决问题的功能和为教学提供及时反馈的功能。

在习题的内容上，由易到难，层层递进，能够满足不同学情学生的需求；在习题的形式上，由封闭走向开放，不再追求统一标准答案，具有较强的灵活性，能够适应不同学生的思维发展；在习题的编排上，不再局限于将习题放于章节后，而是随机渗透于正文及活动栏目中，及时追踪学生的学习情况。

　　3. 教科书的助学系统

　　教科书的助学系统包括图表、注释和附录三个部分。它是有效帮助学生学习和理解知识的标识和材料。

　　第一，图表。教科书内容的呈现讲究图文并茂，图表的作用不容小觑。图表就是贯穿于教科书各个板块的标识。如，照片、实物图、简笔画、表格，等等，依教科书内容而定。正如叶圣陶先生所说："好的课本插图是课本的有机组成部分，能够加强对读者的感染力，加深读者的印象，使读者认识得更清楚，绝不是可有可无的点缀。"图表除了最基本的装饰审美功能外，还有教学实用功能。首先，图表色彩鲜艳，能够吸引学生注意力，激发学生探索新知的兴趣和欲望；其次，图表形象直观，能够将抽象文字变具体，加强学生对所学知识的理解和记忆；最后，图表能够形成不同的视觉效果和信息，从而引发学生对所学内容、意境进行无限联想和想象，为知识迁移奠定基础。因此，核心素养导向的教科书设计应把图表作为重要的信息载体，用图表传递信息，引出一系列学习活动，培养学生理解和处理信息的能力。

　　第二，注释。注释是对教科书内容的说明与补充，在丰富完善教科书内容的同时，能够帮助学生理解、拓展知识，有效突破重、难点。由于教科书正文篇幅有限，对于重要概念的说明不可能做到面面俱到，这时位于教科书页面下端或者课文后面的注释就发挥了作用。以素养发展为本的教科书，除了发挥注释补充说明的功能外，往往还重视注释对活动过程的解释和指导。丰富多样的学习活动和任务是核心素养导向的教科书的重要特征之一。但学生智力水平各异，对于难度稍大的活动，并不是所有学生都能独立完成。此时，在学习活动栏目两旁添加注释，适时为学生提供方法指导和信息资料非常必要，让学生能够在完成任务的同时获得成就感，增强自信心。

　　第三，附录。附录在《现代汉语词典》中的解释是："附在正文后面与正文有关的文章或参考资料。"教科书的附录具有说明、论述和补充的作用，一般位于教科书的最后部分，目的是让教师和学生更清楚地认识教科书中的内容，同时对前面的知识内容进行补充和拓展。对于学生而言，附录也是学生课后自主学习和拓展阅读的主要资料来源。因此，不断丰富和完善附录成了核心素养教科书的追求之一。一方面，附录的类型要多样，具有可选择性，做到既能满足大多数学生的普遍需求，又能适应个别学生的个性化需求。另一方面，附录所拓展和推荐的内容要与时俱进，具有时代特征，尽量选择能够反映当代主流文化的和社会生活的材料。

从核心素养导向的教科书内容结构和体例结构来看，内容结构注重从构成教科书内容的三要素对教科书内在结构来分析，体例结构注重从内容呈现的角度对教科书外在结构来分析。外在结构与内在结构相互影响、相互促进，只有将两者统一起来，才能真正把握教科书的结构。内容是教科书结构的核心部分，呈现形式是教科书结构的外在表现，它们相互影响、相互作用，共同决定教科书的功能。

二、核心素养导向的中小学教科书功能

教科书的功能是指教科书在实际的教育教学过程中为达成教育目的所能发挥出来的作用。传统的教科书一般具有知识传递、文化传承、道德训育等基本功能。而核心素养导向的教科书除了具备传统教科书的功能外，主要表现为促进学生、教师、学科三大教育要素的发展。其中，促进学生的发展是教科书的核心功能。

（一）提供教学范本，促进教师教学方式转变

长期以来，教科书一直是我国学校教育最主要的课程资源。正因如此，很多教师把教科书看作是权威的化身，视作唯一的教学文本，走向"唯教科书论"，不可避免地陷入了"教教材"的困境。在这种情况下，讲授法是教师的主要教学方法，学科知识的传授成为课堂教学的全部。日复一日，教师成了传授知识的机器，学生则成了被动接受知识的容器。核心素养导向的教科书编制立足于学生能力和素养的发展，这就迫使教师转变教育理念，树立正确的"教材观"，从"教教材"向"用教材教"转变。由此，教科书成了教师教学的一个"范本"，教学围绕教科书展开但不局限于教科

书，而是创造性地使用教科书并积极寻求其他多种课程资源，充分利用现代信息技术。此外，为了发挥教科书对学生学习的引导作用，使学生在获得知识和技能的同时，过程与方法、情感态度与价值观方面也得到全面和谐的发展。教师对教科书内容的选择和组织，就得秉持"存在即合理"的态度。在教学中既要充分利用，适时指导，又要巧设情境，调动学生的积极性与参与意识。这就促使教师转变教学方式，从传统的以讲授法为主到多种教学方式相结合，如启发法、情境教学法、讨论法等。优秀的教科书对教师来说，也是学习和提升自我的平台。教师对教科书中所包含的教学内容和体现的教学方式的精准把握，无疑也有助于其教学能力的提高。

（二）提供学习范例，促进学生学习方式转变

在传统的教育中，教科书主要是以定论的形式向学生直接呈现概念、事实和原理，教科书被学生视为唯一的知识来源和学习的全部内容。学生通过教科书，能最快获得学科知识，从而取得优异成绩，获得升学。在这样的背景下，教科书是"纯文本"，是学科知识的浓缩与反映，记忆、背诵、练题等不可避免地成为学生最基本的学习活动方式。他们获取知识，但不知如何获取以及为何获取。教科书在教给他们一大堆死知识的同时，也夺走了原本属于他们的东西，如思想的空间、情感的体验、问题的意识和批判的勇气等。

核心素养导向的教科书倡导教科书要从"文本"转向"范例"，从"知识"转向"素质"。它不再是学生学习知识的全部来源，而是仅供学生参考的对象和素材，是学习的一种"范例"；它重视教科书内容呈现形式的灵活多样，极大地将学生从教科书中解放出来，扩展其学习空间；它强调教科书内容组织从学生已有的知识经验出发，注重展现知识获得的过程和方法；它力求创设真实的问题情景，通过问题引发学生的认知冲突，激发学生主动学习的欲望，使学生通过实验、交流、讨论等多种多样的探究活动参与到学习之中，在学习的过程中体验探究的快乐；它使学生在独立解决问题的过程中通过高阶思维的参与，自主地获得知识、超越知识，以及掌握收集、加工和处理信息的方法，从而促进学生学习方式的转变。

（三）推动教材建设，促进学科建设纵深发展

教科书是教师和学生首先接触到的教学和学习用书，这使教科书顺理成章地担负起了促进学科建设的重任。教科书编写是学科建设的重要内容之一，在科学编写理念指导下编写的教科书，能够促进学科建设不断向纵深发展。首先，中小学学科建设，取决于科学研究的成果所呈现的学科知识体系，学科作为教育内容的载体，必须经过对学科体系的教育加工。而核心素养导向的教科书就承担着对学科内容进行加工的任务。一方面，它使学科内容的呈现符合教育规律和青少年身心发展规律。另一方面，它以培育和发展学生核心素养为目标，选择和组织学科内容，加强学科知识之间互相交叉和渗透，使学科真正发挥其育人功能。更为重要的是，核心素养导向的教科书，秉持以人为本的理念，加强了教科书与学生生活、个人经验之间的联系；设置了丰富的教学案例，明确了各学科核心素养的基本点，将各学科核心素养在教科书的各个栏目中呈现得淋漓尽致；充分发挥学科特色，发挥学科对学生核心素养发展的作用。核心素养导向的教科书蕴含的这种先进教育理念的编制思想，在一定程度上能够促进教材建设、教学方式变革、人才培养模式更新以及教师队伍专业化。这些都无疑推动了学科的建设与发展，使学科能够更好地发挥其育人功能。

第三节　核心素养导向的中小学教科书对学生发展的价值意蕴

在人类接受教育的历史长河中，教科书承担着不可替代的使命。它记录人类在社会发展中的成就，教诲人类进行正确的思想价值判断，对个人的成长、社会的发展具有重要推动作用。核心素养导向的教科书也同样如此，尤其要致力于"帮助学生在学校学习和日常生活或未来职业生活之间建立联系"[①]，促进学生主动学习，把获得的知识与生活结合起来，保持他们持续发展的意趣。具体来说，核心素养导向的中小学教科书对学生发展

① 弗朗索瓦—玛丽·热拉尔，易克萨维耶·罗日叶. 为了学习的教科书：编写、使用、评估 [M]. 汪凌，周振平，译. 上海：华东师范大学出版社，2009：70.

的价值意蕴主要凸显在以下三个方面：

一、构筑学生健康心理，塑造优良品格

学生的健康，不仅包括身体的健康，还包括心理的健康。素养本位的教科书无论在内容的选择上，还是在内容的组织和呈现上，都精心考虑各个年龄阶段学生的认知规律和心理发展特点，选取最适合学生发展的内容并以最恰当的形式呈现，使学生易学、乐学、爱学，实现身心全面和谐发展。比如，在传统的教科书中，都是先学习拼音字母后学习汉字。由于拼音字母与学生现实生活联系不大，刚入学的学生学习起来枯燥无味，理解起来比较抽象，使得学习难度加大，畏难、厌学情绪由此而生。素养本位的教科书紧密联系学生生活，先学习生活中常常出现的汉字，让学生从所学汉字中对拼音字母有了一定的感知后，再学习拼音。这样的安排，既符合语文教学的要求，又符合学生心理发展的特点，有利于学生健康心理的形成。中小学阶段的学生处于未完成的发展状态，心智尚未成熟，品格尚未形成，价值观尚未明确，具有巨大的可塑性和无限的发展潜力。核心素养导向的教科书内容经过精挑细选、巧妙设计，承载了中华上下五千年的优秀传统文化和灿烂文明，是文化的"精华"；呈现了社会的主流价值观念，是时代的反映。这样的教科书对学生具有极强的正向引导作用。学生通过教科书中人类优秀文化的学习，能够领会古人的智慧，体悟中华民族团结统一、勤劳勇敢、自强不息的伟大民族精神，感悟中华民族诚实守信、宽以待人的优良品格。这对于他们坚定文化自信，塑造优良品格有举足轻重的作用，从而使其发展成为具有深厚的文化底蕴与健全品格的人。

二、促进学生自主发展，推动终身发展

学生的学习包括知识积累、能力提升、自主发展的过程。而学科本位的教科书在过于注重知识传授的同时在一定程度上忽视了促进学生能力的提升，阻碍学生的自主发展。人的发展应该是自发、自主、自由地发展，这样的发展才能持续一生。因此，核心素养导向的教科书不仅仅是教材，更是"学材"，是能够满足学生自学的材料，它从学生的自主发展出发并着眼于学生的终身发展。首先，在内容选择上，核心素养导向的教科书是精

心选择最适合学生的内容，能激发学生的好奇心与求知欲，充分调动学生的学习积极性，使学生易学、乐学并主动学。与此同时，选择的内容兼具学科价值和核心素养发展价值。核心素养发展价值着眼于学生的终身发展，使学生通过知识的学习能够形成对其终身都有益的品格和能力。其次，在内容的组织与编排上，核心素养导向的教科书充分联系学生生活，利用学生已有的知识和经验，激发学生主动探究的意识，致力于学生自主发现问题、分析问题、信息搜集及解决问题能力的培养。最后，核心素养导向的教科书在内容呈现上灵活多样，即符合学生的认知特点和心理发展特点，又能激发学生学习兴趣。教科书丰富多彩的栏目如"问题探讨""素养提升""与社会的联系"等，能推动学生主动将所学知识运用于解决生活中的实际问题，真正将知识"内化于心，外化于行"。由此可见，核心素养导向的教科书的整个编制过程都关注学生的主观能动性，注重激发学生的探究欲望及探究知识形成的过程，为学生的自主学习提供了很大的空间，有利于促进学生自主发展和提升自主能力。

三、培育学生家国情怀，彰显社会价值

人有两方面的价值：个人价值和社会价值。根据马斯洛的需要层次理论，人在基础性需求得到满足后才会追求更高层次的需求。核心素养导向的教科书以学生发展为本，使学生实现个人价值，成为更完整的个体后，转向对实现社会价值的追求，促进社会发展进步。首先，教科书在具体内容的叙述、习题和栏目的设计中，将热爱祖国的情感教育渗透在细节之中，潜移默化地影响学生。如在"案例分析"中介绍女排精神，引导学生热爱祖国。再如，教科书中诸如科学家研究成果、贡献的介绍和人物故事、传记等知识的学习，目的在于通过杰出人物的事迹，引导学生逐步树立起一种为社会、为国家做贡献的情感态度，培育学生的家国情怀。其次，教科书内容所呈现的积极思想及其社会价值观将成为学生在社会行动中的导向。它能强化学生的行为动机意识，促使学生将书本内容知识实践于生活之中，帮助学生升华自己。它能引导学生树立积极的社会价值观，使学生变得积极向上、奋发努力，为社会主义事业建设贡献自身的一份力量，从而实现学生的社会价值。再者，教科书所承载的知识，能引导学生学以致用，将

理论知识运用于现实社会中，在社会实践中不断实现对自我的超越，成为一个对国家、对民族、对社会有用的人，从而满足学生的精神需要。

教科书的生命力在于质量，毋庸置疑，核心素养导向的教科书是课程改革深化发展的必然要求。然而，对核心素养导向的教科书研究不能仅止于从理论上探讨教科书的特征和功能，更应该关注课堂实践，关注课程实施的主体——教师，关注他们的教学理念是否更新、教学方法是否转变。教育行政部门和学校要切实加强和认真落实核心素养教科书的培训工作，使教师在深入理解教科书的编制思路、编制特点、编制结构和功能的基础上，遵循新课程改革的理念和课程标准的要求，在课堂教学中创造性地开发和使用教科书，努力实现"用教材教"而不是"教教材"。唯有这样，教科书才能真正发挥"促进学生发展"的功能，从而实现培育和发展学生核心素养这一培养目标。

第五章

核心素养导向的中小学教科书编制理论

教科书作为课程的承载体，始终与课程、学科、教学、师生紧密联系在一起。在研究教科书的编制问题时，我们必须统筹协调与之相关的各方面因素。这些因素主要包括学习理论、知识论、课程论、教学论、教育传播理论和系统理论。正是在众多因素的相互作用之下共同构成了教科书编制的理论基础。由于众多理论基础涉及的领域大不相同，它们往往能够在提供不同角度理论支撑的同时，给教科书编制工作打开全新的视野。

第一节　学习理论与教科书编制

学习理论处于认识论层面，其所涉及的范围极广，主要包括行为主义学习理论、认知学习理论、建构主义学习理论、教学目标理论等相关领域。从广义上看，学习理论是一种对学习本质的理论探索，除了对学习的过程、结果、甚至是规律进行阐述，还对制约学习的各种条件作出了相应的解释；从狭义上来讲，学习理论还涉及对听、说、读、写、算等特定内容领域的学习过程的研究。

一、行为主义学习理论与教科书编制

（一）行为主义学习理论的基本观点

行为主义学习理论认为，一切行为都是通过条件作用，建立刺激—反

应之间的联结。其中，强化在联结的建立中起着至关重要的作用。以斯金纳为代表的行为主义心理学家根据对"引发反应"和"自发反应"的区分，将条件作用分为两种：一种是应答性条件作用，是由已知的刺激而被动引起的反应；另一种是操作性条件作用，是机体自身主动发出的反应。虽然二者的共同点都在于对强化的依赖，但是操作性条件反应更凸显有机体对环境的主动适应性。这种行为的发生和行为产生的结果成正相关，即当操作性反应这类行为受到强化之后，就会成为在特定环境中的有目的的操作。人类的大多数行为都是操作性行为，正因如此，操作性行为更能反映人在实际中的学习情况。在斯金纳看来，强化是反应发生概率依存的"自变量"，人的学习和行为的变化无非是强化的结果，若能够对强化进行控制，就能对行为作出控制。正强化指向机体希望增加的刺激，负强化指向机体力图回避的刺激，不论是正强化还是负强化都能实现预控行为的目的。由此，"刺激—反应—强化理论"应运而生。

从某种意义上来谈，塑造行为的过程就是学习的过程，而学习的关键就是及时强化想要塑造的行为。站在行为主义学习理论的角度，学习过程中接收教学信息刺激的学习者可能倾向产生应答性或操作性等多种反应，其中与教学信息相关的就是操作性反应。要实现教学信息的内化，关键在于学习者在做出操作反应后给予强化，这关乎机体与教学信息之间联结的形成。基于操作性条件学说和强化理论，程序教学的提出无疑是行为主义学习理论在教育领域的进一步发展。程序教学原则包括小步子原则、积极反应原则、及时强化原则、自定步调原则以及低错误率原则，这一系列教学原则的提出都为教学实践的研究道路添砖加瓦。行为主义学家也在此基础之上提出了直线式程序教学模式，力图通过小步反馈的方法帮助学习者实现学习目标。作为行为主义理论运用于教学实践最系统的尝试，直线式程序教学模式以有序性和明晰性而著名，旨在将教学内容分成一个个连续的单元，通过每个阶段的学习后证实的反馈，再给予下个阶段学习的资格。但是基于行为主义土壤之上的程序教学自其产生之日便带着与生俱来的机械主义和客观主义，即难以灵活地呈现材料，且易忽略有机体的复杂性，这无疑使得程序教学的进一步发展备受阻力。

（二）行为主义学习理论对教科书编制的启示

基于行为主义学习理论的观点和在教学实践中的运用，在控制影响有机体行为反应的学习环境、对强化和行为目标的重视方面，行为主义学习理论对教科书编制的启示在于：

1. 规定目标

将学生个体所要达到的外显行为明确在教科书中，便于操作、观察和评价。将内容丰富的课程内容与现象用目标的达成与否作为衡量标准，既方便教师的教和学生的学，也有利于教与学行为结果的描述与反馈。

2. 学科内容组织

根据程序教学模式及其设计原则，反映在教科书编制的内容组织与呈现上就是：第一，教科书内容的反复呈现。教科书最初呈现的基本概念和原理可以在之后的学习内容中重复出现，以达到新知识的巩固效果，便于加深学生对学科知识的理解。第二，教科书内容的连续接近。以学科知识的内在逻辑顺序为遵循，将学习内容设计成一系列小步子，以小步子的反馈方式帮助学生达到目标。除此之外，要体现新旧知识点之间的内在联系，前一个知识点是后一个知识点的基础，后一个知识点是前一个知识点的延伸，环环相扣，利教易学。

3. 即时反馈

教科书设计往往不能忽略主体之间的互动反馈，体现对话属性。拿教科书中的习题设计来说，判断、填空、连线、背诵、口算、接龙等种种环节的编制旨在引导学生做出明显反应或明确回答。若教师对学生的反应与回答能及时做出反馈，既能随时了解学生即时水平，又便于在互动之中促进教学目标的达成。

4. 习题设计

行为主义学习理论认为强化是学习新知识、新技能、新技巧的关键，其"目标"教学模式重视师生互动，强调教学过程的及时监控和诊断。教科书是教学的依据也是工具，习题设计一直以来都是教科书编制不可或缺的一个环节。教科书中的习题设计，主要是为了能及时了解和掌握学生的学习状况和存在的问题，较好地帮助教师改进教学，帮助学生巩固新知、举一反三、查漏补缺，最后达成学习目标。因而在设计教科书的每一课或每一单元的内容与练习时，都应有明确的目标和评价标准，这些目标和标准具有能够被量化的特点，即能够被观察到或者能够被确认。因此，不论是语文中的句子规则、数学中的运算法则，还是英语中的语法训练，都要有适量的习题设计，使学生得到较为充分的实践与巩固，尤其要注意正反例的习题设计，保证概念的迁移与辨析。

二、认知主义学习理论与教科书编制

通过对个体认知过程的研究来提炼学习规律是认知学习理论的显著特色。自 1957 年以来，人们对学习理论的研究重心开始从运用行为主义模式转移到运用认知科学原则。认知理论在认识大脑功能的同时，提出了基于大脑运行的一般学习规律。与行为主义学习理论不同的是，认知学派不是从学习的外在反应入手，而是从学习的内在发生机制出发，研究大脑的认知结构所反映出的学习规律。与行为主义的刺激—反应的联结学说相比，认知学派更注重学习者原有知识经验对学习的作用。认知学习理论对人类的学习过程的重视远远超过行为主义学习理论，尤其在人的记忆、存储新知识、新技能方面，认知学习理论强调所不能观察到的心理过程。不仅注重理论在教学方面的实际应用，还重视行为背后的认知或者动机。与桑代克的联结—试误说不同，认知主义学习理论并不赞成循序渐进地试误获得知识经验，而是认为人类的学习是可以一下子学成的，可以直接实现从量变到质变的飞跃。其主要观点包括：肯定人是学习活动的主体，倡导主动学习；认为人类信息获取的过程是信息交换的过程，包括感知、注意、记忆、理解、问题解决等环节；强调对外界信息的选择性感知、注意和理解；学习的效果决定学习的质量。

（一）布鲁纳的认知发现学习理论与教科书编制

布鲁纳的认知发现学习理论，也称认知结构学习理论，对研究人类学习过程具有深远的影响。

1. 布鲁纳认知发现学习理论的基本观点

其一，学习的关键在于认知结构的主动构建。布鲁纳强调新旧知识的内在关联，学习过程就是一个积极主动构建认知结构的过程，通过在原有的认知结构中寻找新的刺激输入，并通过"同化"或"顺应"对此做出反应，由此可以看出布鲁纳对学生学习的主动性和内在动机的重视。他认为对学习材料最原始的兴趣是产生学习过程最好的动机，而不是诸如奖励、竞争等外在刺激。因此，应该在各方面做出更多努力，使学生对学习产生兴趣。同时，他指出已经获知的经验在学习中的作用重大，已有的认知经验可以作为学习者对新输入的信息进行加工和重新组织的平台。

其二，学习活动强调对学科基本结构的掌握。布鲁纳曾表示，不管哪门学科的教学，对各门学科基本结构的掌握都必不可少。只有将基础知识积累到一定程度并达到运用自如，才能对于课堂外所遇到的问题具备真实的解决能力。简而言之，对基本结构的掌握就是了解事物之间的关联性。按照布鲁纳的观点，学科基本结构就是某一学科领域的基本概念、基本原理、基本命题及其内部规律，以及基本的脉络框架和学习方法。学习学科的基本结构的重要性具体表现在以下五个方面：（1）有助于熟悉学科的基本原理，深入了解学科。因为多数实际问题只是一些原理、法则的变式，掌握了学科的基本结构，有助于对促进变式的理解。（2）有助于学习内容的记忆。（3）有助于学习内容的迁移与运用。（4）有助于激发学生的学习兴趣。（5）有助于初级知识与高级知识的连接，缩小知识间隙。换句话来讲，就是在学习一门课程时，要以这些基本概念和结构为基础，使学科内容围绕基本概念和结构在范围上逐渐拓展，在难度上逐渐加深，帮助学生内化与学科基本结构相适应的新内容。至于如何编制一个好的螺旋式课程，他认为应该从以下三个方面着手：（1）课程内容的编排要序列化。即课程内容的编排需要按照一定的顺序结构。有逻辑的顺序结构从某种意义上充当了整个学科的骨架，帮助学习者从整体上把握学科内容。（2）学科的知识结构与儿童的认知结构要统一起来。即学科主体课程知识结构的选编和呈现都要与儿童的认知水平和认知结构相联系。（3）重视知识的形成过程。这主要指具体知识点内容的呈现，所谓知识点的呈现，必须是小步子。任何人的学习都是一点点、一天天慢慢推进的，不可能也不存在"一口吃成大胖子"的情况，所以知识的呈现必须注重过程。

其三，形成认知结构的本质在于发现。布鲁纳认为，发现并不仅限于寻找、探索人类尚未知晓事物的行为，还包括用自己的头脑去获得知识的一切形式。也就是说，在一定的条件下，学生具有能够发现规律、掌握知识、创造发明的可能性。通过发现学习，让学生主动地参与到学习中，更能激起学生的内部学习动机，让学生自己独立思考，转换与组织信息与材料，自行发现知识，掌握原理、原则。他认为，发现学习具有提高智能的潜力；有助于使外在动机向内部动机转化；有助于学习者以后的独立求知与研究；有助于学习过后的长期记忆的获得。与此同时，他还提出了学习的同化原则、结构原则、程序原则和强化原则。

2. 布鲁纳的基本观点对教科书编制的启示

其一，教科书编制要重视分析学生的特征，学生的原有认知结构是教学的起点。布鲁纳认为，认知结构的递进性和多层次性决定了认知结构是由低水平向高水平延伸的，从这个角度看，学习过程本身就是机体对认知结构的重构和升级。了解学习者的特征，是编制教科书的前提之一。教科书是"教本"更是"学本"，教科书教本的功能首先在于肯定教科书存在的合理性和根本基础是教学，但教科书是为学生编写的，育人是教科书的最终指向和目的。因而不能只一味去关注如何发挥教科书教本的功能，而忽视去关注教科书促进学生学习的功能。否则，教科书既会限制教师的专业能力发展，也不能更好地促成学生的有效学习，最终结果可能会导致教科书的生存危机。因此，必须将学生作为教科书编制的出发点和立足点，把握好学生的实际状态，根据学生的心理发展水平和认知方式对教科书内容的难度及逻辑上的先后顺序作出适当的安排，以便学生的知识、经验前后衔接，产生正迁移。处于不同学段的学生往往具备不同的学习特征，在教科书编制过程中，在内容选择与组织、文本呈现、结构安排、体系体例等方面都要考虑学习者的特征。

其二，教科书编制要注重分析学习内容，重视学科的基本结构，统筹协调学科知识结构和学生认知结构的关系。教材作为呈现给师生的第一手学习资料，在反映本学科的基本结构的同时，反映学习者的心理发展水平。只有两者有机匹配，我们才能说教科书的编制工作为课程建设和教育发展做好了第一步。

其三，教科书编制要关注教学策略的制定和媒体的选择，以学法和教法贯穿于整个教科书组织编排中。教科书在方法策略的呈现与安排上，要适合学生现阶段的身心发展水平，能够调动起学生的学习积极性，以保证学习者积极参与，促进有效学习的发生。这是促进学生学习的外部条件，更是帮助学生学会学习的内在要求。学生学习方式的转变，也意味着学生思维方式的转变。在学生的独立性、自主性和创造性得到真正的提升后，让学生慢慢意识到自主学习、合作学习和探究学习往往是结合在一起的。在教科书内容的组织上，依据学生心理发展的顺序，正确处理基础知识和高级知识之间的关系。除此之外，教科书内容的组织强调对学生元认知能力的培养以便于发展其迁移意识和能力。

其四，教科书在编排方式上，提倡采用螺旋上升式。螺旋式课程组织在教科书编制上具体表现为：根据学习者经历的三种不同的认知表征方式，即动作的、表象的、符号的，对学科的基本概念和原理来加以编制和组织；在不同阶段的教科书中，教科书内容要随着学生认知水平的提升来递增难度，在抽象程度更高的水平上反复出现，多次循环，借以增强其结构性，以便于学生学习。这样的安排，实际上也是考虑到学生学习动机的维持和学习效果的保证。

（二）奥苏贝尔的认知同化学习理论与教科书编制

1. 奥苏贝尔认知同化学习理论的核心观点

奥苏贝尔的认知同化学习理论强调学生已有认知结构中的知识、观念在其后续学习中的重要性。他的学习理论的核心是"有意义学习"。

其一，有意义学习的过程实质上是新旧观念的同化过程。奥苏贝尔认为，有意义学习发生在新知识与原有的认知结构相互作用时。这个过程中，认知结构中原有的观念因为新知识的纳入而发生变化。而有意义学习的产生需要三个条件：一是学习材料本身必须具备逻辑意义；二是学习者本身具备积极主动性，有能力实现新知识和原有知识体系的联系；三是学习者原有认知结构本身就具备能够同化新知识的适当观念。上述三个条件对于有意义学习的发生缺一不可。有意义学习与认知结构分不开，认知结构就是由学生已知的事实、观点、原理、概念、命题等构成的现有知识的数量和结构。或者说，认知结构是学生通过后天学习获得的各种内容总和，包括一定的知识、技能、思想、观念、言语及习惯等。在新旧观念相互作用时，有意义的同化就产生了。奥苏贝尔根据新旧观念的概括水平及其联系方式的不同，还提出了下位学习、上位学习和组合学习三种同化方式。

其二，接受学习是有意义学习的有效方式。对于接受学习与发现学习、有意义学习与机械学习的概念及其关系，奥苏贝尔进行了辨析。他认为，学生的学习主要是接受学习，学习应该是通过接受而发生，而不是通过发现。在接受学习中，学生获得的知识多以定论的方式呈现，在这个过程中，学生的学习不包括发现这一环节，只要求他们将教学内容内化到自己的认知结构中。奥苏贝尔也把这种强调接受学习的方法叫讲授教学或讲解式教学。在发现学习中，学习的主要内容并不是现成地给予学生，必须由学生自己去发现这些内容，然后才能内化。而且，奥苏贝尔认为接受学习不一定是机械学习，发现学习也不一定是有意义学习。所谓机械学习是指学习者并不理解所学材料的意义，而是对材料死记硬背的一种学习方式。机械学习的出现有两种情况：一是学习材料本身有意义，但学习者缺乏必要的、理解新知识所需的先备知识，从而导致机械学习的发生。二是学习材料本身就没有意义，如电话号码、车牌号等，从而只能进行机械学习。在奥苏贝尔看来，发现或者接受都不是判断学习是否有意义的唯一标准。比如，教师采用讲授法教学时，和学生进行必要的互动，并且在课上始终要求学生作出主动思考，这样的讲授就并非是机械的。将接受学习和发现学习相比，不难发现前者强调从一般到个别，后者强调从个别到一般，二者都没有忽略学习的积极主动性和对内在学习动机的强调。

其三，提出接受学习的原则和技术。在实际的教学进程中，奥苏贝尔认为材料的呈现需要按照一定的序列。由此他提出了"先行组织者"的概念。所谓"先行组织者"，是先于学习任务本身呈现的一种引导性材料，与即将学习的新材料相比具有更高的抽象性和概括性。除此之外，"先行组织者"要同时与认知结构中的原有概念和新的学习任务分别产生关联，便于为接下来学习新任务提供概念上的固定点（思考上的支撑点），以增加新旧知识之间的可辨别性。"组织者"可分为两类：一类是陈述性"组织者"（或说明性"组织者"），可以帮助学生同化、吸纳新的知识，增加知识量，产生新思考；另一类是比较性"组织者"，旨在辨别新旧知识的差异与联系。"先行组织者"的呈现形式不固定，既可以是文字的、图像的，也可以是结构组织图、流程图。通常来说，"组织者"一般呈现在要学习的材料之前，但随着学习理论的发展，"组织者"的内涵也发生了变化。较之奥苏贝尔对原来"组织者"的定义，后来的研究者表示"组织者"也可以在新学习内容后呈现。它既可在抽象程度上高于新学习内容，也可以在抽象水平上低于原学习材料。其次，教材的呈现应遵循逐步分化、整合协调、有序组织的原则，才能更好地开展有意义的学习。逐渐分化原则是教授最一般的概念，然后根据具体的要求逐步完善它们。整合协调原则是将现有的知识重新整合到认知结构中，通过类比、分析、比较、综合等方法，理清新旧知识之间的区别和联系，从而消除可能的混淆。此原则的目的是从不同的角度建立新旧知识点之间的准确连接，从而将已掌握的知识进行整合和连接，构建清晰、稳定、完整的知识体系。有序组织原则是对教材内容进行系统有序的分类，将繁琐、无序的信息转化为简明、有序且相互联系的内容结构。这样的教材结构可以促进学生深层次地理解教材，有助于学生建构合理的知识结构，使学生的学习达到融会贯通。

2. 奥苏贝尔认知同化学习理论对教科书编制的启示

其一，在教科书编制原则上，要考虑学生的认知结构特点。有意义学习旨在使概念的内涵和外延进行不断扩展深化。按照奥苏贝尔的认知同化学习理论，教科书的编制至少应遵循三大原则：第一，整合协调原则。即在编制教科书时，首先需要协调学科逻辑顺序和学生认知规律，其次要对相关概念进行有机整合。一方面，相关概念之间的横向联系有助于学生建立起新的认知结构。而认知结构的重组工作可以使学生澄清概念之间的层次结构，理解概念的确切含义。另一方面，重建的认知结构已成为进一步学习的基础，以确保学习者有意义地获得知识，帮助其记忆、理解、维护、转移和应用知识。第二，逐渐分化的原则。有意义的学习是一个持续的过程，随着概念在认知结构中的逐渐分化，概念逐渐从抽象走向清晰具体。换句话说，新学的内容是从已有认知结构中更为广泛的概念之中衍生出来的具体例证。第三，序列组织原则，也称为渐进原则。指教材内容的选择和组织应循序渐进，协调学科逻辑体系和学习者身心发展阶段，从浅到深，从简单到复杂，从具体到抽象。

其二，在教科书结构安排上，要把握好层次性、连贯性与协调性之间的关系。在教科书每册书之间、每个单元之间、每一章节之间、每一个模块之间都要遵循此种关系。比如，在语文教科书编制中，要处理好这层关系，就要从"两条线索、四个系统"的组织安排上着手。围绕"两条线索"展开：一条是知识线，一条是能力线。将四个系统（范文系统、知识系统、作业系统、助读系统）按照不同的方式编排，呈现不同的结构类型。当前，我国教科书多采用单元优化组合的方式来编排结构，单元间、单元内体现出层次性与连贯性，即使存在体例比重的差异，但重点突出。换个角度说，在深层结构和表层结构、知识系统结构和知识应用结构上也要处理好上述关系，使得教科书的结构完整统一。单从层次性这一点来看，不论是行为主义导向还是认知主义导向的教科书编制都遵循层次性原则。有所不同的是，行为主义取向的层次性是从知识对学习者的刺激强度的角度，以小步子的方式表达知识的层次性；认知主义取向的层次性旨在从学习者对事物的理解和接受的心理顺序出发。也就是说，在教材的选择和编排上，首先要尽可能选择学科中最具包容性、最宽泛、最普遍的概念和原则，然后安排相对具体的知识，使学生能够根据知识之间的关系组织和整合学习内容，从而加深对知识的记忆和理解。例如，"蔬菜"一词与各种各样的"具体的蔬菜"相比，其概念就更具包摄性、广泛性和概括性。学生在了解了"蔬菜"的概念以后，对于其他具体蔬菜的理解就更容易，如"白菜"。这是因为特性是在共性中分离出来的，了解了共性，就容易把握个性。

其三，教科书要为学生提供能促进新知识同化已有经验的"先行"言语材料。也即是说，教科书要提供给学生与新知识、新信息相联系的已有的知识经验，发挥"先行"言语材料的支撑作用，充当成一个学习的跳板。同时，务必保证这些材料是丰富的、深刻的、严谨的，从艺术上和思想上都堪称典范，这样才能促进新旧知识加工的实现。此外，奥苏贝尔的认知同化理论也启发我们在编制教科书时要注意激发学生的学习动机，对不同类型的学习要注意教学方法与策略的选择，知识点的呈现可以采用不同的方式，但需要贴合学生的认知方式和心理特点。这样做的最终目的是教会学生学习，将新学习的内容与认知结构中已有的观念建立联系，构建新的知识结构，巩固已有的知识框架和脉络。

（三）加涅的信息加工学习理论与教科书编制

1. 加涅信息加工学习理论的基本观点

加涅认为，学习的过程是一个从未知到已知的过程。这一过程必然包含各种学习活动，他将学习过程分成八个阶段。

第一为动机阶段。在这一阶段首先要激起学习者的学习动机，激发学生的学习兴趣。第二为注意阶段。在这一阶段中，学习者会依据其自身的动机和期望自主选择信息，把注意力集中在和自己的学习目标有关的活动上。而究竟选择哪些内容会受到学习者内部因素和外部因素的共同影响，比如：榜样、家人的期望或学习者自身的特征。第三为习得阶段。学习者将注意阶段感知到的信息组织、编码并存储到短时记忆中。在这个过程中，教师为学生提供多种编码方法，并鼓励学生选择最好的编码方法。比如，位置记忆法、首字联词法、谐音联想法、关键词法或者思维导图。第四为保持阶段。习得阶段发生之后，已获得的编码信息进入长时记忆。第五为回忆阶段。对所学的内容进行检索并提取，提取这一环节可以通过各种方式表现出来，比如肢体动作、书面表达、口头陈述。在这一阶段，线索和方法策略很重要。第六为概括阶段。为应对变化的情境以及现实生活中的复杂问题，对所学内容的总结概括能力显得尤为重要，即提炼出一般的学习原理和原则。这样的话，便于学习者将所获得的知识迁移到更广阔的领域，并在新的情况下解决新的问题。第七为作业阶段。一个完整的学习过程，只有通过作业才能体现学习者是否掌握了所要求的内容。教师应提供多种形式的作业，让学习者有机会展示自己的操作。第八阶段为反馈阶段。即评估行为有效的过程。在教学过程中，教师应及时给予反馈，让学习者知道他们的作业是否正确，从而增强他们的学习动机。

2. 加涅的信息加工学习理论对教科书编制的启示

加涅的学习信息处理模式中学生的学习阶段为教学理解、教学过程和教学设计提供了可操作的思路。教学观往往能够反映教材观，从加涅的教学观中我们可以得出对教科书编制的如下启示：

其一，为了促进教科书中的信息与学生长时记忆信息之间的联系，在编制设计教科书时必须考虑到三个因素：第一，教科书中的内容组块和排列顺序要便于教学，不能超越学生现已形成的概念网络。第二，课堂教学时，教科书应能为教师提供一定的反馈，以便及时了解学生的学习状况。第三，我们必须及时提供有意义的学习线索，帮助学生在学习过程中处理信息，加深记忆。在信息加工中，学生依靠自己的认知加工系统与教科书提供的各种线索进行互动。学生的认知加工系统和教科书提供的线索构成了学习的内、外条件。不同年龄儿童的认知加工系统存在着明显的差异。若要使内部条件与外部条件相匹配，只有不断调整外部条件，才能满足内部条件发展的需要，为内部条件的进一步发展提供有力的支持。外部条件指的是教学中的一切刺激信号。教科书作为有力的刺激信号之一，在教科书编制工作上我们应该尽可能地提供引发学生同化的学习材料，使学生接触到的各种概念、事物、命题、定律都处于一个相互联系的网状结构中。只有这样，学生的学习才能有效，教师的教学才能高效。

其二，在加涅看来，教学设计属于学习的外部条件。他认为，教学是对学习情境中的外部活动的控制，这些活动是由教师、教科书的作者、电影或电视课的设计者、自学课程的制作者等操纵的，它们是教学需要考虑的重点。当然，学习的外部条件又不是在教学中发生的全部事件。教学包括着一系列独立的事件，每一项独立事件对应着学习者学习的内部活动，对学习者都可以有显著的影响。从教学的角度看，教材首先要吸引学生的注意力，在介绍重要的教学内容之前，教师要聚焦学生的注意力，要求学生停止手头的活动。也就是说，教科书的编制者必须考虑学生的学习特征。其次教师应该突出教学的重点，强调教材的重要内容，便于学生对信息进行编码。因为教学的重点是一些重要知识和具有深刻教育性的学科内容，或者是最重要的发展性、迁移性的知识。再者，教师应该引导学生复述这些重点内容，运用原有知识来理解和解释这些内容。比如，要求学生用自己的语言述说，用例子和自己的经验来解释，以帮助学生更好地记忆这些知识。在教科书编制中，为了达到师生互动或强化检验的目的，可以给学生提供各种形式的作业；在教科书内容设计与安排上给学生提供一些有利于识记与保持的线索或方法。

（四）建构主义学习理论与教科书编制

1. 建构主义学习理论的基本观点

建构主义学习理论是学习理论从行为主义到认知主义的进一步发展。行为主义学习观指向个体的外部行为反应，认知主义学习观指向个体的内部信息处理过程。而建构主义学习观认为学习的新经验和旧经验是一个重复的双向互动过程。建构主义学习观的基本观点主要包括四个方面：

其一，新的知识观。传统知识观认为知识是客观的、确定的唯一权威。建构主义学习观强调知识是动态的和个人性的。知识总是在不断的发展中，绝不是对现实世界最绝对正确的表达，而是人在实践活动中面对新事物、新现象、新信息、新问题所作出的更可靠的解释或假设。随着人类的进步，新的假说也会出现。

其二，新的学生观。学生在进校之前，已经形成了丰富的生活经验，具备了能够基于相关经验对出现的新问题作出某种解释的能力。这种解释并非凭空捏造的，而是学生基于自己的经验背景作出的合理推测。因此，作为一名教师，我们不能忽视学生原有的知识和经验，否则，学生的学习就会缺乏智慧增长的生发点，类似于无源之水、无本之木。

其三，新的学习观。建构主义学习观认为，学习者的学习是主动建构自己知识和经验的过程。即在自己原有知识和经验的基础上，与新的经验进行双向的互动处理，不断丰富、改造和转化自己的知识和经验。这无疑凸显了学生的学习具有主动建构性、社会互动性、情境性的特点。

其四，新的教学观。在教学上，建构主义学习观重视让学生通过问题解决来学习。认为有效的问题教学能最大限度地激发学生的好奇心，促进他们的知识建构活动。建构主义学习观提倡情境性教学，认为教学要创设情境，向学生提供问题的来源以及解决问题的线索，指导学生探索，引导学生自主产生思维活动。

2. 建构主义学习理论对教科书编制的启示

首先，教科书编写的出发点要肯定"以学生为中心"。教科书编制时应该试图从学生的角度来思考教科书编制的初衷是什么，这是对以往教材编写过分重视教师的教而忽视学生的学的倾向的一种超越。在核心素养导向的课程改革背景下，教科书的编制应转向关注"人的素养"，从人的角度界定学科教学的内容和要求，改变以往将教科书的定位服务于教师的教转向利教易学，在体现"以人为本"教育思想的同时，全面实现教育对人的真正回归。

其次，教科书应注重情境设计。只有将学习任务置于一个真实而复杂的问题情境中，学生所学的知识才不容易被忘记，这些特定情境也为这些知识的应用提供了支持。所以教科书的设计，需要应用知识的多元情境，便于学生进行迁移性学习。

再次，教科书的学习活动要多样化设计。比如自主探索、小组合作、头脑风暴等多样化的学习活动，有利于丰富学生对学习内容的理解，激发学生的学习热情，重组自己的观念，发表新的看法。所以，教科书应该成为学习情境的提供者，成为引导学生主动探索知识、建构知识、自主获得结论的学习活动设计者。

（五）布鲁姆的教学目标理论与教科书编制

1. 布鲁姆教学目标理论的基本观点

布鲁姆在他的教育目标分类法中，将人们的心理发展分为认知领域、情感领域和运动技能领域三大领域。相应地，他认为教学目标也可以分为认知领域的目标、情感领域的目标和运动技能领域目标三种类型。但布鲁姆的贡献主要集中在认知领域。他将认知目标分为知识、领会、运用、分析、综合、评价六级水平。具体为：

知识：即记住所学的材料，主要包括对一些具体的事实、方法、过程、概念和原则的记忆。记忆时可以使用包括定义、叙述、背诵、排列、搭配等在内的描述动词。概括来说，就是对事实性信息的回忆。如，准确地背诵古诗。

领会：即理解所学材料的意义，但并不一定要将它们与其他事物联系起来。其实就是领悟教材观念、事实和理论的能力，这意味着领会是最低水平的理解。可使用的描述动词有解释、辨别、概括等。例如：通过阅读辨别现实主义与自然主义各自的特征；概括出《老人与海》的故事情节；用自己的话表述"烽火连三月"；等等。

运用：即分解整个材料，并了解其组织结构。包括分析这些材料的构成要素、关系和组织原则，这意味着运用代表了比应用程序更高的智能水平。可使用的描述动词有计算、操作、演示等。如：演示能量守恒定律在生活中的应用；让学生模拟到商店买东西，由此观察他们能否准确计算。（学习了加减法之后，学生能到模拟商店自由购物）

分析：即分解整体材料，并理解整体构成部分及其组织结构。包括分析整体材料的要素、关系和组织原理，这意味着分析代表了比运用更高的智能水平。简单来说，就是能够区分和领会各种相互关系。可使用的描述动词有分解、说明、推理等。如，让学生区分一篇报道中的事实和观点；

让学生将某一课文的结构分解出来，等等。

综合：即整合所学的零碎知识到知识系统中，这一环节强调的是创新能力的发展，需要产生出新模式或新的结构。可供使用的描述性动词有创造、编写、设计等。比如：根据给定的一些事实材料写一份报告；要求学生设计科学实验的程序；写或发表演讲，等等。

评价：即判断材料价值的能力，如判断论据陈述、小说、诗歌、研究报告等的价值。要求根据材料的内部标准（如组织）或外部标准（如材料是否适合目标）来进行判断。可使用的描述动词有评价、对比、证实等。如：给学生两篇有关某一事件的报道，学生能评定哪一篇较为真实可信。

2. 布鲁姆教学目标理论对教科书编制的启示

布鲁姆认为，认知领域中目标分类的六个层次反映了从简单到复杂的层次结构，后一个目标基于前一个目标的实现。六级目标的划分是方便衡量和评估教学结果，通过参照教育目标，我们有了可靠的衡量和评估标准。有了不同操作层面的具体目标，避免了以往教育目标模糊、笼统的弊端，有利于加深对教学体系的再认识。根据布鲁姆的教育目标分类理论，实践设计应该期望学生学习的目标水平，从而使实践准备的结构相对清晰，易于量化。因此，在教科书的编写过程中，编者应根据布鲁姆的教育目标分类理论，结合各学科的学科特点，具体明确地将学习目标进行分类，并将其作为教科书编制的重要依据。

（六）加涅的学习结果分类理论与教科书编制

1. 加涅学习结果分类理论的基本观点

加涅根据学习结果的不同特点，将学习结果分为五种类型：言语信息、智慧技能、认知策略、动作技能和态度。这五种学习方式代表了个人获得的所有学习成果。口头信息是指用口头或书面语言表达或陈述的事实知识或信息，以帮助学生解决"是什么"的问题。加涅将获得的语音信息分为"事实""名称""原则""定义""特征""时间""地点"等。这种学习主要是有组织的，利于学习者获得更系统的知识，对智力技能和认知策略的学习非常有帮助。智慧技能是指学习者将所掌握的概念和原则应用到新的情境中，并与之互动以帮助学生解决"如何做"的问题的能力。每个学习阶段都包括不同的智力技能，比如如何将分数转换成小数，以及如何使句子的主语和谓语保持一致。根据学习的复杂程度和简单程度的不同，加涅将智慧技能分为辨别、概念、规则和高级规则。辨别就是认识到各种各样的事物并做出不同的反应；概念是一种事物共同本质特征的反映，概念按其抽象层次可分为具体概念和定义概念；规则是两个或多个概念的结合，它可以是一项法则、一项原则或一套既定程序；高级规则，也称为问题解决，指的是使用学到的规则来解决问题。认知策略是学习者控制自己的内在心理加工活动，如注意力、记忆和思维的能力。这种能力使学习过程的实施和监控成为可能。智力技能和认知策略的区别在于，智力技能是使用符号处理事物的能力，也就是处理外部世界的能力；认知策略是学习者自我控制和调整学习过程的能力，即应对内部世界的能力。动作技能是作为一种后天习得的能力，如写作技能、算术技能、体操技能等，表现为完成有目的的动作、身体各部位有组织的活动，形成稳定、连贯、灵活的动作模式等。在学生的学习过程中，运动技能的学习往往与认知学习交织在一起。态度是情绪或情绪的反应，它影响学习者对某人、某物和某事的反应。加涅提出学习者应注重形成三方面的态度：一是对人际交往的态度；二是对某些活动的态度；三是对各种社会关系的态度。

2. 加涅的学习结果分类理论对教科书编制的启示

加涅的学习结果分类理论为我们编写教科书提供了一种新的设计思路：即引入任务分析理论和技术，这就是统一学习结果、学习过程和学习条件，教科书编写注重教育过程的实施。这一理论支持下的教科书编制基本思想是：首先根据学生的学习结果分析教育目标，包括确定子目标或过程目标；其次根据学习结果、过程和条件三者统一的思想选择适当学习材料、学习方法；最后根据特定的学习情境安排适当的学习活动，使目标得以实现。

第二节　认知心理学理论与教科书编制

认知心理学是 20 世纪 50 年代中期兴起于西方的一种心理学思潮和研究方向。20 世纪 70 年代，它已成为西方心理学的主要流派。与行为主义心理学家相反，认知心理学家研究的是无法观察到的内部机制和过程。他们关注的是作为人类行为基础的心理机制，强调人们现有的知识和知识结构对他们的行为和当前的认知活动的决定性作用，其核心是输入和输出之间内在发生的心理过程。在教科书编写方面，涉及皮亚杰的认知发展理论、维果茨基的文化历史发展理论、元认知理论等相关领域。

一、皮亚杰认知发展理论与教科书编制

（一）皮亚杰认知发展理论的基本观点

1. 认知发展的实质

皮亚杰认为，适应是认知的本质。儿童的认知是建立在现有图式的基础上，通过同化、顺应和平衡等机制从低向高不断发展。图式是儿童适应环境的认知结构；同化是儿童将新信息和刺激纳入现有认知结构的认知过程；顺应是儿童改变现有的认知结构或形成新的认知结构以适应新的信息、新的刺激的过程。

2. 影响认知发展的因素

皮亚杰认为影响认知发展的主要因素有四个。一是成熟。这主要指的是机体的成长，包括神经系统和内分泌系统的成熟。二是练习与习得经验。这类经验又可以分为两类：一类是个体与物体相互作用时，获得的关于物体抽象特性的相关物理经验；另一类是个体与物体相互作用时，获得的关于理解动作间相互协调结果的相关逻辑数理经验；三是社会经验。社会经验是指社会信息相互作用、相互交换的过程，包括社会、生活、文化、教育和语言在内的各种因素；四是平衡化。平衡化的主要作用是自我调节，通过调节同化和顺应的关系，使个体的认知不断发展。

3. 认知发展的阶段理论

皮亚杰认为认知发展的阶段具有三种典型特征。第一是连续阶段性特征。即认知发展是一个内在结构连续组织的具有阶段性的过程。第二是结构性特征。认知发展的每个阶段都有其独特和相对稳定的认知结构。第三，顺序不变性特征。认知发展各阶段是从低向高逐渐出现的，前一阶段是后一阶段的重要基础和必要条件，后一阶段是前一阶段质与量的飞跃。皮亚杰认为个体认知发展从不成熟到成熟一般要经历感觉运动（出生到 2 岁）、

前运算（2～7 岁）、具体运算（7～11 岁）、形式运算（11 岁以后）四个阶段。

（二）皮亚杰认知发展理论对教科书编制的启示

皮亚杰认知发展理论对教材编制的启示主要表现在教科书目标设计、教材内容选择与组织方面，具体内容如下：

1. 教科书目标设计是由各要素及其层次构成的一个立体结构

教科书目标包括目标的要素结构和层次结构。教科书的编写不仅要考虑其要素结构，还要考虑教科书的层次结构。要素结构与层次结构的关系构成了教科书整体与部分的统一。所以，教科书的目标要兼顾认知与情感的协调发展。

2. 教科书内容的选择要遵循学生心理发展

一般来说，教科书内容的选择受到三个因素的制约：社会、知识和学生。皮亚杰以心理发展理论为基础，从学生心理发展的角度阐述了教科书内容选择的基本原则：首先，教科书选择应适应儿童认知发展水平，不能按照成人的思维方式提前加速。其次，教科书的选择要考虑儿童的兴趣和需求。只有充分考虑到各年龄段儿童的特殊兴趣和需要，才能使儿童积极吸收教科书的内容。同时，我们也应该安排更多的刺激物，设置难题，制造悬念，从而使孩子形成认知冲突，促进学生的积极思考。

3. 教科书内容的组织应是螺旋式上升的

为了适应儿童认知发展的特点，在安排课程时，要注意同一原则、同一内容，根据抽象程度和概括性的不同，反复出现在不同结构和层次的教科书中，使教科书本身也呈现螺旋上升的趋势。这样一来，学生就可以一步一步地认识知识，直到他们最终能够完全科学地构建知识。知识的阐述应反映儿童主动获取知识的过程，帮助儿童进行积极意义的建构，为儿童提供直观的表征。同时，还应该创造一些积极的探究活动和实践活动。只有这样，才能使儿童思维的发展有坚实的基础。

二、维果茨基文化历史发展理论与教科书编制

维果茨基是苏联著名心理学家、社会文化历史学派的创始人之一。他主张运用社会文化环境等因素，从历史发展的角度来考察人类高级心理功

能的社会发展过程，其理论被称为文化历史发展理论。

（一）维果茨基文化历史发展理论的基本观点

1. 认为人有两种工具

一种是物质工具，如原始人使用的石刀、石斧和现代人使用的机器。利用物质工具进行生产和劳动，使原始人最终脱离了动物世界。另一种是精神工具，主要指人类特有的语言和符号。利用精神工具进行精神生产和心理运作使人类思想发生质的变化，上升到一个高级阶段。精神工具和物质工具在人类文化和历史发展的影响下不断演变，一方面，精神工具的产生和发展与物质工具的使用有关；另一方面，精神工具的使用促进了物质工具的进一步发展。

2. 认为人有两种心理机能

一是生物进化过程中获得的低级心理功能；二是语言在文化形成和受文化影响的历史过程中所起的高级心理作用。在个体发展过程中，这两种心理功能是相互融合的。

维果茨基认为，心理发展是指一个人的心理机能在内外部环境的影响下，从较低层次逐渐向较高层次转变的过程。他将智力功能从低到高分为五个发展水平，每一发展水平的智力功能都有不同的表现标准：其一，心理活动是随机的、主动的，是主体根据预定目的有意识地引起的积极过程，这是心理活动的随机功能。其二，心理活动的反应水平是广义和抽象的。儿童的认知活动随其年龄增长、语言能力发展和日常生活经验增加而获得全面和间接发展，这是心理活动的抽象概括功能。第三，儿童各种心理功能之间的关系在与环境的互动过程中不断变化，儿童认知结构和自我调节能力不断加强，形成了更高层次的心理结构，这是高级心理结构的形成阶段。第四，心理活动是受社会规律制约的社会文化和历史发展的产物。儿童随年龄的增长不断获得社会性发展。其心理发展趋于成熟而成为了社会人，这是心理活动的社会历史制约性阶段。第五，儿童心理发展不仅是个体从一个年龄向另一个年龄过渡的功能成长和发展，而且是个性的形成和发展的过程。人格的形成是高级心理功能发展的重要标志，人格特征对个体功能的发展具有重要意义，此时，心理活动进入个性化阶段。

3. 提出了最近发展区理论

维果茨基的最近发展区，是指学生实际发展水平与潜在发展水平的差距。前者取决于独立解决问题的能力，后者是在成年人的指导下或与更有能力的同龄人一起工作时解决问题的能力。最近开发区的教学为学生提供了发展的可能性。教与学的互动促进发展，社会和教育在发展中起主导作用。他主张教学应适当走在学生发展的前面，通过教学来推动发展。教学一方面决定着儿童发展的内容水平和速度，另一方面，教学也创造了一个新的发展区域。因为儿童两个层次之间的差距是动态的，这取决于教学如何帮助儿童掌握知识并促进其内化。

4. 提出了认知发展内化说

内化，就是指将外部实践活动转化为内部心理活动的过程。维果茨基认为，外部事件活动是指实物性操作活动，其主要目的是将主体的外部活动转化为内部事物。内化是指个体将社会环境中吸收的知识转化为心理结构的过程。因为学生是认知的主体，学生的学习主要是一个掌握人类经验并将其内化为自己认知结构的过程。教师在教学中起主导作用，教师必须重视内化，促进学生从外部语言到内部语言的转化，使其心理发展从外部和客体行为转向内部和心理行为（又称智力行为），从而形成学生丰富的心理过程，促进个性发展。近年来，教育研究中提出的反思经验的理论基础就是内化理论。反思体验是基于学生的自主探索和实践，教师引导学生反思整个课堂的学习过程。只有通过学生的反思和体验，外部知识和技能才能内化为学生自己的东西。

（二）维果茨基文化历史发展理论对教科书编制的启示

维果茨基提出的"最近发展区"，对教学设计、教科书编制都有较大的借鉴意义。教科书目标最终在于学生使用教科书应该达到的目标。这在一定意义上可以说教科书是为学生发展而存在的。因此，教科书编制要以学生的最近发展区为借鉴，以能够促使学生达到潜在发展水平为目标。如何具体达成这一目标？首先，在学生的最近发展区内，创设问题情境，以生活中的具体问题为导火索，激发学生思考，使学生在原有水平之上得到提高，这主要表现在知识的跨学科应用性以及学生学习能力的提高。其次，要想达到学生最近发展区内的"天花板"，还需要注意编排的方式，一条学科逻辑线，一条学生心理线，两条线缺一不可。如果只注重课程内容的学科体系，不符合学生的认知规律，再科学的内容也是无效的，毕竟课程内容是为学生安排的。

三、元认知理论与教科书编制

元认知是近 20 年来认知心理学研究的热点之一，对教育实践产生了一定的影响。元认知研究的创始人、美国心理学家弗拉维尔认为，元认知是"个人对自身认知过程和结果或其他相关事物的认识"，"根据认知对象积极监控、不断调整和协调认知过程，以完成特定目标或任务"。元认知知识和元认知体验是元认知的两个主要组成部分。A. Brown 和 L. Baker 也认为元认知是"个人知识和对认知领域的控制"，包括认知知识和认知调节。可以看出，元认知的概念实际上包括两层含义：一是关于认知的知识，二是对认知的调节。换言之，一方面，元认知是一种知识实体，包含静态认知能力、动态认知活动等方面的知识；另一方面，元认知也是一个过程，即对当前认知活动的意识和调节过程。元认知作为对认知的认知，被认为是认知活动的核心，在认知活动中发挥着重要作用。

元认知和认知属于人类的认知和思维活动。然而，两者在功能、活动内容、活动目的和活动方式上存在显著差异。从两者的功能客体来看，认知活动的客体是外在的、具体的事物。例如，阅读的对象是书面材料，回忆的对象是过去经历过的事情。元认知的对象是内在的、抽象的认知过程或认知结果。从两者的活动内容来看，认知活动的内容是对认知对象进行某种智力操作，元认知活动的内容是对认知活动进行调节和监控。例如，阅读中的元认知活动包括：确定阅读目的、自我提问以检查阅读效果、发现错误时纠正错误等。从两者活动的目的来看，认知主体在认知活动中取得进步就是认知活动的主要目的。例如，阅读文本是为了理解作者的观点，这是认知活动的目的。元认知的目的是监测认知活动的进展（即为受试者提供有关进展的信息），并间接促进这种进展。例如，阅读一篇课文后，是否要清楚地理解作者的观点需要个人再次阅读。这种确认结果的自我检查体现了元认知的目的。当然，元认知和认知活动在最终目标上是一致的，即使认知主体完成认知任务，实现认知目标。从认知主体的行为方式来看，认知活动可以直接促使认知主体在认知活动中取得进步；元认知只能通过对认知活动的调节，间接地促进主体的认知活动。因此，在本质上，元认知是另一种不同于认知的现象。它反映的是对自己"认知"的认知，而不是"认知"本身。但同时，我们也应该看到，元认知和认知活动在功能上密切相关，不能完全分离。两者的共同作用促进个体实现认知目标。应该清楚的是，元认知在指导和调节认知方面起着重要作用。认知是元认知的基础。没有认知，元认知就没有对象。同时，元认知的发展也依赖于认知水平的提高。

通过综合比较 brown 和 Flavell 对元认知结构的分析，可以发现，元认知主要由元认知知识、元认知体验和元认知调节构成。元认知知识是个体储存的知识片段，它不仅与认知主体有关，还与各种任务、目标、活动和经验有关。弗雷维尔认为，元认知知识主要包括三类：第一类是个体元认知知识，即个体对自身和他人作为认知加工者的某些特征的认识。第二类是任务元认知知识，即关于认知任务所提供信息的性质、要求和目的的知识。第三类是策略元认知知识，即关于认知策略和元认知策略及其有效使用的知识。同时，弗莱维尔特别强调这三种知识之间的相互作用。他认为，不同的经历会根据特定的认知任务来判断策略的好坏。所谓元认知体验，是指伴随并服从于智力活动的有意识的认知体验或情感体验。弗雷维尔认为，许多元认知体验是关于你在认知活动中已经取得或将要取得的进展的信息。他认为："在认知活动中，元认知知识和元认知体验是相互作用的。一方面，元认知体验可以导致元认知知识的增加、删除或修改。个体将在认知活动中发现目标、策略、元认知体验和任务之间的关系，然后将这些发现吸收到现有的元认知知识系统中；另一方面，元认知知识可以帮助个体理解元认知体验的意义以及元认知体验对认知行为的影响。两者之间的关系也体现在：有时它们部分重叠，一些元认知体验可以被视为进入意识的元认知知识片段。"[①] 所谓元认知调节是指主动学习者在试图解决问题的过程中使用的调整机制，包括计划、检查、监控、检验等。虽然元认知知识、元认知体验和元认知调节这三个方面相对独立，但它们实际上是不可分割

---

① 汪玲，方平，郭德俊. 元认知的性质、结构与评定方法［J］. 心理学动态，1999（1）：8.

的。一方面，元认知监控不仅受到元认知体验的启发和指导，而且还要以元认知知识为基础；另一方面，元认知调节的每一步每一环节都会促使个体产生新的元认知体验，丰富和发展个体的元认知知识。同时，元认知知识和元认知体验之间也是相互影响的，这三者相互作用、相互循环的动态有机结合构成了元认知。

借鉴元认知理论，教科书在编制时，要给学生提供各种学习策略及相应的策略训练方法，如认知策略、元认知策略以及资源管理策略等，便于学生加工、存储和提取信息，监控和调节自己的认知活动，以提高学习的质量和效率。

第三节　知识论与教科书编制

学科是知识的主要载体，知识是通过学科的方式系统化、规范化组织起来的。一门学科最终呈现在师生面前的方式，主要是以教科书的文本形式，所以教科书是学科知识的物化载体。但教科书选取哪些知识受到编制设计者知识观的影响。编者有什么样的知识观，就有什么样的教科书知识结构观。

一、知识的分类与教科书编制

知识的划分可以说是百家争鸣。纵观人类文明的发展，人类积累、演绎和创造的知识是复杂多样的。研究者从不同角度对知识的划分反映了他们对知识的不同理解。根据知识获取的方式，知识可以分为直接知识和间接知识；根据知识的反映深度或知识本身的水平，知识可分为感性知识和理性知识，又称实践知识和理论知识；根据知识的客观性，知识可以分为主观知识和客观知识；根据知识传递的难易程度，知识可分为显性知识和隐性知识；根据知识及其应用的复杂性，知识可分为结构良好的领域知识和结构不良的领域知识；根据知识的状态和表现形式，知识可分为陈述性知识和程序性知识（包括运动技能和认知技能，其中认知技能包括智能技能和认知策略），或陈述性知识、程序性知识和策略性知识；根据学科的门类，知识可以分为特定学科的知识。此外，根据学习结果，奥苏贝尔和加涅对学习和知识的分类做出了很大贡献。奥苏贝尔将知识分为五类：表征、概念、命题、问题解决和创造；加涅将知识分为五类：智慧技能、认知策略、言语信息、态度和行动技能。根据知识在社会中的状况，联合国经济合作组织将知识分为四类：事实知识，即对知识是什么的知识；原则性知识，即为什么的知识；技能知识，即如何做的知识；人际关系知识，即关于"谁的知识"和"谁知道如何做"的知识。

上述知识的划分，其实并不是对客观知识的划分，而是对人的头脑中个体知识的分类。以陈述性知识和程序性知识为例，学习者在学习同一个知识点时，既可以形成这个知识点的陈述性知识，也可以形成这个知识点的程序性知识。比如，研究摩擦力，就要了解影响摩擦力大小的因素，其中接触面的大小、接触面的光滑程度等这些因素就是陈述性知识。在此基础上，学习者还可以用这些知识来解决实际应用问题。例如，冬天下雪了，如何防止地面打滑？这就要思考如何减少摩擦力。学习者便可以从这些影响摩擦力大小的因素上来分析这个问题，这就是关于摩擦力的程序性知识。由此可见，程序性知识是在陈述性知识的基础上进一步发展起来的。个体在解决问题的过程中，将陈述性知识与特定的任务目标联系起来，陈述性知识就转化为程序性知识。学生的学习往往是从习得陈述性知识开始，然后经过进一步的加工和消化，成为可以灵活熟练运用的程序性知识。

因此，知识应该是一个整体概念，教科书中不存在绝对意义上的知识划分。划分的目的是更好地理解"知识"的存在。对我们来说，最重要的应该是关注如何将陈述性知识转化为程序性知识，即如何应用所学的概念和规则，去实践操作，达到解决问题的目的。

在安排与组织教科书知识时，可以采用以下几种方式。第一，呈现给学生的学习材料应该是有逻辑意义的，能调动学生学习的积极性，在转化事实性、原理性知识的过程中，促进学生认知结构的调整与整合。第二，知识的呈现有一定的程序和步骤，陈述性知识的掌握往往需要经过三个步骤：一要理解符号代表的意义，建立符号与事物之间等值关系；二要对事实进行归类，掌握同类事物的关键特征；三要理解概念、事实之间的关系。

在此基础上，程序性知识的学习还需要包括两个环节：一个是概括与辨别新知识与长时记忆中有关知识的联系，区分新知识隶属于哪个范畴，对产生式的条件项加以准确把握；另一个是形成清晰的产生式，即完成一项活动的一系列操作序列。要想达到稳定的自动化状态，需要大量的练习与反馈。第三，设计正反例与变式的练习内容。呈现正例有利于学生概括和迁移，呈现反例有利于学生区分和转换，呈现变式有利于强化学生对概念本质特征的掌握。

二、知识的理解与教科书编制

其实，我们在想办法促进陈述性知识向程序性知识转化时，还应该回归到"如何理解知识"这一问题上，学生是否能够转化、内化知识，关键还在于理解知识，形成自己的知识网络。影响知识理解的因素，可以从两个方面来概括。

（一）主观方面

影响知识理解的主观因素主要有四个：第一，学习风格。每个人的学习风格是存在差异的，根据感觉通道的偏好不同，有些人是视觉型学习者，有些人是听觉型学习者，还有些人是动觉型学习者；根据认知风格的不同，可分为场依存型和场独立型、反思型和冲动型、整体型和系列型学习者。第二，原有的知识经验。比如，原有知识背景中包括掌握新知识所需要的准备性知识（包括相关领域的知识与经验），也包括与新知识相一致或相冲突的经验。第三，认知结构。比如，学习者的认知结构中有没有可以支撑新观念习得的知识；或者新旧知识之间的可辨识度如何，是否能够清晰地理解新知识，辨别其差异，形成持久的记忆；再者认知结构中起固定作用的观念是否牢固。第四，认知发展水平。学生能否理解一个事实、一种关系和其自身的认知发展水平有直接的关系。

（二）客观层面

影响知识理解的客观因素主要有三方面：第一，学习材料的内容。学习材料的意义性、具体程度、复杂程度都会影响到学习者对知识的接受和理解。第二，学习材料的呈现或表达形式。一般包括直观和抽象两种方式。直观的方式：比如实物、模型、教具、示范性实验或计算机辅助手段；抽象的方式：比如言语。一般来讲，形象直观的内容、过程都较容易理解，直观地呈现知识，不仅仅局限于感知水平，也服务于更高级的认知活动。第三，信息提示语。比如，课本中的提示、点拨、注释。这些信息提示，就像老师的言语提示一样，引发学生思考，唤起学生的回忆。

上述这些主、客观因素对于教科书的内容设计、排版页面等方面都有一定的启发意义。比如，新知识点的呈现最好能和学生之前所学的知识联系起来，一个对比表格、一个系统结构图和一个概念关系图、一个流程图，都有利于形成知识的视觉化，促进学生对知识点的辨别、理解和记忆。课本中的点拨、信息提示框都是必须设计的。

三、"学生是参与者"知识观的教科书内容设计

学生是参与者，这是相对于学生是旁观者而言的。"学生是参与者"的知识观强调重视学生的主体性，认为学生是知识的建构者，不存在独立于学生本身之外的客观知识，知识的获得都是学生基于自己的知识经验背景建构起来的。而且，我们对事物的理解，不同的人由于经验储量的不同，对同一事物会有不同的理解。从这一点上也说明了意义建构的主观性。

为此，我们在编制教科书的各个环节，比如教科书编审、内容选择、结构安排、文本呈现等环节都要遵循"学生是参与者"这一中心原则，并始终贯穿于教科书编撰的全过程，这也是对立德树人教育方针的全面落实。

第四节　课程论与教科书编制

教科书是课程实施的载体，研究教科书编制自然应该从课程论角度着手。不同的课程思潮有其自己的基本主张，在课程内容选择、课程内容组织、课程实施、课程评价等方面提出的明确观点会对教科书编制产生直接的影响。下面就几种影响较大的课程理论以及对教科书编制的影响进行阐述。

一、影响较大的课程理论及其观点

（一）学科课程理论

纵观整个课程发展史，学科课程一直处于主导地位。在学科中心课程流派发展、壮大的过程中，对课程研究与实践最有影响的要数要素主义课程思潮、永恒主义课程思潮和结构主义课程思潮。

以巴格莱为代表的要素主义以观念论和实在论为哲学基础，认为外部世界是客观存在的，具有不容置疑的先验规律和秩序，所以我们应该服从，我们需要做的就是继承文化与价值遗产。如果分开来看，坚持观念论的要素主义者主张对学生进行心智训练，强调形式教育的重要性，注重对哲学、文学、艺术等人文学科中优秀文化要素的学习与把握。遵循实在论的要素主义者主张人类应该以客观世界的自然秩序为法则，强调对自然学科（数学、物理、化学等）的学习，注重事实、规则、公理的掌握。可以看出，要素主义的核心主张聚焦人类文化遗产中永恒的、客观的文化要素的传承与保持，希冀通过学校教育，将这些文化精华传递给下一代青年，并在他们身上发扬光大。也就是说，要精心择取、提炼文化要素，把永恒不变的要素组织起来，以教科书为主要载体，把这些文化的共同要素传授向给学生。

永恒主义的代表赫钦斯、阿兰、艾德勒认为，整个宇宙、整个人类世界存在一种绝对永恒的实在，即不变的本质。人是作为一种区别于动物的存在，是理智的、道德的。理性是人类共同的本性，为了具有这种本性，人应该接受教育，进行理智与道德的训练。至于训练方法与课程内容，那就是掌握人类历史长河中积淀的内在逻辑知识与永恒定论，即永恒学科。因为这些学科是那些经历了许多世纪而达到古典著作水平的书籍，能抽绎训练我们理智的共同要素。

如果说学科课程论是在要素主义和永恒主义的推动下逐渐形成的，那么以布鲁纳、施瓦布为代表的结构主义课程理论就是对学科课程理论在时代与科技发展进程中的进一步完善。受结构主义哲学的影响，以学科结构为中心的结构课程论，主张每一学科中都存在广泛而强有力适应性的概念。这些概念不但能解释学科特定的客观事物，还能规律地反映出一般客观事物。所谓学科的基本结构，是指某一学科的一般原理、事实、观念以及构筑它们的方式和探究该学科的基本态度。或者可以将其分为三个部分来理解，即学科间的组织结构、学科的句法结构和学科的实质结构。这三个部分分别指向课程的内容范围与各门学科之间的关系、一门学科的研究方法及一门学科的基本要领或基本假设。从一定程度上可以说，结构主义者主张认识事物的本质，探究事物的内部结构。

（二）儿童中心课程理论

以杜威为代表的儿童中心课程理论又称活动中心课程理论、经验中心课程理论。它是在进步主义教育运动影响下形成的反对学科课程的儿童中心课程思潮。他主张谋求个人发展的自由，重视儿童的自由活动；认为要想学到有用处的知识，必须到实际生活中去获得；强调儿童的生活体验，注重儿童个体的知识经验。在课程实施上注重实物教学和活动教学，力图给予学生最直观的反馈。他主张围绕儿童的兴趣、需要、活动、生活经验，顺应儿童的本能来设计课程和组织课程，使儿童成为教育过程的中心；认为教育即生活，强调从"做"中学，从生活中学，以"做"为方法，沟通社会与学校，加强直接经验与间接经验的联系。以儿童为中心的课程流派更加注重儿童个体的知识经验，

杜威的名言诠释了儿童中心课程思潮的中心要旨。如，必须站在儿童的立场上，并让儿童成为自己的出发点，决定学习的质与量的是儿童而不是教材。杜威的学生克伯屈提出的"设计教学法"，就是以儿童的活动为中心的教学。他将设计教学分为四种类型，每一种有目的的设计都以问题为中心，来自学生的兴趣，儿童在这个过程中可以获得知识与技能。

（三）人本主义课程理论

以马斯洛、罗杰斯为代表的人本主义课程理论者受存在主义哲学观的熏染，主张以完整的人为中心，人是身体、认知、情感、意志和心灵的整合统一。认为每个人都应该在创设的情境中，从自己的角度感知、理解世界；在这个过程中发挥自身的主观能动性，进行自我激励、自我反省，从而适应各种变化；知道如何学习，达到自我实现的境界。其主要观点在于：以个体的自我实现为课程目标，在课程内容的选择环节遵循"适应性"原则，即课程内容的选择要与社会、学生的知识经验、能力发展水平联系起

来；在课程内容的安排环节强调既要顾及学生的需要，又要兼顾知识的逻辑结构和社会的需要，最终指向学生的整体发展。当然，这里的整体发展不是我们通常所说的全面发展，而是学生在其生长的环境中做到尽可能充分的发展。因为每个学生的个性特点、成长环境存在差异，我们能做的只能是实现学生尽可能的充分、和谐地发展，体现教育的价值。

（四）社会中心课程理论

社会中心课程理论是从进步主义教育运动中派生出来的一种教育思潮，以改造主义为哲学基础。代表人物为康茨、拉格和布拉梅尔德。社会改造主义继承了进步主义强调教育与社会的基本原则，主张以社会问题为中心，强调应该多关心社会的变革。其特点就是比较强调社会对学校课程的影响，认为学校的课程应该按照社会的需求来设计。人类社会的基本活动决定课程的内容范围、教科书的内容编制。改造主义教育的中心目标就是将教育视为一种手段，致力于社会的改造。为达到社会改造的目的，教育应该在教与学过程、课程内容以及课程实施等方面进行改造。课程的根本目标不是让学生适应现有的社会，而是培养学生的批判精神和改造现实社会的能力。

（五）后现代主义课程理论

传统的课程理论多以"怎样科学有效地开发课程"为研究主题，认为课程研究的目的是提供课程开发的普适性程序，揭示课程开发的普遍规律，用课程理论指导课程开发实践。课程成为外在于师生的静态事物，成为教学预期的结果，控制着整个教学过程的实施。在方法论上采用科学—实证的研究范式，坚持自然科学的"假设—演绎"的逻辑，具有科学性、工具理性、简明性的特点。进一步来说，传统的课程理论把课程简化为程序、公式，把课程实施简化为操作、实行，课程理论成为价值无涉的服务和工具。

后现代主义开始转向"怎样理解课程"。作为后现代主义课程确立标志的概念重建主义课程理论认为，课程研究的目的是促进学生自我意识的发展，培养学生主动探索和诠释自己生命意义的能力，提高学生的自省意识。换言之，课程研究的目的开始从试图提供工具性、控制性和普遍性的课程开发模式，转变为从历史和个人的角度陈述、理解和鞭策现有课程的开发模式。在课程设计的过程中，能清楚地认识到课程设计既受客观因素的影响，又受主观因素的影响，不再是纯粹的具有客观性。相对于课程是外在于师生的静态事物，概念重建主义者认为课程应该是教师和学生在对话的过程中共同创造出来的，教师和学生是课程的主体。从这里我们可以看出，课程的设计要有一定的灵活性、开放性和弹性。

既然课程研究的焦点是转向理解课程，那理解课程的角度肯定是多元的。具有代表性的课程流派主要包括政治课程理论、种族课程理论、现象学课程理论、女性主义课程理论、自传性课程理论、后结构主义课程理论、生态学课程理论等。比如，后结构主义课程学者认为课程是流动且变化的，具有动态性、建构性和生成性。生态学课程理论主张以整体论为研究方法，认为课程的各要素是相互联系的，共同构成一个有机整体。强调课程目标的整体性，即课程的目标是促进学生在一个社会、自然环境、历史文化有机统一的环境中获得全身心的发展，强调课程资源的丰富性与发展性。课程作为一个系统，需要注意系统内部与外部的信息交流，以及系统内部各子系统之间的信息交换。将课程与学生、教师、环境充分联系起来，在课程目标、课程内容、课程编制、课程实施、课程评价、课程管理等子系统之间建立沟通桥梁。

总之，后现代主义课程具有多元化、复杂性的特征，同时呈现出一种和谐性与整体性的课程机制。最具昭示性的一点就是，注重学生学习的主动性、社会性与建构性。如多尔在"4R"课程方案中提出的"回归性"，指的就是学习者的自我回归与自我反思。在师生关系上，反对权威慑服，倡导平等对话的师生观；在课程本质上，反对静态封锁，转向动态开放的课程观；在知识观上，反对封闭性、普遍性、等级化、中立化、确定性，强调开放性、变革性、情境性、多元价值化和挑战性。

二、课程理论对教科书编制的启示

（一）转换教科书编制理念

教科书编制理念，也就是教科书应该传达出来的教育理念是什么，指导教科书编制的构思与策划环节的理念是什么。这是编制教科书的依据和编选教科书的精神与原则。在基础教育课程改革深化发展的新时代背景下，核心素养、学科核心素养成为这一阶段的关键词,教科书编制理念走向学生发展核心素养成为首要任务。从宏观层面上来讲,我们需要做的就是结合新时代的特点,将基础教育课程改革的课程理念与课程标准中的教科书编写指导思想有机融合起来。同时,也不能忽视教学理念,因为教科书不只是知识的载体,也是教学的载体。教科书是为教学服务的,教科书最基本的功能就是教学。具体来说,在基础教育改革深化期,教科书编制理念要发生如下转换。

1. 从固守"知识体系"转向回归"人的素养"

传统的教科书编制强调知识本位,倾向于从知识内在的逻辑体系出发,突出知识本身的价值,只问结果,不问过程。这样下去,学生获得的知识呈现出抽象化和理论化的特点,与学生的实际生活相距较远,不利于学生的实际运用。而学生是一个完整的人,是一个正在成长的社会人。我们的教育是培养人的事业,是让学生从稚嫩走向成熟,最后成为能进行自我教育的社会主义事业的建设者和接班人。既然是培养人、培养学生,就应该从人的视角来探讨、定义课程与教学的全部内容。

2. 从关注"单一学科"转向寻求"整合系统"

结构良好领域的问题一般都是比较有规律性和确定性的,解决这一类问题有明确的规则和程序。但是现实生活中的问题多是结构不良领域的问题。这类问题的解决,往往涉及多个学科的多个概念或原理,是比较复杂的。因此,在编制设计教科书时,应该整合多学科知识,选取贴近学生生活的实际问题,培养学生的问题意识,提高学生实际解决问题的能力。

3. 从聚焦"静态学习"转向创设"动态情境"

学生的学习不能仅限于书本上静态的学习材料,还要多联系课外与校外,在活动、实践中学习。在学习活动中创设情境,较易引起学生的学习兴趣,调动学生的学习积极性,对知识技能的掌握、能力的提高、情感的陶冶都有积极作用。这种动态的情境性学习在一定程度上体现"寓教于乐"的思想。总之,教科书的内容编制应该多考虑知识获得的情境性、过程性与自主探究性。

(二) 定位教科书编制目标

从理念上的教育目标到最终达成具体的教学目标,大致要经历教育目标、课程目标、教科书目标、教学目标四个连锁环节。教科书目标是教育目标和课程目标的具体呈现，是指教科书预设的学生应该达到的目标。确定好教科书目标才能为教科书内容选取、文本组织、体例呈现、选文标准、叙述方式、页面排版提供基本的参照，并评价教科书品质的优劣。黑格尔有句话："存在即合理。"因此，教科书目标的存在必然有其合理性。那如何确定教科书目标呢？参考的标准可以有以下几条：确定的目标是否与课程计划和课程标准的目标一致；确定的目标是否符合本学科的特点，是否反映本学科的特点；确定的目标是否符合当前儿童心理发展水平，促进儿童心理发展；确定的目标是否灵活，是否能为不同特征的儿童提供发展空间；确定的目标是否具有可操作性，是否可用于教学实施；确定的目标是否适合社会需求，尤其是未来社会发展趋势。我们需要做的最后一件事是将教科书编写的目标定位为"在师生对话中生成的开放文本"。因为教科书只有以对话中生成的开放文本的姿态与学生、教师民主平等的精神相遇，才能达成彼此"视界的融合"、"精神的相遇"、"理性的碰撞"和"情感的交流"①。

（三）确定教科书内容选择的基本价值取向

众所周知，课程内容的选择要依据特定的教育价值观和相应的课程目标。学科知识、学习者的经验、当代社会生活的需要是课程内容选择的三种基本价值取向。学科、学习者及社会是影响学校课程的三个主要因素，他们共同制约着课程目标的确定和课程内容的选择。教科书受制于课程内容，必须反映课程内容。课程内容通过描述学生的学习结果间接影响教学材料的编写，它回答的是教师"教什么"以及学生"学什么"的问题。教科书是对"如何教"这一问题进行答复，不仅包含"用什么材料教"，也包括"用什么方法教"。因此，教科书内容选择相应地也具有不可分割的这三种价值取向。学科知识和当代社会生活必须转化为学习者的经验，才能成为教科书内容。因此，教科书素材的选取不仅要考虑学科发展的逻辑体系、学生心理发展的先后顺序，还要考虑社会发展的需要。应将直接经验、间接经验和社会生活这三个方面联系起来，坚持从教育的角度对学生、知识

---

① 陈月茹，叶丽新. 教科书：对话中生成的开放文本［J］. 当代教育科学，2006（23）：36.

和社会进行理解并选编学习材料。这些学习材料除了包括知识技能、思想观点、信念态度、价值规范、行为习惯等内容，还应包含着知识结构中隐含的隐性知识。

（四）创造性使用教科书

教师是课程实施的主体，从"领悟"课程到"运作"课程需要每个教师对课程的理解。教师要领会课程标准、把握课程目标和课程内容，摆脱对教科书的依赖，结合本校本班实际情况优化教科书，或者说进行教科书"二次开发"，创造性地进行教学。各种课程理论流派从不同视角、立场、价值取向提出课程应该达到怎样的目标、如何实施、如何评价，但不同角度的论述说明并不存在最完美的"课程"。既没有办法平衡所有的利益相关者，也没有办法寻求所谓的价值中立，所以课程的微观表现形式——教科书，也不会是人人满意的。这也说明教科书的局限性已不言而喻。比如，统治阶级的烙印、编写者的内隐偏见、内容的滞后性与有限性、师生的过度依赖心理，以及难以满足的学生的个性化需要、地区和学校的特殊需要，还有培养层面的问题，比如学生情感思维、自主学习能力难培养，等等。既然如此，优化教材、优化课堂教学就成为教师的一项重要专业能力。教师应该将教科书看成动态的教育材料，坚持"用教材教"的教材观，打破教学本身就是教学目的的教学观。当然，创造性优化教材的前提是基于学生个体或群体的差异性，与学生一同与教科书进行对话，同时保证与学生之间的时刻互动，从而使课堂教学焕发生命力。只有这样，才能促进学生形成真正的学习力。

第五节　教学论与教科书编制

教学理论涉及的范围极广，几乎贯穿了教育教学系统的全方面，包括教学设计、课堂管理、学习评价、教学模式、教学策略、教师心理等。本节仅选取与教科书密切相关方面进行讨论。

一、教学模式与教科书编制

教学模式反映了特定的教学理论。可供选择的教学模式主要有：直接教学、个别辅导、计算机辅助教学、基于问题的学习、合作学习、掌握学习、程序教学、接受学习、发现—探究学习等，其中后三种模式在前面已经作过介绍，下面仅介绍最相关的四种模式。

（一）掌握学习教学模式

所谓掌握学习，是基于"所有学生都能学好"的学习理念，以集体教学为基础，辅之以经常、及时的反馈，为学生提供个别化帮助和所需的额外学习时间，从而使大多数学生达到教学目标所规定的掌握标准。包括以下步骤：第一，将整个课程计划划分为一系列较小的学习单元，确定每个单元的教学目标，并安排单元顺序，使单元紧密相连，循序渐进。第二，准备与单元目标相对应的形成性测试，帮助学生发现学习中的错误和误解，并确定学生是否达到单元的学习目标。第三，制订三个总体计划，即初始计划、反馈计划和时间计划。

（二）问题学习教学模式

问题学习教学，就是让学生通过解决非结构化问题（真实性问题）来获取知识，从而学会学习，具备自主学习的能力。这一教学模式的主要特征包括：问题是课程的关键；学生是中心；教师是辅导者；问题是思维发展的载体。

（三）合作学习教学模式

合作学习是指不同学习水平的学生以合作互助的方式参与一个小组的学习活动，共同完成小组的学习目标。在合作学习的过程中，不仅关注到学生整体学习成绩的提高，而且也促进每个个体学习水平的提升。在过程中，表现为积极的相互依赖和相互作用，即学生之间是相互交流、相互帮助和相互激励的。积极的相互依赖具体表现在目标依赖、奖励依赖、角色依赖、资料依赖、对手依赖等方面。

（四）教学最优化理论

巴班斯基曾提出"教学过程优化"理论，指出"教学过程优化是在综合考虑现代教学的规律、原则、形式和方法、教学体系的特点以及内外部条件的基础上，按照既定的标准，对教学过程进行有组织的控制，使其发挥最有效（即最优）的作用"。也就是说，实现教学过程最优化一定要制定组织教学过程的最佳方案。这个方案指向的是一种教学的方法论和教学策略，不是指具体的教学方法或教学手段。与此同时，最优化并非有固定的程式或标准，也不是最理想的，其结果应根据具体的条件和实际的可能性来评价。每个教师都可以立足于自己的教学实际实现具体教学情况下的最优化。

二、教学理论对教科书编制的启示

不同的教科书内容对教学模式中的教学组织形式、教学方法的选择具有一定的影响。在编制教科书时，我们需要尽可能多的呈现教科书的教学模式，以便于师生在具体条件下选择利用，教师根据实际情况，从中选择最优的教学模式。基于掌握学习的教学模式对教科书编制的启示是：教科书编制应该为学生创造及时反馈、个别化教学等必要的条件，以帮助他们达到教学目标规定的掌握标准。基于问题式学习的教学模式对教科书编制的要求是：教科书中系列问题的设计必须能引出与所学领域相关的概念、原理及常识。合作学习的教学模式，要求所设计的问题具有合作的价值与意义，每个学生必须承担一定的责任，分工要明确。而且每个学生的任务成果必须受到评估，所有成员都应该知晓。这就要求教科书编制必须设计具有一定难度的思考题，并能根据具体情境，进行必要的任务分工。

事实上，教科书编制除受上述教学理论影响外，传播理论和系统理论也对其有深刻的影响。在传播理论方面，根据拉斯韦尔的"谁、说了什么、通过什么渠道、对谁说、取得什么效果"这一传播模式，对应在教学上就是：教师、教学内容、教学媒体、教学对象、教学效果。教科书（这里指纸质教科书）作为一种最基本的知识内容载体、学习方法载体以及教育传播媒体，教育传播理论的原理对于其编制具有重要的指导意义。传播就是通过某种渠道，运用一定方式方法，将信息从一地传到另一地。信息是由一条条合乎语法、语义的消息组成的，如运算内容（数字、图表、曲线等），反映了客观世界中各种事物的特征和变化，是一种有用的知识。教育传播重在强调信息及其传递通道的教育性、发展性，是有意义的信号传播。

信息的组织化程度会影响传播速度，所以教科书中的教学信息应有结构、有系统，零散片面的信息不利于学生形成系统的认知结构。信息的呈现方式，也可以说是符号的呈现方式，是以图像的方式呈现还是以文字的方式呈现，对教育效果都会有一定的影响。而且，信息的传播方式也会影响传播速度，比如视、听、说、触、嗅等方式，不同的传播方式对接收者的影响不一样，取得的效果也不一样。因此，教科书作为重要的教学载体和教育传播媒体，在编制设计时，一定要综合考虑学生的年龄特点、认知发展规律和兴趣需要，选取合适的符号存储方式和传播方式，实现优化教科书的目标。

所谓系统，简单来说，就是一个相互作用的诸要素的复合体，是元素及其关系的总和。构成条件包括元素、结构和一定的环境。任何客体都是由诸要素以一定结构组成的具有相对功能的系统。整个自然界是以系统的形式存在的有机体，由不同等级结构组成，并且处于永不停息的运动之中。系统的特征表现在以下几点：第一，集合整体性。系统是一个有组织的整体，由两个及以上要素构成。第二，相关性。各要素之间是互相联系的。第三，目的性。只要是能称其为系统的客体就有特定的目标，实现特定目标，就有特定的功能。第四，环境适应性。系统在受到环境制约的同时，也会对身处的环境进行适应。第五，反馈性。一个系统要想达到平衡和稳定，必须具备自我调节功能。教科书作为一个知识结构系统，也具备一个系统所应该有的特征。因此，对于教科书编制来说，只有了解教学系统，才能做好编制设计工作。教育系统包括教育目标、教育内容、教育方法、教育组织形式、课堂管理、教育评价，等等。我们只有把握住教科书各子系统的特点及其功能，才能从整体上明晰教科书的目标与功能。对于系统的反馈性这一特点，教育传播理论表示要想增强教育传播效果，反馈这一环节必不可少。教育者在使用教科书时，反馈可以帮助教育者了解信息传递的效果，并改进自己的传播方式。当然，学习者在使用教科书时，也会获得来自教科书本身的信息反馈，自查是否掌握了学习内容。这对教科书编制提出了较高的要求，如何保证教科书的质量也是教科书编制需要关注的头号问题。

第六章
核心素养导向的中小学教科书编制理念与模型

从"学科知识"走向"核心素养"势必是基础教育课程改革发展的必由之路。作为实现课程目标重要教学资源的中小学教科书也必然要顺应课程改革发展的趋势，将核心素养作为教科书编制的指导思想，育人导向上更加凸显培育学生适应当前和未来社会发展变化的必备品格和关键能力。但是，核心素养导向的教科书不是对原有教科书的全盘否定，只是在原有基础上的改进。在我国七十余年来教科书发展的迂回起伏下，不论教科书如何多样化，教科书的编制绝不是一个技术问题，其背后隐藏的更多的是教育、课程和教学问题，需要全面综合知识、素养及教科书编制等相关理论来进行探讨。

第一节　核心素养导向的中小学教科书编制理念

理念，是人类在诠释事物时所归纳或总结的思想、观念、概念与法则，是隐藏在人类行为背后的指导思想。教科书的编制理念是教科书编者在教科书编写过程中的指导思想和行动准则。实践证明，任何变革首先是理念的变革，教科书的改革源自教科书编制者理念的改革。教科书编制者行为的背后都隐藏着其不同的编写理念，这些不同的理念直接决定着教科书的不同选材、体例和结构。学生发展核心素养将目光从"学科知识"聚焦于人，教科书的编制必然要把握核心素养的大方向，聚焦在人的培养上。

一、立德树人是教科书编制之根本

教育的本质是培养人。培养什么样的人，怎样培养人是教育要解决的根本问题，解决这一根本问题的重要载体就是教科书。我国 2014 年印发的《教育部关于全面深化课程改革 落实立德树人根本任务的意见》中指出："立德树人是发展中国特色社会主义教育事业的核心所在，是培养德智体美全面发展的社会主义建设者和接班人的本质要求。"① 立德树人，顾名思义，先立德，再树人，不立德，无树人。习近平总书记曾说："人无德而不立，国无德而不兴。"这突出了他对道德品质的重视，这是我们国家自古以来的优良传统也是今后我国立于世界民族之林的保障。国家把立德树人作为教育的根本任务，其实质是引领我们探索、建构具有中国特色的育人模式，推动教育从知识、分数、成绩、升学率转向人的培养，把知识、能力、态度三个维度加以整合，以综合体现的方式使三维目标走向核心素养。这一育人模式的探索、建构的核心环节和途径是立德。教育首先是道德事业，道德事业超越了教育是科学、教育是艺术的认知。科学、艺术倘若没有道德的充盈和支撑，就没有灵魂，没有价值。

立德树人的根本任务要落地，拿什么使之落地？关键是教科书。因为只有以人的全面发展为本的教科书才具有生命力和存在的价值。教科书的使命就是发展学生运用规律，把知识的真、善、美融入学生生活和生命，培养他们自由创造的意识与能力。所以，教科书建设是立德树人的大事，是国家意志和国家主流核心价值观的集中体现。教科书培养的人不仅要有知识、有能力、有素质、有智慧，更要有灵魂。这个灵魂就是社会主义核心价值观、中华优秀传统文化、中国精神、革命传统精神等。

教科书的编制，是教材建设的枢纽和核心。中华人民共和国成立以来，我国中小学教科书编制在引进、吸收、反思、批判与重建中不断发展，并呈现创新变革新局面。从新中国成立初期编译、改编、借鉴苏联教科书到

---

① 中华人民共和国教育部．教育部关于全面深化课程改革落实立德树人根本任务的意见［EB/OL］．http://old.moe.gov.cn/publicfiles/business/htmlfiles/moe/s7054/201404/167226.html，2014－03－30.

全国教科书统一供应，独立编写教科书；从义务教育阶段教科书的"多样化"探索，编制中国特色教科书；再到新世纪教科书的"多样化"发展，创建面向世界的教科书，几经轮换，始终呈现出与国家课程发展相适切的"面孔"，围绕培养什么样的学生和怎样培养学生展开工作。尤其是2001年新课程改革的启动和实施以来，很多传统教育观念和实践领域经历了深刻的变革，很多新思想、新理念成为教科书改革的亮点。我们对教科书的体认、理解与阐释日趋多样、充盈和丰富。认识到教科书不再是教材，而是学材；教科书不再是"教本"而是"学本"；教科书不再是"圣经"，而是"教学资源"；教师不再是教科书内容的被动传递者，而是教学资源的主动开发者；学生不再是教学内容的被动接受者，而是知识的主动获取的建构者……"教师可以依据人才培养目标与学生发展规律，调整编排顺序、重组教学单元、整合教学内容、开发新的资源。"① 越来越多的一线教师日益注重教学与社会现实之间、与学生实际之间的联系，创造性地开发和挖掘教科书内容的生成性，加强对学生学法指导，改善学生学习方式，推进教学的个性化发展。

当前，我国基础教育课程从新课程改革提出的"为了每一位学生发展"的理念出发，建立了以学生发展核心素养为统领的中小学课程与教学体系，对作为课程与教学实施载体的教科书也提出了新要求。新的教科书编制，一方面要始终坚持正确的政治方向和价值导向，确保习近平新时代中国特色社会主义思想在教科书中得到全面有效的体现；另一方面要充分体现社会主义办学方向，全面推进社会主义核心价值观进入教科书，系统有序地把中华优秀传统文化融入教科书中，以增强学生对中华文化的认同感和民族自豪感，培养学生的文化自信。在教科书内容设计上既要立足学术前沿、符合科学规律，精选学生终身学习必备的基础知识和技能，又要贴近学生生活实际，符合学生认知发展和身心发展规律，突出教科书内容的生活化、情境性、探究性及开放性，关注知识、能力、情感、态度的统整对人全面发展的重要性。此外，还要注重教科书的时代性与系统性，体现新时代教育理念，顺应教育教学改革发展趋势，为教育改革提供有力支撑。

---

① 石鸥，张学鹏. 改革开放40年教科书建设再论［J］. 教育学报，2018（2）：28.

实践证明，我国中小学教科书的编制一直坚持与时俱进，始终贯穿"以人为本，立德树人"的正确价值取向，这既是我国中小学课程教材改革健康发展的关键，又是全面推进素质教育的重要保障。

二、学生发展核心素养是教科书编制之依归

不可否认，长期以来，我们固守"教材即知识""课本即根本"、教科书价值在于规范教学的传统。哲学家迈克尔·波兰尼在其《个人知识》的著作中，对传统的主客观分离知识观进行了批判，他将知识具有的内在美视为知识的理性内核，还原了知识所具有的热情的、个人的和人性的成分。他认为知识是一种求知的寄托，具有个人性的、默会的成分，在一定程度上是不可言传的。波兰尼关于个人知识的看法对教科书编写的挑战在于，多年以来我们习以为常的以掌握客观的、逻辑的共同知识为目的的传统教科书编制思路将被瓦解，建立知识的基本结构和网络，重视主观的、开放的、情境的个人知识将成为教科书设计要坚持的方向。教科书作为生成性课程众多要素的一分子，其价值应是为学习者提供学习和建构的资源。

（一）从关注学科走向关注人的培养

"人的回归才是教育改革的真正条件。"① 当今的教育改革，我们必然要追溯到教育的目标上去。联合国教科文组织在《学会生存——教育世界的今天和明天》一书中明确提出了培养"完人"的理念，即"把一个人在体力、智力、情绪、伦理等各方面的因素综合起来，使他成为一个完善的人，这就是对教育基本目的的一个广义的界说。"② 可以说，在当今社会，教育对人的关注达到了很高的程度，那种想一劳永逸地获得一套终身备用的知识、技术的思想已经过时了。在对传统教育的反思过程中，我们逐渐认识到学生作为人的主体地位的存在。当把对人的关注和尊重作为教科书编制的出发点和归宿时，教科书的编制目的不应该只追求学科，更应超越传统的学科本位知识观的定位，把关注点放在学生作为"人"的完整意义的存

① 雅斯贝尔斯. 什么是教育［M］. 邹进，译. 北京：生活. 读书. 新知三联书店，1991：51.

② 联合国教科文组织国际教育发展委员会. 学会生存——教育世界的今天和明天［C］. 华东师范大学比较交易研究所，译. 北京：教育科学出版社，1996：195.

在与发展上。但传统意义上的教科书，更多的是一种学科知识的呈现，知识本身的掌握成了目的，知识的权威束缚了学生的思想，这对于真正培养具有理性思维、批判质疑、勇于探究的科学精神来讲是具有致命危害的。关注学科的教科书，因不同学科的逻辑结构、知识体系的各自独立性，使得教科书内容具有相对完整性，难以跨越学科的界限，不利于全面发展人才的培养；关注人的教科书，是在尊重学科知识的基础上以学生的发展和成长为逻辑结构，突破了学科知识边界的屏障，超越了传统学科本位知识观的定位，一切立足于学生的实际，着眼于学生的未来，可以有效地适应学生的认知发展规律，真正实现了人的回归。

（二）从关注知识走向关注素养养成

教科书存在课本外部原生态文化知识和课本内部文化知识两个空间，外部文化知识空间是内部的基础，内部文化知识空间是外部的浓缩，两者都可以成为教科书的内容。伴随着信息时代的快速发展，教科书外部原生态的素材太多，我们又有太多的东西要教要学要选择。在不断更新而范畴又极广的科学资料之中，教科书内容选择的难度将愈来愈大。再具体到特定的学科中，不同种类的知识都有其独特的价值，我们究竟选择哪些知识，这些知识又该以何种方式编入教科书并呈现在学生面前，是一个非常棘手的问题。"斯宾塞的'什么知识最有价值'这一问题成为百年课程难题：是杜威全力推崇的实用知识还是永恒主义精心遴选的经典知识？是 know what 的知识，还是 know why、know how、know who 的知识？"① 海量的信息让教科书编制者陷入迷茫，越来越难以把握与掌控教科书内容的选择。

素养与知识不同，素养养成虽然以知识为基础，但素养更强调学生自身的修养、品行和能力的提升。当我们用核心素养来衡量一个人时，我们的知识观、教材观、育人观等都会发生改变。核心素养导向的教科书，是以遵循核心素养培养为逻辑，以提升学生核心素养为线索来编制，突出了教科书内容设计的结构化、情境化、动态化等特征，清楚明晰地处理了知识学习和素养培养的关系。关注知识逻辑的教科书，向学生展示的是严格确定性和简约性的知识世界，呈现更多的是静态的、平面的、结论性的知

---

① 石鸥. 核心素养的课程与教学价值 ［J］. 华东师范大学学报，2016（1）：10.

识；关注素养发展的教科书，强调的不仅仅是学科知识本身，更多地强调学习者主动获取知识的方法以及运用这些方法的开放性学习情境，将知识内容与问题情境以及学生的生活经验建立起丰富联系，使知识主动走向学生的生活。Dominique Simone Rychen 等人将素养界定为"在特定情境中基于成功调动认知或非认知的应对需求的能力。"①这表明，在特定情境中获取的知识要比一般意义上学到的知识更有力、更有用，并且更容易实现知识的迁移，因为情境为这些知识的运用提供了支撑。因此，教科书的编制，要超越知识单一呈现的局限，从学生的生活需要和兴趣出发，创设与学生真实生活相关联的探索性问题，让学生在真实完整的情境中产生学习需要；从态度、情感、思维上主动参与学习，让知识的学习真正变成促进学生进一步学习和发展的源点。

毋庸置疑，教科书编制理念从"学科知识"走向"核心素养"无疑是时代的选择，但绝不意味着二者的绝对对立。相反，学科知识和核心素养是教科书编写不可或缺的两个方面。素养本位的教科书，并非否定学科本位教科书的意义和价值，而是在对学科本位教科书的教育价值观进行批判、扬弃的基础上，从关注知识逻辑编写的视角转向关注人的全面发展和整体素质的提高，突出强调对学生必备品格与关键能力培养的重要性。

三、情境探究是教科书编制之突破口

建构主义认为，学习总是在情境中发生，而情境则与镶嵌在其中的知识有着千丝万缕的联系。建构主义的课程观强调用真实、复杂的情境引导学生形成真实、复杂的问题，进而发展学生解决真实问题的意识和能力，这为情境教学提供了理论支撑。所谓情境探究教学，是教师围绕学生的学习目标，选取学生生活和社会现实中典型的、有意义的"事例""背景"材料作为情境，设置阶梯式问题，引导学生进行自主探究、相互学习、合作交流及解决问题，实现知识建构、科学思维以及形成和发展学生的创新思维与创新能力的教学过程。在情境中发现问题是思维活动中最重要的环节，

---

① 　Laura Hersh Salganik. Key Competencies for a successful Life and a Well-functioning Society ［M］. Hogrefe & Huber Publishers，2003：43.

正确地运用问题材料是学生思维活动积极开展的前提。情景化和活动化是核心素养导向教材编写的亮点。① 如果在教科书中合理设置一些跨学科、跨领域的富有探索性或感染力的主题、问题或项目，形成多学科知识、学生生活经验、社会热点问题等多样化的课程资源联结和学习活动方式。然后让学生围绕这些问题，以集体、小组或个人形式开展思考、体验、探究，从态度、情感、思维上主动参与到学习活动中来。这样，既可以帮助他们形成对知识的整体印象，保证学习的深刻性和综合性，又可以培养他们的沟通能力、合作能力和创造能力。

教科书编制想要创设利于学习探究的情境，激发学生对问题的思考，至少需要考虑两点，一是要以统整知识为目标来确定单元主题，促进两个及更多学科知识体系的相互渗透、交叉、创造与传播。因为主题式单元设计是围绕真实的主题或任务模块展开，既涵盖了学生多样的学习活动方式，又整合了多种课程资源，是多学科知识交叉和融合的探索，有利于培养学生的综合能力。因此，在设计教科书内容时，"要围绕特定的教育情境积极整合优化相关学科知识，搭建真实的问题解决的知识链和思维场，提升知识理解与应用的智慧水平与创新空间，触发深度的认知体验，形成与真实的社会文化背景相关联的可扩展性知识生态网络"②。当然，这一设计不是取消教科书的学科边界，而是以尊重学科知识价值，提高对学科知识跨学科发展价值的认识为基础。二是主题设计要适应学生生活的丰富性。学生生活的丰富性既是信息时代赋予他们的丰富资源和学习条件，也点明了学生角色的复杂和多样。首先，错综复杂的信息资源给教科书的编制带来了巨大的机遇兼挑战，教科书编者需要思考许多问题。比如，信息技术和教科书编制怎样发挥出 $1+1>2$ 的效果？后疫情时代的中小学教科书该如何有效利用"抗疫"的宝贵教育资源？教科书中情境的创设如何与时代特点相联系？诸如此类。其次，学生角色的丰富性使得他们除了作为学校中的受教育者，还担任着家庭中的子女、社会里的公民等角色。创设情境想要贴

---

① 彭寿清，张增田. 从学科知识到核心素养：教科书编写理念的时代转换 [J]. 教育研究，2016（12）：108.

② 潘庆玉. 核心素养理念下的学科教学新视野 [J]. 湖北教育，2020（2）：8.

近学生生活就要立足学情，因为好的课堂需要情感的维系；想要获得同声相应的效果，就要从学生承担的各种角色入手，与情境产生对话和互动。相对于"可望不可即"的乌托邦式教科书内容，核心素养导向的教科书编制需要获得联系、利用联系、巩固联系，唯有这样，教科书才具有学习实践的引导性。

第二节　核心素养导向的中小学教科书编制原则

原则，是人们行事所依据的准则。坚持原则是教科书编者担当意识的基本表现，也是对教科书编者的根本要求。具体来说，核心素养导向的教科书编制要遵循如下原则。

一、方向性与现实性相结合

"有什么样的教材，就有什么样的国民。"① 任何国家的教科书都是国家意志和国家主流核心价值观的集中体现。纵观新中国成立以来我国中小学教科书的编写历程，各领域、各环节的教科书有一条是始终不渝地坚持并贯彻落实的，那就是不同时期的教科书都是在国家制定的教育方针政策以及具体的课程计划和教学大纲指引下编写的，教科书编写者自觉地承担起了教材育人的责任和使命。因此，核心素养导向的教科书在编制过程中，首先一定要牢牢把握正确的政治方向和价值导向，全面落实党和国家的方针政策及决策部署，在教科书内容、编写队伍、教科书审查、教科书使用等方面要层层把好关。一方面要在教科书中全面有效地体现习近平新时代中国特色社会主义思想；另一方面要充分体现社会主义办学方向，将社会主义核心价值观和先进教育思想全面推进教材，把中华优秀传统文化系统有序地融入教材，以增强学生的民族自豪感和对中华文化的认同感，培养

---

① 温儒敏. "部编本"语文教材的编写理念、特色与使用建议［J］. 课程·教材·教法，2016（11）：4.

学生文化自信。

其次，核心素养导向的教科书在内容、形式、体系结构等方面又必须符合时代发展要求，不墨守成规，不因循守旧，既要继承传统教科书的编写形式，又要在继承传统教科书的编写中有所创新。自新中国成立以来，我国中小学教科书在编写制度、指导思想、内容编排、队伍组织等多方面恰切性指标的确立均来自于对历史上课程教材发展的扬弃与升华，这一点在教科书编写的各个阶段可见一斑。但继承不是故步自封，而是去粗取精；创新也不是标新立异，而是追求科学合理。我国的教科书，经过几代人的努力，形成了自己的特色和优势，如重视基础知识学习和基本技能训练的传统已为不少国家所肯定，教科书呈现形式已从过去单一的纸质书本发展到多种媒体形式的"立体化"教科书体系，等等，这些都体现出教科书的时代发展特征。在世界全球化的背景下，国内国际大环境的变化以及课程改革推进中新旧思想的冲突，本土化和全球化理念的碰撞，教科书将会发生变化，在教科书使用中也会暴露出一些问题。因此，广大教科书编者们要认清时代的本质与主流，在充分继承我国教科书编写特色和优秀成果的基础上，根据教科书的时代发展需要，随时调整课程目标，有分析、有鉴别，有决策，有评价、有智慧地汲取国外教科书编写优势。对课程与教材改革中出现的新情况、新问题作出理性分析、恰当判断和选择，开拓编书新思路，真正使教科书在内容上、结构上、学术主张上形成不同体系，体现时代特色。

二、系统性与应用性相统一

系统性原则也称为整体性原则。从哲学上讲，系统和分系统的关系就是整体和部分的关系。整体指事物的全局和发展的全过程，部分是事物的局部和发展的各个阶段。整体统率部分，部分服务于整体，整体与部分、部分与部分之间在相互协调中达成完整和平衡。教科书的系统性体现在教科书的内容和形式两个方面。从内容上来说，教科书的目标、内容、方法、要求等要素要平衡协调，教科书的基本知识、技能训练、能力发展等要相互结合、有机渗透，使学生既能掌握知识又能发展能力。从形式上来讲，小学教科书、初中教科书、高中教科书等各个阶段的知识内容编排要有效衔接，各阶段教科书的容量、知识的深广度要与学生的认知发展相适应。

系统性原则也是教育教学中应该遵循的基本原则。现代教学论认为，课程与教学之所以要系统、连贯地进行，一方面是因为学生学习的科学知识本身具有内在的逻辑联系，另一方面是因为学生的认识活动、智力发展和学习能力的形成也是有顺序的。如果不遵循一定顺序来开展教学，势必违反教学的客观规律。实用主义教学论曾经提出并实验打乱学科逻辑系统的活动教学和问题教学，结果证明，如果完全打乱学科逻辑系统，违反知识的系统性和连贯性，学生只能获得一些零碎片段的知识，学生的智力也不能得到系统的发展。因为要让学生获得系统知识和对客观世界的规律性认识，并有利于学生对知识的理解，唯有遵循教学的系统性、连贯性原则，才有可能达到这些目的。我们常说的理解知识，其实就是把握知识之间的规律性的联系，只有让知识与知识之间发生联系，才能真正理解知识。与此同时，学生系统、连贯地学习知识，也有利于他们更好地记住知识，尤其是当知识经过融会贯通被编入一定的系统后，更便于检索，随时可以应用。

教科书的应用性要求教科书编制要考虑学生的兴趣、爱好、思想、认知等方面的差异性。所呈现的问题既要激发学生的求知欲，又要符合学生认知能力水平；既要提出具体要求，设定目标，又要预见问题是学生经过努力可以达到的。长期以来，受知识本位和学生本位课程价值观的影响，教科书的编制不可避免地陷入两种极端：一种是过于关注知识本身的完整性和系统性而忽略了学生在学习过程中的感受；另一种是过于强调学生的主体地位而忽视了知识本身的价值。例如，在前些年的课改中，语文教材过于强调人文性。教材在编写上以人文性为主线，忽视了对语文学科基本知识和基本技能的训练，导致课堂的呈现形式十分华丽，但对具体知识能力的落实却非常虚无，扰乱了语文学科的教学梯度，最后的教学效果不尽如人意。教科书编制要从学科知识走向核心素养，不是否定学科知识的整体结构性，也不是要呈现给学生越多的知识就越好。而是以展示本学科知识结构为重心，加强学科内部知识逻辑的衔接，保证学生所接触的知识体系是完整的、系统的。然后再以此为基础，巧妙地与其他学科内容融合，强化对跨学科知识发展价值的认知，正面地、改善性地采用与某一教育情况有关的知识，铸造起一套有助于处理实际问题的知识体系和结构。让学生在读书学习过程中激发学习兴趣，具备学习能力，提高知识的智力层次，扩展创新空间以及知识的实践范围，激发认知体验，创造一个学生与社会文化背景相关的可扩展的生态知识网络。所以，素养本位的教科书编写在重视知识逻辑结构的同时，要根据学生的发展需求，有所扩展，有所留白，不能把知识一股脑地呈现给学生。更重要的是，对各地各层次学生各阶段的知识学习要把握好度，对学生的各阶段能力有深刻的了解和精准把握，把知识的呈现、扩展范围落到维果斯基提出的"最近发展区"中，这是核心素养导向教科书编制的最高境界。当然，这一目标实现的难度很大，不仅需要教科书编制者的功底还离不开教师的智慧配合。

三、知识逻辑顺序与学生心理顺序相协调

知识逻辑顺序与学生心理顺序是教科书编制的两种组织方式。对于这两种编制方式的矛盾讨论几乎贯穿了整个教科书编制的历史。如何协调这对矛盾从而找到平衡点，自古至今人们都做了诸多尝试。教科书作为教学必不可少的工具，本身就呈现出两条线索：一方面，教科书的读者对象是教育工作者和学生群体，想要保证教科书的育人价值就必须遵循学生心理顺序，遵循教育教学规律。另一方面，教科书呈现的内容是人类长期探索而成的结晶，拥有其自身的发展规律和逻辑体系。然而，教科书内容如果按照学科逻辑来组织，承载的知识可以是一个互相联系的整体结构。但概念化、抽象化的知识难以使学生理解和接受，影响学生思维能力的发展。教科书内容如果按照学生心理发展逻辑来组织，虽然打破了学科的结构体系，考虑到了学习者的接受能力，但学生学到的可能是一些零碎的、片面的知识块。如果学生不能将知识"串联"起来、集成知识模块，或者不能建构知识群，形成知识的整体性、结构性思维，那么知识就是死的知识，不能成为学生思考的载体。学生也无法从知识的学习中获得素养生长的根基和力量。因此，如何保障教学质量、保证知识的连贯性和完整度成为了教科书编制的一大难题。早在19世纪末20世纪初，在广泛讨论活动中心课程和教材中心课程谁更胜一筹的问题时，杜威就开始进行教材心理化的思考和研究了。教材心理化致力于知识逻辑和心理逻辑的有机统一，既要求

学习材料本身的科学性，又要求以心理学为基础揭示儿童心理发展规律。教材心理化研究可以说是突破教科书知识逻辑顺序和学生心理顺序对立的破冰之举。

到目前为止，突破知识逻辑顺序和学生心理顺序的二元对立，寻求教科书知识逻辑顺序和学生心理顺序的融合之路，已经成为教科书编制工作者和一线教育实践者的共识。但是将知识逻辑顺序和学生心理顺序相统一不意味着简单折中，知识逻辑顺序应该成为教科书编制的着力点，因为它具备重要的认知训练价值；学生心理顺序应该成为教科书编制的出发点，为组织教科书内容提供科学依据，转向对人的关注。

首先，教科书编制以学生心理顺序为出发点，体现学生心理发展的层次性，重视学生自身已有的知识结构。教科书主要面向两个群体：一线教师和受教的学生。但是这两个群体对待教科书的态度绝不相同，学生群体主要关注于教科书所传递的或隐性或显性的知识内容，而教师则更要注意到教科书与学生的联系。教科书编制体现学生心理发展的层次性是指在不同心理发展阶段，教科书的编制内容和方式都要相应地发展变化以寻找最适合学生学习的方式。有相关研究在对中国小学数学教材和新加坡小学数学教材的比较研究中指出，中国教材在"速度"问题方面的介绍要远远早于新加坡教材，从三年级开始，各种类型的速度问题贯穿整个小学中、高学段。但是新加坡教材对于速度问题的呈现则要晚得多，一直到六年级才有独立的一章《速度》。① 根据皮亚杰的研究表明，11 到 12 岁的儿童才能完全消化对"速度"概念的理解，处于形式运算阶段的儿童才能以命题形式进行思维并理解命题之间的关系。教材编制如果不关注学生的心理顺序，就会促成"揠苗助长"之风。正如奥苏泊尔所言，影响学习的唯一重要因素就是学习者已经知道了什么。教科书编制想以学生心理顺序作为出发点，就必须明了现阶段学生已有的知识结构，将教科书和学生联系到一起才能发挥其最大的教育价值。不同年龄阶段学生的认知特点是有所差异的，这也是为什么小学低年级的课堂经常需要游戏活动来维持学生注意力。虽然

---

① 张文字，傅海伦. 新加坡与中国小学数学教材的比较研究 [J]. 外国教育研究，2011 (7)：38.

学生的认知能力随着时代在进步，不同发展年代的学生对同一教材内容的理解和接受程度往往大不相同，但是同一时代下同一阶段儿童心理顺序发展大同小异，建构主义也一直持有"学生绝对不是空着脑袋进入教室"的观点。无视学生已有的知识结构和心理顺序，强行用准备好的知识系统来试图武装学生大脑绝不可取。教科书中的知识逻辑是被整理好的完成品，和学生自身的知识结构存在着相当大的距离。因此，从学生心理顺序出发，选取适合学生现阶段最近发展区的教材内容来进行教科书编制，无疑是拉近学科知识和学生个人知识的一条"近道"。

其次，教科书编制要以学生知识逻辑顺序为着力点，重视知识的内在逻辑，体现学习内容的结构化。以学生知识逻辑顺序为着力点来编制教科书有两个重要原因：第一，按照知识逻辑顺序编写的教材至少可以保证智力训练发展的优势，因为越是系统完整的知识就越容易在学生脑海里形成线索，便于学生储存记忆。第二，根据我国地域辽阔和悠久的传统历史而言，从国情上讲，按照知识逻辑顺序为着力点编制的教材能有效化解由经济发展带来的差异化因素。每个学段的教材有着自身的知识逻辑，教科书编者首先要厘清教科书的知识体系才能促进教科书知识网络的构建。例如，数学教学要先教加法再教乘法。因为学生没有任何加法知识和运算能力的话，是很难理解乘法的运算的，也更难理解之后要学习的各类运算法则，这就是知识的内在逻辑，也是思维的培养。所以，教科书编制厘清教材知识的内在逻辑是必要的，也是可行的。特别是在信息爆炸的时代，"精选课程内容"成为教科书编制应坚持的主要原则。虽然知识本身具有内在逻辑，但是教科书内容的选择不可能将整个知识体系整体搬入教科书。在各个学科的课程标准之中，对于内容标准往往也不会过于细化。想要在整个教科书体系中呈现结构化的特点，就要求在教科书编制过程中对知识进行精加工。因为学习内容的结构化往往对学生学习的逻辑促成有积极作用。这种结构化体现在教科书为教育实践者和学生提供明晰的线索，起到承上启下的作用，在呼应以往学习内容的同时，引出更深层次的学习。

只有教科书的知识设计与学生认知心理结构由浅入深、由简入繁、循序渐进、互相协调地进行组织与编排，教科书才有可能成为助力学生发展的好文本。因此，教科书内容编排既要考虑学科知识的内在逻辑体系，以满足教科书科学性要求，又要考虑学生的心理发展逻辑，知识设计要与学生认知心理结构相适应。只有在不打乱教科书整体知识结构、不违背学生认知发展规律的情况下，使两者有层次、有梯度地由浅入深、循序渐进，不断协调、互相适应，寻求两种编排方式的协调，才是核心素养导向教科书结构合理编排的走势。

四、教与学相促进

教学性是教科书的根本属性。① 对于教材本身而言，教学性意味着符合实际需要并且具有增效教学效果的教学内容。虽然教科书的编写方式有很多种，但"利教易学"一直是教科书编写的原则性要求，有利于回归教材的基本价值。教科书之所以被称为教科书，是因为它不同于专著与一般图书，且发行量大，覆盖面广，与其他可读性材料相比有本质性的不同。首先，就使用对象而言，教科书的服务对象是教育工作者和受教育的群体。这就决定了教科书面向教育工作者时要可被理解且可被表达，面向受教育者时要可被接受且可被内化。其次，就文本承载的内容而言，教科书的自由度有限。它必须遵循特定的课程标准，对于内容的选择甚至是顺序的编排都有严格的要求。再次，就文本体现的价值而言，教科书，特别是基础教育阶段的教科书必须遵循育人导向，承载社会和国家对人才培养的期许。相较于教科书，其他可读性材料的编制要求则宽松得多，这更突出教科书编制要遵循教学导向，为教学服务。

核心素养导向的教科书编制，首要目标是坚定实现教科书的教学性，为教学服务，促进个人的终身发展与人生幸福。为教学服务，就要突出教科书的可教性和易学性。这旨在教科书编制为受教育者和教育工作者呈现清晰的教学线索的同时也要给一线教师留有创造的空间，体现教科书编写的"未完成性"。教科书编写的"未完成性"强调给师生双方一个教与学的空间，不局限于为学生提供满满当当的知识，重在提供线索和方向引导探究。教育不是一个封闭而死板的流水线般的工作，创造性和灵感是赋予课

---

① 李新，石鸥. 教学性作为教科书的根本属性及实践路径［J］. 课程·教材·教法，2016
（8）：25.

堂生命力的关键。不论是课文内容的编订还是课后习题的选择，原则上不能抹杀学生的想象力和发散性思维。对于教师来说，过于饱满和精确的教材框架也框定了教师的发挥，因而教科书编写应该做到适当留白。统编版小学语文教材就很好地做到了这一点，以双线编织为特征的小学语文教材突出了人文主题和语文要素两条线索。不难发现，教材中的课文总数量变少，质量却更精。其中，每个单元的重点学习内容都呈现出清晰的线索。值得一提的是，其增加的多个阅读栏目已成为课堂教学的延伸，教师所苦恼的不再是"教什么"而是"怎么教"。教师可以利用这种留白在选择丰富的教学资源开展个性化教学的同时，开发更多教学方法以提升课堂幸福感。对于教师而言，教科书的"未完成性"留给教师创造的空间更为广阔，教学的安排更能考虑到实际，更能关注学生自身。对于学生而言，教科书的"未完成性"给他们提供了自主探究的线索。因为打破了封闭内容体系的教科书，需要学生根据具体情境进行思考想象，甚至要结合自身经验对教科书内容进行细化补充，才能真正理解教材内容。"一万个人的眼里就有一万个哈姆雷特"。教科书的未完成性有助于将每一个学生培养成富有灵魂的鲜活个体。

具有教学性的教科书给教科书的编制提出了诸多要求：内容选择要贴近学生生活实际，克服"学科中心"的倾向，加强教科书与社会发展和科技新成就的联系，使学生能较好地学习和运用知识；内容组织应充分考虑学科本身、学生需求、社会需求的特点，尽力做到引导学生开动脑筋，富有启发性；内容编排要符合心理学、卫生学和美学的观点，考虑到同年级各学科内容之间的联系和同年级教材之间的衔接；内容阐述要层次分明，文字表述要生动流畅，具有可读性，能激发学生学习欲望；内容篇幅要详略得当，标题和结论要鲜明醒目。插图、版面设计应富有知识性和趣味性，有利于提高学生学习效率。此外，还要加强教科书的时代性与系统性，体现新时代教育理念，顺应教育教学改革发展趋势。这样编出来的教科书才是易教利学的好文本。

五、知识、能力与素养发展并重

对于知识、能力、素养三者之间的关系，当前大概有三种说法：构成说、排斥说和联系说。几十年来，对于"知识""能力"的定义大多大同小异，而关于"素养"的定义却有所不同。有学者将素养定义为一种高级能力，能够灵活调动、运用包括知识、技能层面的认知资源，情感、价值观与态度层面的非认知资源，胜任不可预测、复杂情境的需要，解决问题并实现自我的能力。① 而欧盟的核心素养框架将素养界定为"适用于特定情境的知识、技能和态度的综合"。对于素养本位的教科书编制而言，首先要肯定知识与能力对素养形成的贡献和作用，其次要坚信素养与知识、能力的关系不是"此消彼长"而是"共同进退"。

知识与能力的关系问题似乎已经是老生常谈，掌握知识的目的往往是为了发展能力，反过来能力的发展对知识的掌握具有促进作用。但是在教学实践中我们不难发现知识的掌握和能力的发展也不一定同步。应试教育的余威之下，对于"知识获得"和"能力培养"的重视度往往不平等，这就导致既有高分高能的学生，又有高分低能的现象。

反观知识与素养，首先我们可以将知识比作素养得以形成的一个"阿基米德点"。素养对于知识是存在绝对的依赖性的，没有知识的获得就没有素养的形成。试想，一个连环保知识都没有的人怎么成为一个具备环保意识，从而进行环保活动的人呢？其次我们可以将知识与素养的关系比作一座浮于海面的冰山，素养是浮现在海面上的外显部分，而知识是隐藏海底的内隐部分。"冰冻三尺非一日之寒"。越往冰山底部，知识基础就越深厚，说明知识累积到一定程度才能形成素养并表现出来。反而言之，有知识的人不一定有素养，但是有素养的人一定有知识，素养的形成过程就是知识不断累积发展的过程。如果说积累知识是素养形成的基础，那发展能力就是素养形成的途径。能力是"外显"的，素养相较于能力具有"内凝"的特点。一定程度上，能力也是素养的一种体现和判断方式。

随着核心素养本位时代的到来，出现了一种"推翻知识""向知识开战"的呼声。似乎肯定"知识"是应试教育的"罪魁祸首""祸害之源"，将素养和知识对立起来，甚至认为二者是一种"水火不容"的关系。但其实知识本身不是促成应试教育的"真凶"，"获取知识的方式"才是。人们往往会忽略这么一个事实：知识不仅仅只是一种静态的文本符号，不应该

---

① 张良. 核心素养的生成：以知识观重建为路径［J］. 教育研究，2019（9）：65，66.

肤浅地将知识看做是远离学生生活经验的枯燥理论。相较于将知识看做教科书上死记硬背的内容，不如将知识看做素养形成的工具和资源。

想要促成学生核心素养发展，核心素养导向的教科书编制工作重在促进知识的"回归"。首先，教科书编制要发现知识的魅力，对学科知识进行精加工。知识的呈现方式可以增加知识的趣味性从而增添魅力。教科书对于知识的呈现不能仅仅停留于知识的顺序排列。教科书的插图、课后习题、单元导读等部分都可以为站在讲台上的一线教师提供教学的思路和资源。读图时代下拿教科书插图而言，小学语文教材中的插图可以发挥出学科特点的独特价值，被誉为"移动的黑板"①。教科书编制利用多种方式发现知识的魅力，不仅可以为学生的学习增添趣味性还有助于学生加深对知识的认知和理解，甚至为学生的想象力和创造力打开新的窗户。

其次，教科书编制要促进知识的整合。核心素养具有跨领域的特点，体现各学科教育的共同价值，促进学科之间的融合以一种"集大成"的方式推动教科书编制。核心素养的这种特性要求教科书的编制拒绝知识的碎片化和单一化，体现知识的综合性和融会贯通。有学者指出知识教学的碎片化至少存在两种形态：一种是答案教学，另一种是悬空教学。② 前者有应试教育的倾向，不考虑与考试无关的题目而聚焦于考试题目的问答；后者则是"照本宣科"，完全忽略学生本身的需求，按照知识逻辑进行教学。核心素养导向教科书的编制要完成知识的整合就要避免这两种倾向，促进学科融合，培养综合思维。

再次，教科书编制要注重对隐性知识的挖掘。教科书对显性知识的重视容易造成知识的浅表化。教师利用教科书传授直接编写在教科书上的显性知识，却忽略了这些显性知识背后的思维、途径、方法和价值。例如，小学数学老师讲解鸡兔同笼的方程解法，在执教过程中确实利用各种教具来帮助学生理解，也运用多种方法指导学生解决问题，但是却没有引导学生进一步思考几种解决方法之间的共同点和不同点，不去了解方程解法的

---

① 朗·伯内特. 视觉文化：图像、媒介与想象力［M］. 赵毅，译. 济南：山东文艺出版社，2008：324.

② 李润洲. 核心素养视域下的知识教学［J］. 教育发展研究，2017（8）：71，72.

价值。为此，教科书编写要注重在这个方面起到提示引导的作用。例如，统编版小学语文教材四年级下册《小英雄雨来》一文，就设计了泡泡语来提示更多用来梳理文章脉络的方法，给新手教师提供更便捷的教学思路。

素养的形成与能力的发展密不可分。也许多学者往往将核心素养界定成为"必备品格"和"关键能力"。什么是关键能力？什么能力可以被称为"关键"的能力？立足于本土化视角，2017 年出台的《关于深化教育体制改革的意见》给出了比较具体的回答，即认知能力、合作能力、创新能力、职业能力。① 核心素养导向的教科书要基于对这几种能力的发展出发进行编制。为此，教科书的内容设计要为支架式教学提供条件。因为支架式教学是为发展学习者对问题的理解而设计，讲究情境的创设和支架的构建。搭建支架的教学方法不仅对学生认知能力、合作能力、创新能力的培养有促进作用，而且通过学生的自我建构过程，充分体现人的主观能动性，将教学从以往的教师本位推向学生自主。从知识的探究性角度出发，还能促进知识迁移。

最后，教科书编制要利用教科书质量评估活动进行完善修改。想要实现关键能力的发展，教科书质量评估要从是否达成课程目标、是否适用于特定学生群体、是否体现学段特色、是否突出市场竞争力等几个方面进行全方位反思，不仅主张评价的多方面还要倡导评价人员的多元化。坚持在实施之前进行试教，根据反馈进行教科书的完善和修改。

从知识到能力再到素养的过程并不简单。我国从"双基"到"三维"再到"核心素养"，课程目标在不断地更新。不管是最初的"双基"还是到后来的"三维"和核心素养，课程目标在不断地演变，但始终都没有放弃对知识和能力的重视，这无疑是肯定知识和能力对于素养形成的重要性。所以，但凡是抛弃知识或者无视能力的教学都没有办法形成素养，素养包含"知识—能力"的维度，但绝不止步于此。只有兼顾知识的积累和能力的形成才能发展素养，才能体现教育对人的全面回归。核心素养导向的教科书也要注意到这点，避免再次陷入学科本位的死循环。

---

① 艾兴，王坤."关键能力"的要义、逻辑及其培养［J］. 课程·教材·教法，2020（1）：70，71.

第三节　核心素养导向的中小学教科书编制要求

尽管教科书系统千差万别，但任何教科书都不是编写者、出版社可以凭想象和经验随意编写而成。教科书的编制总要遵循一定的规则和程序，把思想上、观念上的东西加以具体化，经过若干过程和步骤，最终形成人们所期望的教科书。教科书要促进学生核心素养的发展，需要遵从以下几方面的编制要求。

一、以课程标准为依据

课程标准是教材编写的依据和指南，是国家对基础教育课程的基本规范和质量要求，也是国家管理和评价课程的基础，反映了国家对不同阶段的学生学习结果的期望。课程标准确立了知识与技能、过程与方法、情感态度价值观三个课程总体目标的维度，并对不同阶段的学生提出了不同学段目标，通常包括具有内在关联的课程内容标准（学习领域）和学生的表现标准（规定学生在某领域应达到的水平）。作为国家的课程文件，课程标准对国民的素质要求通常包括两个层次：一是标准必须能为绝大多数国民所能达到。就我国而言，由于各地经济发展、自然条件、文化传统等方面差异很大，导致有的地区或学校办学水平和教育质量过低。因此，这个标准只能是对绝大多数国民的基本要求，或者最低要求，而不可能是每一个国民都必须达到的最低要求。二是国家课程标准作为一个标准，只要求国民能够达到，并不要求在每一个方面都得优，即只要有"合格"或"及格"这一级别的要求。在基础教育新课程改革中，课程目标从"双基"过渡到"三维"目标，体现出我国课程领域对学生全面发展的关注。尽管三维目标是一个不可分割的整体，但在以三维目标为核心的新课程改革中，有些目标在学科课程中并没有得到明确具体的阐释。广大一线教师无法清晰把握具体学科的课程目标，在关注具有可操作性的知识技能目标时，存在忽视过程方法、情感态度价值观等体验性目标的情况，导致三维目标在教科书及教学过程中存在一定程度的落空。最为关键的是，在学科内容标准上缺乏一个上位统整，无从体现三维目标的整体性，导致我们在陈述具体目标时，对三维目标的落实仍然存在割裂叙写的情况，"三维"目标不自觉地成为了"三类"目标。

2014 年，教育部在《关于全面深化课程改革 落实立德树人根本任务的意见》中强调要依据学生发展核心素养体系修订课程方案和课程标准，"增强课程标准的思想性、时代性、适宜性、可操作性和整体性"。之后，普通高中与义务教育阶段学科课程标准均有修订，各科课程标准明确了学生学习后应达成的正确价值观念、必备品格和关键能力，同时提出了不同阶段学生在核心素养方面的培养要求，规定各门课程的课程性质与基本理念、学科核心素养与课程目标、课程结构、课程内容、学习要求、学业质量和实施建议。其突出的变化有：

第一，凝练了各学科的核心素养，"明确了学生学习该学科课程后应达成的正确价值观念、必备品格和关键能力，对知识与技能、过程与方法、情感态度价值观三维目标进行了整合"①。凸显了学科育人价值。第二，研制了基于核心素养的学业质量标准，明确了学生完成本学科学习任务后应达到的学科核心素养标准，并增强了课程标准的完整性，体现了课程标准的可操作性和指导性，也为教科书的编制提供了依据。第三，优化了课程内容的结构，突出学科特点，找到了以主题引领为突破口的落实核心素养的育人目标。强调学科教学内容的设计应以大理念、大任务、大问题为核心进行整合，使课程内容情境化。其中"学习任务群"的提出也是新课程标准的一大特点，高中语文课程标准（2017 年版本 2020 年修订）在课程内容板块就提出了 18 个学习任务群，还对每一个学习任务群都提出了明确的学习目标与学习内容，甚至还附有教学提示，语文学科独特的魅力在每一个学科任务群都得到了体现。根据学科特点和课程性质，不同的学科的课程内容对于核心素养的达成都有不同的侧重点：数学学科在形成人的理性思维、科学精神和促进个人智力发展的作用不可替代；语文学科发展思辨能力，推动文化创新方面功不可没。每个学科都以其独特的优势和角度推

---

① 中华人民共和国教育部. 普通高中课程方案 [Z]. 北京：人民教育出版社，2017：4.

进核心素养的发展。与此相适应的教科书编制也应突出学科特点，深掘学科价值，发挥独特优势。第四，探索了学科典型学习方式，促进了课程育人方式的变革。"各学科课程标准修订除了进一步强调自主、合作、探究学习之外，还在努力寻找自主、合作、探究学习与各学科深度融合的典型学习方式。"①

从课程的角度看，教科书是课程标准规定下的课程内容在教学活动中转化的产物，教科书是使学生达到课程标准规定的质量要求的中介和内容载体。它是教师教学和学生学习的主要工具。因此，课程标准不仅指引着教师教学和学生学习的方向，而且还是教科书编写、教学评估和考试命题的依据。换言之，教科书的编制和教师的教学不能照搬课程标准的内容，学校的课程只有通过教科书把课程标准设定的目标内涵于其中，将课程内容"教材化"，学生学习的具体内容才是生动和具有真实意义的。可见，教科书编制的过程实际上就是以课程标准为导向的教材化过程。在这个过程中，课程标准始终指导着教科书的编写，规定着教科书课程内容的选择以及学生发展核心素养的层次和水平。

二、以学习活动为重点

教科书不仅承担教学内容载体的功能，同时也体现着师生的教学活动方式。学科本位教科书大多倾向于体现教学内容的设计，对师生的教学活动方式设计关注不够，甚至对学生学习活动方式的设计有缺失的现象。教科书的使用主体主要是教师和学生。任何一部教科书都是在教育理论指导下，在对其社会需求与使用情况广泛调查的基础上，及时获取来自专家、学者、教师和学生的现实诉求，在实践中不断改进和完善而成。优秀的教科书是广大教师在教学研究、教学实践、教学实验等方面教法和学法取得丰硕成果的实质性转化。所以，教科书既要适合教师教学的需要，又要满足学生学习的需要，成为学生获取知识的主要来源和教师教学的工具。但是，学生获取知识的态度、情感、能力、思维、创造力等不能单靠记忆与

---

① 崔允漷，郭洪瑞. 试论我国学科课程标准在新课程时期的发展 [J]. 全球教育展望, 2021 (9)：11.

背诵知识获得，更要在活用知识中才能形成。

　　教育的本质是育人，教学活动的本质是人与人思维的对话，它指向人的行为，关注人的心理活动。教科书的编制要走向学生核心素养培养，就必须弱化知识演绎逻辑，强化能力发展逻辑，把设计的重点放在学习者的"学习经历"上，关注学生的学习过程，考虑教学活动的实施，体现教学法的因素。因为学生的态度、素养、思维、创造力等也只有在教学活动中才能得以发展。这就是说，教科书要突破传统上向学生呈现特定学科知识结论的局限，不仅应提供有利于学生形成良好认知结构所必需的基础知识，还应为学生提供情境性、探究性、生活化的学习活动，以引导学生去探索、体验蕴含在知识背后的学科思维和方法，并在获取和应用知识的过程中培养学生的创新意识和问题解决能力。

　　在设计教科书内容时，如果把不同学科的知识结构化、动态化、形象化地编排在教科书中，并融合成有特定意义的问题或主题，鼓励学生在开放的学习活动中对问题展开思考、质疑，自主地进行知识组织。这样既能帮助学生在学习过程中获得更多综合型知识，又能让学生体会知识的形成过程，更能培养学生解决问题的综合能力。因为主题式单元设计是围绕真实的主题或任务模块展开，既涵盖了学生多样的学习活动方式，又整合了多种课程资源，是多学科知识交叉和融合的探索，有利于培养学生的综合能力。如，在化学教科书的编制中，我们可以设计一些如水的组成的探索、探究铁钉生锈的条件、酸碱指示剂的发现等具有趣味性的实验，促使学生在亲身体验过程中获得化学知识、掌握方法，发展科学探究能力。在物理教科书的编制中，要体现立体感与张力美，设置一些小实验、小游戏与知识结合，突出趣味性，扎根生活，让学生感受到物理就在我们身边，与我们的生活息息相关。在生物教科书的编制中，不一定非要利用一些稀有物种或者过于专业的研究成果来增强吸引力，拓展知识面，最重要的是把"人"研究好，让学生在学习活动中更了解自身，科学客观地认识自己从何而来以及成长过程，把司空见惯的现象与生物学联系起来进行解释，激发学生们的探索欲望。

　　核心素养导向的教科书内容无论在内容的组织还是呈现上，都必须紧密结合教学实际，联系学生生活实际来设计教学活动，为学生的学习提供方法指导。只有重视启发学生思维，激发学生学习兴趣，使学生在主动学习中建构知识的意义，才能帮助学生更好地理解知识、掌握知识、探索知识、发展能力。

三、以学生全面发展为宗旨

追求人的全面发展是马克思主义教育的重要组成部分。马克思认为："人的发展应当是全面且自由的，不仅是个人的全面而自由发展，而且是整个社会全体公民素质的整体提高。人的全面发展是一个动态的过程，因此，随着时代的变化，对人的全面发展的认识也应有所深化。"① 习近平总书记在党的十九大报告中多处深刻指出要"不断促进人的全面发展"，这是对马克思主义"人的全面发展"理论的继承和发展，是新时代中国特色社会主义的重要内容，也是实现中华民族伟大复兴的根本之所在。人才是强国之根本，是一个国家发展的核心竞争力。促进学生发展核心素养的研究和制定其主旨就是解决培养全面发展的人，提升 21 世纪国家人才核心竞争力。教科书要促进学生的全面发展，必须以马克思主义关于人的全面发展学说为指导，以我国现实教育改革为基础，吸收和借鉴国外先进教育理论，树立以人为本的理念，把学生的终身发展和健康成长放在首要位置。

（一）关注学生个性发展

人的个性即人的个体性，是个体在各种社会关系和社会活动中的存在形式和表现方式。人的个性由两个部分构成，从内容上看，个性是指个人的兴趣、需要、志向、信仰、体力、智力、气质、性格等方面的充分展现；从本质上看，个性是个体主体性和差异性的统一。由此看来，个体主体性的全面提高和个体独特性的全面丰富是人的个性全面发展的核心内容。主体性是指人在社会实践活动中表现出来的自觉能动性、创造性和自主性。每个个体都是不可替代的独一无二的个体，都可以做自己命运的主人，并对自我的行为进行能动调节和积极塑造。教科书的编写要尊重学生的创造性和差异性，切忌出现个性的千篇一律和自以为是的经验主义。特别是教

---

① 童宏保，高涵，谈丰铭. 从"全人教育"到"人的全面发展"辨析 [J]. 中小学德育，2018（12）：11.

科书在内容设计上要给师生留有可开发的空间，面对不同年龄阶段的学生切不可使用"一刀切"的方法，不论是教科书课文的选择还是习题的选编都需要富有层次。教科书要发展学生的创造性和自主性，往往是以意义建构的方式将核心素养渗透进教材内容，强调其对受教育者本身和周围世界的价值。但是由于家庭环境、成长经历、性格气质等因素的不同，同样的教科书培养出的学生往往千差万别。人的多样性赋予了教育可能性，也是教育的难点所在。教科书编制突出学生的个性发展，并非是将个体与社会对立起来，而是在潜移默化之中对学生的思维和眼界产生一定影响，以意义建构的方式体现世界观、人生观和价值观、实现个体与社会的和谐统一。对于学生个体发展而言，核心素养本位的课程改革从来不排斥对知识技能的熟练掌握，真正反对的其实是以"熟练"为借口来阻断学生的个性化和创造性的发展，将学生发展成没有温度的学习机器。

（二）引领学生自主发展

自主发展是相对于被动发展而言，是建立在自我发展需求基础之上的积极主动的发展。学会学习和健康生活是自主发展的两个方面：学会学习体现于乐学善学，表现在勤于反思，还包括与时俱进的信息意识；而健康生活要求学生珍爱生命，学会自我管理，塑造健全人格，引领终身发展。教科书是塞不进成千上万的知识点的，但是教科书却能起到跳板的作用，引导学生学会学习，以便于学生掌握探索世界的方式。在这个过程之中，核心素养导向的教科书要直面学生"自我缺位"的现象。这种现象具体表现在学生在对教科书的理解时缺乏自主思考的能力和自身的见解，容易被教科书"牵着鼻子走"。核心素养导向的教科书想由"文本型教材"转向"体验型教材"，就要做到牵引着学生去阅读、去了解、去感受，发展学生自身的学习能力和意识。例如，相比语文教材中基础知识的传授，人文主义精神的育人价值更富有意义；相比数学教材中相关公式的掌握，思维能力的培养更为重要；相比英语教材中英文单词的识记，国际视野和文化认同感的培养更为重要。教科书虽不能直接发展受教育者诸如此类的能力，但能作为媒介提供给受教育者自主发展的学习资源来达到发展学生学会学习的目的。一个拥有健康生活的人不仅具备健全的人格还能理解生命的意义和人生价值，在调节自身情绪的同时进行自我管理。能正确地评估自我价值，选择适合自己的发展方向。教科书在这一方面对学生潜移默化地产生影响，通过课文塑造的人物或者名人事迹给学生树立榜样意识。核心素养导向的教科书在有效增强健康生活的意识、提高心理社会能力、提升生存智慧等方面的育人功能显著提升，为人类实现"生存、发展、幸福"的永恒课题奠定基础。

（三）突出学生能力发展

"一切为了学生的发展"是核心素养导向教科书编制的要旨。我国教科书的编制一向尊重学生的认知发展规律和学科知识的逻辑规律，其本身就是发展学生创造力、注意力、想象力、思维力等能力在培养学生终身学习方面的独特贡献。21世纪，人类社会已进入以知识为主导、以科技创新为动力的经济社会发展新时代，社会经济发展对人的素质提出了越来越高的要求。核心素养是对农业和工业时代"基本技能"的发展与超越，其核心是发展人的创造性思维能力和复杂交往能力。所谓创造性思维，是指具有主动进取的探索精神和好奇心，能够提出新的想法，具有创新和冒险精神；复杂交往能力指的是要具备良好人际交往的技能，能够快速处理突发情况，沉着应对危机，更重要的是具备责任担当意识和合作精神。不得不承认，未来社会需要的是思维敏捷、善于思考，能快速适应社会变化的人才，而不是故步自封、不愿思考、不会合作的人。教育的关键已不是教会学生多少知识，而是培养学生开放的学习态度、终身学习的愿景，发展学生批判思维、创新意识、创新精神、合作能力、交往能力等关键能力以适应复杂多变和不确定性的社会。核心素养导向的教科书必须站在新的立场上去看待知识，既立足过去又要面向未来，精选安排教科书内容，把基础知识学习作为关键能力提升的坚实的根基。例如，在地理学科的教科书编制中，可以把世界各地的风土人情呈现在学生面前，使学生足不出户也能够身临其境地领略课堂之外丰富多彩的世界。并从生活地理、实用地理、人文地理出发，将保护环境、珍惜资源的意识贯彻其中，让知识灵动起来，锻炼学生用整体眼光看世界、看问题，以培养学生的综合思维、跨界思维。

（四）重视学生社会性发展

"社会性"是人的本质属性。教科书要促进学生社会性发展，首先必须肯定每个学生都是作为一个"社会人"而存在，体现"社会人"的基本价值倾向。换言之，素养本位的教科书要引导学生正确看待人与自己、人与他人、人与集体、人与国家甚至人与自然之间的关系，为学生充分参加社会生活、认同社会角色、引起社会共鸣提供参考和指导。其次，素养本位的教科书要促进学生的道德发展。道德与人类的实践活动密切相关，是人们共同生活及其行为的准则和规范。教科书作为传播知识、传承教育的载体，在国民心中地位极高。但以往的教科书因过于注重学科逻辑与系统性知识结构的引导，却很少关注学生与现实生活中有关的情感世界，以及人在当今现实社会中对生命意义与价值的情感体验。核心素养强调学生社会参与，其重点是处理好自我和社会的关系，在实现自身责任和担当的前提下做到实践创新，由个人价值的实现逐步迈向整个社会的进步，将个人的幸福与国家的安危荣辱紧密联系起来。那么，核心素养导向的教科书就应该对培育学生核心素养的这些要求作出回应，承担起引导学生社会化的责任和使命。

当然，以"核心素养"为导向也不会是教科书编写的最终形态，教科书的自身发展不是一味否定过去失败的编写经验，而是从过去课程与教材编制历史中汲取精华，将教科书编写和教科书研究、教科书审核联系起来，三方联动来扩大教科书编写群体的力量。因为教科书的编制不只是一个领域或者一个单位的任务，需要调动多方资源注入全新血液，各展所长。更重要的是要让站在一线的教育工作者亲自参与教科书的编写，这才能真正提高教科书的实用性和质量，让实践经验反作用于理论。

第四节　核心素养导向的中小学教科书编制模型构建

从我国教科书编制的运作来看，教科书的编制实际上就是一个精选有利于学生素养发展的课程内容，并对其合理组织安排，为学生提供基本的学习材料，最后达成课程标准规定的总目标和教科书的具体目标，促进学生全面发展的过程。基于这样的认识，本章在参考毕华林教授走向生本的教科书设计模型①的基础上，试图构建了一个致力于学生发展核心素养的中小学教科书编制模型（图6-1）。此模型是建立在对核心素养内涵、特点以及教科书编制等相关理论分析的基础上，以核心素养为导向，以情境探究为核心，以教科书目标制定、教科书内容选择、教科书内容组织、教科书内容呈现为基本要素。尽管教科书的编制过程是一个各要素相互作用、相互制约的复杂系统，但在实际的编制过程中，基本上是按照上述思路进行。

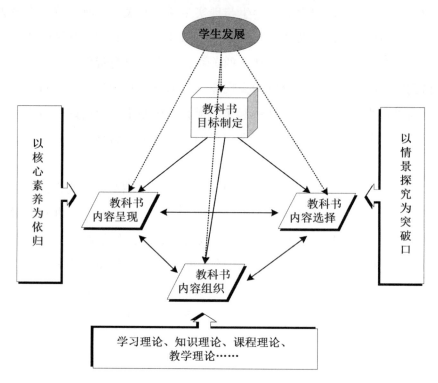

图6-1　核心素养导向的中小学教科书编制模型

一、核心素养导向的中小学教科书目标确定

没有目标，恰如没有罗盘而航行。教科书的编制需要有目标导向，它决定了教科书的主要内容与方向。长期以来，在教育研究的话语体系中，

---

① 毕华林. 走向生本的教科书设计研究——以中学化学教科书设计为例［D］. 山东师范大学，2006：66.

对目标问题关注的主要焦点是教育目标、教学目标和课程目标。随着人们对课程认识的不断加深，近几年来研究者们又开始对核心素养、学科核心素养目标进行了深入探讨，但唯独对教科书目标的研究似乎鲜有人触及。这一术语，在我国教育研究中似乎一向不被承认。正是因为教科书目标相关研究的缺失，致使教科书编者在教科书编制中常常用课程标准和教学目标来顶替教科书目标，这在一定程度上限制了对教科书的深入研究。因此，教科书目标对教科书编制及其质量保障不可小觑，确立教科书目标应该说迫在眉睫。

如何确定教科书目标，教科书的编制是否需要制定目标？教科书目标在教科书编制中有何作用？以课程目标取代教科书目标是否可行？在我国课程改革更加强调核心素养为本的时代，该如何设计教科书目标？要厘清这些认识，我们首先要对课程与教科书的目标层次进行分析。

课程目标是指导整个课程编制过程最为关键的准则，它从课程的角度规定了人才培养的具体规格和质量要求，是学生通过一定课程的学习后所要达到的预期结果。教学目标是课程目标的进一步具体化，是指导和评价教学的基本依据，它是通过教学活动所要达到的目标。教科书作为联结课程与教学的桥梁，其目标肯定与课程目标、教学内容不同。

当前，我国基础教育的培养目标是着力发展学生核心素养，这一培养目标要落到实处，就要细化到学科核心素养和具体的课程目标中，最后在教学中落实。在核心素养这一理念指导下，我国义务教育阶段和普通高中阶段的课程标准都做了进一步的修订。与以往课程标准不同的是，新修订的课程标准（普通高中 2017 版）一个重大突破在于明确了学生学习该学科课程后应达成的学科核心素养，指明了各学科核心素养要达到的课程目标、各学科核心素养发展水平以及各水平的关键表现，体现出学科独特的育人价值。例如，高中语文课程标准围绕语言建构与运用、思维发展与提升、审美鉴赏与创造、文化传承与理解四大学科核心素养阐述了要达到的十二条课程目标要求。并以语文学科核心素养及其表现水平为主要维度，将学业质量划分为五级不同水平和十九个关键表现，对每一关键表现还进行了不同层次的描述，充分彰显了语文学科独特的育人价值。这就说明，课程标准只是一定时期国家根据课程方案确定的学生学习结果的课程文件，它不可能一成不变。随着教育理念的更新、培养目标的变化，课程标准也会因时、因需而变，这从我国不同时期制定的课程标准的演变过程中可以清晰地印证这一点。因此，课程"标准"只是课程的总体目标规划，并非绝对"标准"，也不可能绝对完美。学科核心素养背景下的课程目标看似概括简明，体现学科核心素养水平的关键表现清楚明了。但在实际操作过程中，课程目标实则还是存有笼统模糊的现状，应达到本学科核心素养的关键表现看似又偏于琐碎。对于教科书编者来说，容易出现"只见树木，不见森林；只见局部，不见整体"的情况，要么只着眼于具体的知识内容，要么忽视了对学生全面发展的整体思考。

教科书的编制要依据课程标准，这一点毋庸置疑。但教科书的目标既要考虑具体的课程目标，又要反映具体学科内容，还要将具体教学内容融入其中。例如，2022 年义务教育阶段科学课程标准指出："科学教材编写应以课程标准为依据，全面落实课程理念和课程目标，使教材起到支撑教师教学、促进学生学习的作用。"[①] 2017 年版普通高中语文课程标准中就明确指出教材编写"要以培养语文学科核心素养为纲，以语文实践活动为主线，落实 18 个学习任务群的要求。"[②] 这也是说，教科书的编制既要基于"标准"，又要超越"标准"，把隐含在"标准"中未能被深入挖掘出的东西，比如实践活动等融入教科书的内容中。

因此，教科书目标就是在课程目标（课程标准）的指导下，教科书所期望的学生学习要达到的目标。从宏观看，核心素养导向的教科书目标处于一种连锁的层级关系网中，从国家总的教育目标的建立到最终学校教学达成的目标，这种联结总体上遵循"教育目标—培养目标—课程目标（课程标准）—教科书目标—教学目标"的操作路线。教科书目标既要接受上下级目标的引导和制约，又要与各个目标层级建立起内在关联，才有可能得到落实。教科书不同目标之间的关系如图 6-2 所示。

---

① 中华人民共和国教育部. 义务教育科学课程标准（2022 年版）[S]. 北京：北京师范大学出版集团，2022：128.

② 中华人民共和国教育部. 普通高中语文课程标准（2017 年版）[S]. 北京：人民教育出版社，2018：50.

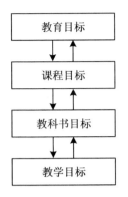

图6-2　不同目标之间的关系图

从微观看，教科书目标本身就是一个小型层级体系，包括：教科书总目标、具体（单册）教科书目标、单元或主题目标、课时或小节目标等，也要受到教科书体例结构的影响和制约。因此，核心素养导向的教科书目标有两个显著特征：

（一）教科书目标的层次性

首先，教科书目标设计要基于核心素养和学科核心素养，从体现学科本质特征的课程目标出发，依据该课程目标概括出教科书所预期的学生核心素养发展要求，作为教科书设计的总体目标，体现在教科书编制的每一个环节。如，确立的教科书目标要与课程方案和课程标准目标相一致；要符合核心素养特点，体现学科特色；要符合学生当前的心理发展水平，有一定弹性，为不同特点的儿童提供发展空间；要适合社会需要，体现时代特点和社会未来发展趋势，更为重要的是要具有可操作性与可检验性，便于教学实施。其次，教科书目标设计要基于教科书体系结构，提出教科书的具体单元（主题、课、模块）的目标，作为具体（单册）教科书设计的依据。核心素养导向的教科书具有情境性、探究性、跨学科性等特点，这就决定教科书编制既要重视学科知识的逻辑结构以保证学科知识的完整性，还要重视以培养能力或素养为主线，突出以模块或主题为单元形式的内容呈现，以帮助学生更好地理解和掌握知识，发展思维能力。如，为什么要设计这样的单元或主题？单元或者主题的学习要发展学生哪些方面的核心素养？要使学生哪些方面得到发展？等等，都要考虑进去。当然，无论是教科书目标还是具体单元或主题目标的设计，都必须是在课程标准的指导下进行。只有在深入学习和理解课程标准的基础上，制定明确具体的教科书目标，教科书内容的选择、内容组织、呈现方式等才有了指导方向，教科书质量才得以保证。

（二）教科书目标内容体系的丰富性

较之传统教科书的三维目标，核心素养导向的教科书目标是学科知识与核心素养的相互交融，一是知识与素养相互交融，二是知识与素养内部各要素相互交融。我们可以将目标内容体系简单地概括为：两条主线明暗相间，一显一隐两个中心相互交织。其中两条主线着眼于学科知识与核心素养之间的关系，一显一隐则是着眼于学科知识与核心素养各自内部要素之间的关系。

首先，教科书的整个目标以知识和素养两条主线支撑整个目标内容体系。一方面，知识有多种不同的分类，既有科学的知识、经验的知识、艺术的知识，也有横向的知识、纵向的知识，还有陈述性知识、程序性知识、策略性知识，等等。素养不仅包括知识，还是知识与技能、过程与方法、情感态度与价值观的整合。另一方面，两条主线既要保持自身内部的逻辑与连贯，同时又要相互对应，以保证整个目标的整体性。这种对应关系可以使得不同要素之间产生共力，以一者带动另一者的升华。①

其次，教科书目标围绕情境探究知识和接受理解知识两个中心展开。知识是素养发展的基础，素养的养成离不开特定的情景和问题探究，两者在目标中是相辅相成的。不管是知识还是素养，其内部要素都包含有隐性与显性成分。有些要素是外在可见的，如知识、方法等，这些属于显性层面，能够借助具体的形式加以描述；情感态度、价值观（品格）则是内隐的，而属于隐性层面的难以用具体明确的形式表达出来，需要在实践中借助情境和问题思考、探究、感悟、体验等途径来逐渐养成。因此，在教科书完整目标体系中这两者都不可或缺，需要借助不同的方式来表述，借助不同的手段和方法来培养。教科书目标内容体系具体可见图6-3。

---

① 翁秀平.融入技术素养的小学科学教科书编制研究［D］.浙江师范大学，2006：54.

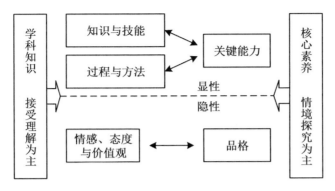

图 6－3　核心素养导向的中小学教科书目标内容体系

二、核心素养导向的中小学教科书内容选择

教科书内容主要包括两个部分：一是学科内容，即学科的主要知识体系，包括本学科有关的概念、原理、定理、公式等知识性内容；二是活动、方法、练习、技术手段等过程性内容。

（一）教科书内容选择的取向

教科书内容的选择一直是课程编制的核心问题。不少学者曾经一味将关注的重点放在课程目标的制定上，认为制定了课程目标，只要课程内容与课程目标相匹配，教科书的编制就可以得心应手了。其实不然，教科书的编制除了要考虑到与课程目标的相关性之外，还要考虑到课程内容本身是否有效、是否与学校教育的基本任务一致、是否能为学生所接受并对学生和社会发展有价值，以及其他方方面面的问题都得考虑进去。在信息时代，学校历来被看作是传授知识场所的观点将备受质疑，因为搜索引擎可以成为学生的有力助手，能帮助学生解答所有问题。承担起培养学生自主发展，提高他们感受生活和自我的能力、形成应对未来挑战的品格成为现代教育更重要的任务。这就要求，学校教育迫切需要对课程内容的选择问题作出重新思考。然而，课程与教科书内容的选择终究离不开价值的取舍，不同的课程取向对教科书内容的选择有不同的假设，在课程发展史上出现的学科中心课程、社会中心课程和儿童中心课程分别从学科、社会、儿童的立场出发来设计课程就是最好的证明。

在教科书的编制中，课程内容主要是以知识的形态体现在教科书中，究竟要选择什么样的课程内容作为教科书知识？什么知识最有价值？谁的知识最有价值？等等，成为课程与教科书内容选择的一个棘手难题。英国教育家斯宾塞（H. Spencer）在1859年提出"什么知识最有价值"的著名命题，犹如一颗炸弹扔在了教育阵营里，争论从那时起至今未休。持有不同课程理念和课程价值取向的学者，对"什么知识最有价值"的看法并不相同。认知过程取向论者认为，设计课程最关键的问题不在内容本身，而在对发展学生心智技能有帮助的某些学科内容。学术理性主义论者认为，课程内容应包括主要的学科内容以及学科里那些最具影响力的作品和思想。自我实现取向论者认为，课程应为儿童创造知识的脉络、环境或单元，而非一些学科内容。因为学习者学习不同学科的基本知识，主要是培养学习者的兴趣和才能。社会适应及社会重建论者则认为，学校课程内容应重视分析和解决有争议性的社会问题，以发展学习者的批判性意识，最终使他们致力改变社会。由此可以看出，教科书内容的选择标准必然反映教科书编者的基本立场，编者对内容选择的价值不同，其立足点和标准也就不同。

核心素养是培养学生对未来社会以及特定情境中最应该掌握的、至关重要的、最基础的关键素养，跨学科性是其最本质属性之一，实现跨学科的必备条件便是问题情境。对教科书内容跨学科性、情境性的积极关注是核心素养导向的教科书与传统教科书最显著的区别之一。只有将不同领域的科学知识与学生的态度和能力有效整合在教科书内容中，引导学生自主学习，主动探究，从而转化为学生解决问题、适应社会生活的能力与行动，学生的核心素养才有可能达成。因此，核心素养导向的教科书内容选择，既要按照学科的结构对知识逻辑做出安排，又要依据学习者的兴趣、需要和能力做出选择，还要根据社会的需要和发展加以配合。只有把这三者结合起来，才能满足核心素养导向的教科书所具备的特征。

（二）教科书内容选择的范围

波普尔在他的《客观知识——一个进化论的研究》一书中，将人类宇宙划分为三个世界："第一，物理客体或物理状态的世界；第二，意识状态或精神状态的世界，或关于活动的行为意向的世界；第三，思想的客观内容的世界，尤其是科学思想、诗的思想以及艺术作品的世界。"① 教科书的内容选择也要有助于联系学习者的三个世界。尤其是由精神、文化、语言、概念、理论以及客观知识等组成的第三世界，这是我们在教育活动中致力传播或者要培养的东西，直接指向我们的教育活动。然而，正是因为这一我们生产出来用以连接我们经验的第三世界，却成为我们在认识活动中和外在物质世界之间的障碍。因为"我们在试图继承这个'第三世界'的时候，我们一方面往往将其等同于'外在的物质事物的世界'，或认为其直接地反映甚至可以替代这个'物质事物的世界的真实'，另一方面又常常抛弃、排斥我们的生活经验世界"②。由此，造成了我们学校教育系统中的意义缺失问题。以往教科书的不足正是在于我们将所学的知识内容等同于外部的物质世界，学生只需掌握这些脱离情境的具体知识来解决生活中的问题就可以了。正是基于这样的定位，学生对教科书的知识产生了排斥心理。因为学生在校学习的内容和教科书内容脱离了学生的日常生活经验，造成了学习的意义缺失。要建立学习的意义，就要让失去真实的世界和学生的经验重新回到课堂上来，而教科书就是联系这三个世界的通道。这就决定了核心素养导向的教科书在内容的选择上，要帮助学生恰当地联系外部世界、已有的经验世界和第三世界。

当然，在实际过程中，核心素养导向的教科书内容必定是依据课程标准中的核心素养以及教科书体系编排，精心选择出来的着眼于学生素养和能力发展的具体事实、材料、情境、活动等相关的知识。这些"知识不再是一种笼统的概念，它们是有层次、有领域、有区分的；认知过程本身也有不同层次与水平，是调用不同认知活动的系统的过程。因此，课程重构中心在对全球 35 个国家的 32 个素养框架进行比较的基础上，指出面向 21 世纪的强调课程知识图景的新框架包括知识、技能、人格品质和元学习策略四个维度。在这个框架中，知识框架不仅仅应该包括传统的学科知识，如数学、科学、语言、社会学科、艺术、体育与健康等，还应该包括现

---

① 卡尔·波普尔. 客观知识——一个进化论的研究 [M]. 舒炜光，等，译. 上海：上海译文出版社，2001：114.

② 郑太年. 意义：三个世界的联系与对话 [J]. 全球教育展望，202（11）：26.

代的跨学科知识——跨学科科目、分科和主题、采用交叉专题的知识形式，以及专题的知识领域如全球素养、信息素养、系统思维、设计思维环境素养等。四维框架的提出意味着有效的学习是四个维度的多方面的综合，而'每个知识学科都有责任将技能、人格品质和元学习策略纳入与其并行的轨道'"①。

事实上，不论教科书内容如何选择，"任何一门学科都包括两类知识，一是过程方法的知识，即关于一门学科的探究过程与探究方法的知识；二是概念原理的知识，即一门学科经由探究过程而获得的基本结论，即概念原理的体系"②。为了让教科书内容更为具体明确地呈现于教科书中，核心素养导向的教科书内容至少应包括以下缺一不可、相互融合的四类知识：

1. 有利于形成学生学科概念、原理、基本思想的知识

这类知识主要是用来回答"是什么"问题的知识，大多可以用言语表达出来，是发展学生核心素养的基础性知识。教科书对这类知识的设计要将重点放在如何帮助学生有效理解、掌握这类知识上，尤其要帮助学生获得对其符号或词语意义的理解。在教科书内容设计中，要科学、合理地呈现教科书中的概念，尤其要注意概念与概念之间的内在逻辑关系。概念与概念之间往往都有其关联性，先前的概念为后续概念学习奠定基础和前提。例如，在《物理》教科书中，关于"速度"这一概念的呈现，可以改进以前以"单位时间"去定义"速度"的方法，取而代之用"比值"的方法去定义"速度"，这样就会使"速度"这一概念的定义表述更科学严密，并且为后续教科书中"加速度""匀变速直线运动"等概念的引入和学习提供很好的铺垫。历史教科书中，要先学中国历史，才能为后续世界历史的学习打下基础。体育教科书中，只有先学习移动、操控性等基本的运动技能后，才能更好地学习球类、田径等专业性的运动技能。其次，教科书要呈现新知识与学生原有相关知识的结合点，讲清二者间的相互关系，引导学生习得原理的内容，让学生能够举例说明原理，并将新习得的原理与先前的知

---

① 屠莉娅. 素养视域下的课程再造：回归课程建构的本质 [J]. 内蒙古师范大学学报（教育科学版），2022（1）：8.

② 张华. 课程与教学论 [M]. 上海：上海教育出版社，2000：198.

识融会贯通。

2. 有利于引导学生掌握方法与应用的知识

这类知识主要包括两类，即程序性知识和策略性知识，都是用来回答"怎么办"的知识。两者的主要区别在于：程序性知识是关于方法和应用的相关知识，主要就是帮助学生形成运用概念、规则和原理解决问题的能力。如：语文中的句子规则，数学、科学中大部分知识，体育中的动作技能等均属于这方面的知识。程序性知识要求在教科书中要充分设计探索性练习，通过变式练习使原理转化为支配行为的规则。例如，对相关概念、规则的学习与掌握可以充分应用正反例配置一些探索性的练习，及时引导学生将新学习的规则应用于问题解决的情境中，做到一遇到适当的条件，便能立即做出反应。

策略类知识是学习者在处理自我、他人、社会及全球等各种关系中关于个人自身的认知活动和个体调控自己认识活动的知识。它教会学生如何学习，在培养学生创新意识、创新思维中占有更为重要的地位。这类知识没有专门和具体的学科内容，它主要渗透在各科学习过程之中，强调知识的横向联系，大多以跨学科或跨领域的主题或问题的形式呈现在教科书内容中，为学生自主探究创造条件。这类知识是学生发展核心素养极为关键和极为重要的知识，目前中小学教科书中最欠缺的就是这种策略性知识，也是核心素养导向的教科书编制最需要关注的重点。在策略类知识的学习过程中，尤其是面临复杂环境时，需要学习者不断地对自己提出问题，回答问题，监控自己的认知过程才能逐步获得。但对中小学学生而言，他们有时还无法有意识地监控自己的学习过程，这就需要教科书编者要有意识地设置一些实践性的、探究性的活动或课后练习中增加对学生学习过程的指导和提示，或者留给学生一定的提问空间，引导学生一步步监控自己思考问题和解答问题的过程。

3. 有利于道德教育和促进学生品德发展的知识

道德知识主要指有利于形成学生正确、健康的情感态度与价值观等相关知识，在调整人们相互关系的观念、原则和规范中起着非常重要的作用。如正确的人生态度、健康的生活方式、积极的情绪情感、良好的行为习惯、坚韧的学习品格、主动的担当意识等。这些知识是立德树人，引领学生健康成人成才的关键知识。需要注意的是，道德教育不是一门孤立的课程，也不是一门简单的说教课程。道德的相关知识不仅体现在具体的道德教育课程中，而且在各学科的教材中都蕴含丰富的道德教育素材。数学中的圆周率、七巧板的发明，珠算的历史等都有积极的道德教育意义，都能在学习中增加学生的民族自豪感。

总的来说，核心素养导向的教科书内容选择要将学科知识和学生思维能力的培养有机整合起来，去解决现实社会中面临的各种问题，为学生良好品德形成、创造性思维培养、创新能力发展奠定坚实基础。

例如，在新修订的 2022 版义务教育课程方案中，国家对各门课程的培养目标、课程设置、课程内容、实施要求等都进行了适切性调整，各门课程都设置了相应的跨学科概念和核心概念，强化了课程学生发展核心素养的导向，凸显了课程的整体育人价值。如义务教育阶段的科学课程，就设置了"物质与能量""系统与模型""结构与功能""稳定与变化"等 4 个跨学科概念，和"物质的结构性质""物质的变化与化学反应""物质的运动与相互作用""生物与环境的相互作用""宇宙中的地球""人类活动与环境""工程设计与物化"等 13 个学科核心概念。每个学科核心概念又分解为若干个学习内容，每个学习内容的要求由浅入深，由现象到本质，螺旋上升，进阶设计。通过对学科核心概念的学习，理解物质与能量、结构与功能、系统与模型、稳定与变化 4 个跨学科概念。将科学观念、科学思维、探究实践、态度责任等核心素养的培养有机融入学科核心概念的学习过程中。[①] 可以说，它为核心素养导向的生物教科书编制提供了一种整体思路和参照。

（三）教科书内容选择的原则

教科书内容承载课程价值，体现课程内容，其内容选择必然遵循课程内容选择的准则。在课程史上，关于课程内容选择的原则，有许多课程论专家论述过，例如，泰勒从学生学习的有效性这个角度提出了十条原则[②]

---

① 中华人民共和国教育部.义务教育科学课程标准（2022 年版）[S].北京：北京师范大学出版集团，2022：16.

② 施良方.课程理论：课程的基础、原理与问题 [M].北京：教育科学出版社，2000：110.

（见表6-1），巴恩斯认为选择学习内容要遵循九条原则① （见表6-2）。

表6-1　泰勒关于课程内容选择的十条原则

1. 学生必须具有使他有机会实践目标所蕴含的那种行为的经验
2. 学习经验必须使学生由于实践目标所蕴含的那种行为而获得满足感
3. 使学习者具有积极投入的动机
4. 使学习者看到他以往反应方式是不令人满意的，以便激励他去尝试新的反应方式
5. 学生在尝试新的行为时，应该得到某种指导
6. 学生应该有从事这种活动的足够的和适当的材料
7. 学生应该有时间学习和实践这种行为，直到成为他全部技能中的一部分为止
8. 学生应该有机会循序渐进地从事大量实践活动，而不只是简单重复
9. 要为每个学生制定超出他原有水平但又能达到的标准
10. 使学生在没有教师的情况下也能继续学习，即要让学生掌握判断自己成绩的手段，从而能够知道自己做得如何

表6-2　巴恩斯关于学习内容选择的九条原则

1. 符合学生的能力和知识
2. 依据学校教育目标、价值以及适当的程序原则
3. 基于先决概念和技能的分析
4. 采用逐渐增加知识的学习模式
5. 提供配合学习目标的练习回答
6. 学习活动应有变化
7. 提供讨论和写作的机会，以促进反省和吸收
8. 给予学生应付特例的机会
9. 由熟悉的情境引导至不熟悉的情境

　　从泰勒、巴恩斯所提出的准则来看，尽管两人表述的语言不一样，但却有大同小异之处。事实上，学生、社会和知识领域是课程的三个基点，这三个因素之间存在着复杂的交互作用，随着时代的发展，各个因素本身及三者之间的关系都在发生深刻的变化。教科书内容的选择不仅要考虑到各个领域的特点及变化，而且要注意到这种特点及变化的复杂性。核心素

---

① 黄政杰. 课程设计 ［M］. 台北：东华书局，1991：274.

养导向的教科书内容也不例外，要遵循的一般准则如下：

1. 注重内容的基础性

基础性是由中小学教育是基础教育这一根本性质决定的。所谓基础性知识，一方面具有普遍性和共同性，另一方面具有迁移性、生成性和概括性。它既是掌握一门学科最必需的知识内容，同时也是学生终身学习必备的基础知识和技能。当然，传统的基础知识中一些陈旧的、繁琐的部分应当被淘汰，但是，有许多基础知识仍然是现代科学知识的基础，许多基本技能也是现代技术的基础。因此，有一些基础知识和基本技能是万古长青的，不但不应该削弱，还应当继续加强。教科书是文化传承与发展的重要载体，核心素养导向的教科书在内容选择上更加注重中华优秀传统文化教育、革命传统教育和国家主权意识的教育内容，让学生不再局限于掌握有关传统文化的知识，更重要的是去感受古人身上的优秀品质；更加关注的是学生的内涵式发展、文化素养的形成以及人文情怀和人文精神的培养。

2. 注重内容与社会现实的一致性

马克思指出："我们只能在我们时代的条件下进行认识，而且这些条件达到什么程度，我们便认识到什么程度。"这清楚地说明了社会实践对认识的制约和推动作用。对于课程学习，如何选择课程内容，达到什么水平，最终取决于社会发展水平。换言之，课程内容的选择始终与社会实践相结合。自觉反映社会实践的要求，主动适应社会发展的潮流，既是课程内容存在的前提，也是其发展的动力。脱离社会现实的课程内容一直是教育改革者攻击和改革尝试的重点。20世纪初，一些教育工作者曾注意到课程内容要以社会生活需要为出发点，但他们走向了极端。杜威试图用"活动课程"和"做中学"来实现与社会的联系。结果，学生的科学知识质量下降，学生发展的后劲受到影响。

核心素养导向的教科书内容要紧跟时代潮流，反映社会进步与科技发展，如人工智能、嫦娥工程、共享经济等；要具有全球意识，反映国际社会关注的重大问题，如环境问题，公共卫生安全问题、和平问题等；要关注新思想，反映体现时代特点的价值观念，如创新精神、合作意识等。以体育与健康教科书为例，体育与健康教科书以运动技能知识、健康知识为核心内容。其中，运动技能类包括田径类、球类、体操类、游泳类、武术类等，健康知识包括生活方式与健康、饮食与营养、心理健康与社会适应、安全运动与生活、疾病预防等，那么核心素养导向的体育与健康教科书在传承这些内容的基础上，也应纳入"环境教育、性别平等教育、生命教育"等多元教育内容，体现教科书紧跟时代发展的要求。

3. 内容贴近学生生活

杜威在《经验与教育》中提出，"教学应该从学习者已有的经验开始：这种经验和在学习过程中发展起来的能力为进一步的学习提供起点"①。经验从何而来？那就是从学生的日常生活中获得。可见，生活化的教科书内容以人为主体，从学生日常生活中取材，反映其真实的生活世界，并且关注现实的社会生活问题。核心素养导向的教科书在内容的选择上要力求贴近学生生活，精选与学生日常生活密切联系的知识，结合学生经验，尊重学生兴趣和需要，让学生在生活中徜徉于知识的海洋。例如，部编本语文教科书中诸如《四季之美》《麻雀》《大小多少》《吃水不忘挖井人》等一系列课文就与学生的生活息息相关，同时为学生提供了有关生活常识、生活规律和生活技能方面的基础知识，也为学生认识自然规律、体验社会生活提供了丰富的素材。

4. 内容具有整合性

学科课程内容丰富而广阔，教科书内容选择要深入课程平衡的内隐机制去考虑、探究其整合与平衡的问题。一是内容的广度和深度的整合。教科书内容广度的增加在一定程度上就在构成新的深度或难度，广度不可能无限增加，深度也不可能无限减少，只有使二者处于动态整合及平衡过程之中，才可能实现教科书内容的基础性和先进性。二是情感、态度价值观与知识之间的有效整合。知识与技能、过程与方法、情感态度与价值观三维目标在教科书内容中应该得到有效融合，彼此渗透。特别是情感、态度价值观与知识间的融合，要符合学生的思维习惯和认知水平，更重要的是养成学生宽容乐观的人生态度和求实求真的科学态度。比如，我们在设计探究性的教科书内容时，可以蕴涵求真、探索的科学精神。三是理论探讨与实践探索过程的整合。教科书要向学生呈现开放性的素材，引导学生在

---

① 约翰·杜威. 经验与教育［M］. 北京：人民教育出版社，2005：263，264.

问题情境习得知识。四是学科内容之间的整合。课程内容的综合性要求将教科书各学科内容进行有效整合，使内容呈现出一定的系统性和整体性，有利于学生建构自己的知识网络结构。

5. 内容具有关联性

教科书内容的关联性是指"学科内容的选择、活动设计与学生发展核心素养养成的有机联系"①。由于核心素养导向的教科书内容具有学科和素养发展双重价值。基于学科价值的教科书内容看重学科逻辑和学科知识体系，指向的是有关该学科的显性事实的呈现；基于素养发展价值的教科书内容指向各学科的显性事实或概念性知识背后所蕴含的方法性知识与价值性知识，从而将学科知识的学习引向对学生的发展更具有深远影响的意义获得。意义获得不排斥但也不能止步于显性的事实或概念性知识的学习，因为它们是意义获得的前提。② 这就决定了核心素养导向的教科书既要依据学科内容价值来选择教科书内容，又要依据核心素养价值来选择教科书内容，在遵循课程整合原则的基础上，更要重点突出两方面：

第一，重视以学科大概念为核心，让课程内容结构化。学科大概念反映学科本质，指向具体学科知识背后更为本质的、核心的概念或思想。它简化教科书内容的容量，将零散的知识点联系起来，使不同学科知识纵横串联，将知识、技能、经验、观念等有效地整合，力求突出本学科的内容重点，是知识转化为能力素养的重要途径。

第二，将探究作为重要的教科书内容，让课程内容情境化。所有的知识都是探究的结果，学生知识技能的获得过程，就是理解、探究和形成价值观的过程，对学生素养发展具有不可替代的价值。核心素养导向的教科书在重视素养与能力发展的同时也重视知识的传递，但与传统教科书的内容选择有着明显的区别：那就是它不是直接向学生提供或呈现知识内容，而是更多地给出线索与指引，鼓励学生自己对知识点进行归纳与演绎，强调知识内容的过程探究性与过程生成性。这种探究性与生成性需要基于问

---

① 中华人民共和国教育部. 普通高中课程方案（2017 年版）［Z］. 北京：人民教育出版社，2018：8，9.

② 李润洲. 学科核心素养的培育：知识结构的视域［J］. 教育发展研究，2018（Z2）：48.

题情境以及生活性的知识经验。这就是说，核心素养导向的教科书内容不只是为了掌握知识与技能，更重视将知识技能与复杂的社会生活和现实世界关联起来，寻找学习的生活价值、社会价值与实践意义。因此，教科书内容的选择要重视课程内容与社会生活、职业发展的内在联系。既将科学探究的过程与方法作为学生学习的对象，又将知识的学习融入到有关的社会现象和解决具体的社会问题之中，让学生走进社会生活、融入社会生活，促进他们良好品德的形成，实现社会性发展。

概而言之，制约教科书内容选择的因素很多，在教科书内容的选择上，应处理好社会、学习者、知识等因素的关系。与此同时，教科书内容的精心选择与教科书编者坚实的学科基础不可分割，孤立地、片面地强调某一因素对选择教科书内容的制约作用，势必导致其内容的片面性。

三、核心素养导向的中小学教科书内容组织

一般来说，精选完教科书内容后，就进入了教科书内容的组织环节。一套优质的教科书往往以其科学严谨的内容为根本，再通过合理的编排方式使其锦上添花，这两者相辅相成、缺一不可。教科书内容的组织是在课程观和教科书观的指导下，通过各种形式、方法和手段妥善地将教科书内容组织成最优化的教科书结构。教科书的内容组织通常需要考虑四个方面：一是教科书内容的结构与主题是否清晰和前后一致；二是教科书呈现的信息是否精确和连贯；三是教科书概念的表达与解释是否清楚明了；四是教科书对学生是否具有适切性。实际上，教科书结构是一个人为的知识结构系统，直接受制于编者的课程观，编者的课程观不同，形成的教科书结构也不同。

（一）教科书内容组织的准则

通常来说，教科书的组织包括三个层面：一是宏观层面，指向不同年龄段、不同年级间的衔接与组织；二是中观层面，指向一册教科书不同主题单元之间的衔接组织；三是微观层面，指向教科书主题内部之间的衔接与组织。这三个层面实际上构成了教科书组织的两个维度，即垂直组织和水平组织。

所谓垂直组织，是将教科书内容按纵向的发展序列组织起来。教科书内容之所以有垂直组织的必要，是因为人的身心发展有阶段性，学科知识

的演进也有逻辑序列。垂直组织教科书内容要遵守两个基本标准，即连续性和顺序性。连续性是直线式地重复主要的教科书内容。例如，在数学课程的学习中，先学习的公式定理要在后续学习中重复出现，以不断得到巩固。顺序性又称序列性，是按照学科的逻辑体系和学习者身心发展的顺序，将教材内容由浅入深、由简至繁地组织起来。顺序性强调教科书内容的拓展和加深。"美国著名课程论专家塔巴（H. Taba）曾指出，一般人对顺序性的处理往往只关注内容而忽略过程，这是片面的。课程内容组织不仅要关注内容的顺序（逻辑顺序），还应关注处理内容的心理过程的顺序（心理顺序）。当泰勒最先提出顺序性的时候，他似乎只强调课程要素的逻辑顺序，而塔巴主张逻辑顺序与心理顺序的统一，这是对泰勒的发展。"①

所谓水平组织，是指将教科书内容按横向（水平）关系组织起来。学生的经验和生活本来就是整体性的，但由于社会分工、学术传统、教育传统等原因，学生的完整经验和生活被划分为不同的学科领域，按不同的学科进行培养。但学科知识具有整体性，它们是相互联系的网络结构。因此，无论从学习者的经验的性质，还是从社会生活和学科知识本身的性质，都需要横向组织教材的内容。整合性是教科书内容水平组织的基本标准，是将所选出的教科书内容在尊重差异的前提下将其整合为一个有机整体。

整合性强调课程内容之间的横向联系。组织的这些内容应能够帮助学生逐渐获得统一的观点，并使他们的行为与他们正在学习的课程要素统一起来。比如，在数学课的学习中，培养学生处理数量问题的技能固然重要，但更加重要的是，要考虑这些技能如何在社会学科、科学、生活中有效运用。培养这些技能，不是仅仅作为用于某一学科的孤立的行为，而是使它们逐渐成为学生全部能力的一部分，以便他们用到日常生活的各种情境中去。相应地，在社会学科概念的发展中，重要的是让学生了解这些概念如何与其他学科领域正在进行的工作联系起来，从而使学生的观点、技能和态度逐渐协调一致。

教科书内容的整合性包括三个方面：第一，学生经验的整合。每个学生的需要、兴趣和经验都是一个独特的、相互关联的统一体，是每个学生

---

① 张华. 课程与教学论［M］. 上海：上海教育出版社，2010：233.

的整体个性。学生在不断学习和发展的过程中，要让新的学习经验与已有的经验在互动中不断融合，使自身的经验不断成长，个性不断提升。第二，学科知识的整合。通过课程的水平组织，在相互尊重的前提下融合不同学科的知识，消除学科间的对立，使学科知识健康发展，最大限度地发挥学习者的累积效应。第三，社会生活的整合，或"社会相关性"。内容围绕社会生活的需求整合为一个内在联系的整体。

　　教科书良好的组织结构是确保教科书质量的关键。素养本位的教科书内容组织应围绕知识与素养两条线索展开。一方面依据学科内在的知识逻辑演进序列，考虑学生已有的知识储备和不同年龄阶段学生的接受程度，将学科内容有层次性、有阶段性地分布。另一方面，要关注学生的生活经验与社会生活，将学科知识与学生已有生活经验、社会生活结合，从而激发学生的学习兴趣与创造力。

（二）教科书内容组织的取向

　　在前面关于教科书编制的论述中已经谈到，教科书内容的组织受特定课程价值的支配，其背后必定折射出编制者特定的课程观。因此，并不存在放之四海而皆准的固定的、通用的教科书内容组织模式。在课程发展史上，课程编制有学科中心、学习者中心、社会中心和学科、学习者、社会三者混合的四种课程取向。学科中心主张从体现人类文化科学知识精华的学科为中心来组织课程，学习者中心主张从儿童的兴趣、需要为中心来组织课程，社会中心主张以学生生活或社会问题为中心来组织课程。混合取向强调学科、学习者和社会之间的整合，认为人类经验本身就是整体性的，任何人为地孤立和片面强调人类经验的做法都无助于人类经验的健康发展。

　　事实上，任何取向的课程组织都不否认其他模式的价值，它们之间的主要区别在于课程组织的中心与结构的异同。学科取向将课程组织的核心立足学科，主张按照学科逻辑来组织课程内容，它既不否定学生兴趣和发展的重要性，也不否认社会问题在课程组织中的价值；学习者中心取向主张从学生的兴趣和发展来组织课程内容，既不否定学科知识的逻辑顺序，也不否认社会问题在课程组织中的价值；社会问题取向的课程组织核心是将主要问题纳入社会生活情境中，既不否定学科知识的逻辑顺序，也不否认学生兴趣和发展在课程组织中的价值。

相应地，根据课程不同的组织中心和结构形成了直线式、螺旋式、范例式等不同的教科书类型或结构。直线式体例结构考虑到了学科知识的内在逻辑体系，有利于帮助学生理解和掌握系统文化知识；螺旋式体例结构较好地将学科逻辑与学生的心理逻辑结合起来，容易适应各年级学生的思维特点；范例式体例结构通过范例的传授与探索过程，使学生的认识从个别到一般，从具体到抽象理解和掌握知识的科学方法，能提高学生的独立思考能力和判断能力，培养学生学习的主动性和创造性。

课程的本质是学科知识、学生经验、社会生活经验三者的有机统一。教科书内容作为课程目标的具体体现和集结点，必然涉及学科知识、学习者和社会等三方面因素。学生发展核心素养的目的就在于帮助学生个人适应未来社会生活目标，促进个人发展和有效参与社会活动，需要培养的重点是人在应对繁杂多变与不确定性的未来社会的审辨思维、创新能力、沟通能力、合作能力、信息素养、社会责任等综合能力。教科书要承载发展学生核心素养的功能，也必然要重视学科、学习者和社会三者之间的整合。然而，教科书又是为教学服务的，教科书的编制也必须合乎教学实践。只有将学科知识、学习者经验、社会生活经验与学校教育教学实践相关联，教科书才能称得上既符合学科逻辑，又适合学生发展逻辑的颇具理论与实践价值的教科书。

因此，整合学科、学习者和社会的混合组织教科书内容取向，协调学科逻辑顺序、学习者认识顺序和心理发展顺序相统一，同时关照教学实践的教科书组织结构是素养本位教科书的必然选择。要较好地兼顾教科书知识的完整性、学生心理发展特征以及教学实践的统一，突出主题式单元设计，是教科书较为可取的一种编排方式。因为主题式学习是以主题为核心融合学科知识，并关注学生发展的社会问题来构建课程内容。这样组织的教科书内容经过了结构化处理，打开了学科边界，拓展了与主题课程相关的内容，是实现学习领域目标和培养学生核心素养的重要载体，有利于学生知识、能力、态度和品质的综合发展。

（三）教科书内容组织的要求

从教科书内容组织的取向可以发现，素养本位的教科书内容组织实际上要遵从三条主要逻辑：一是教科书的"学科知识逻辑"，即教科书的内容结构要科学合理，知识的呈现以及各知识点之间的串联要符合学科本身的特点与发展脉络，体现知识的科学合理性；二是教科书的"心理发展逻辑"，即教科书的结构体系要符合学生的认知发展规律和学习规律，体现学生学习教科书的主体性；三是教科书的"教育教学逻辑"，即教科书的内容体系要符合学科教学的规律，有利于师生的实际课堂教学。

学科、学生心理发展、教学这三条线相互交织，构成教科书内容组织的三维立体空间（见图6-4）。学科知识有着自己独立的学科体系、学科性质与目标，经过组织的教科书内容不仅利于学生掌握理解知识，形成知识的网络结构，还能帮助学生获得方法，发展思维。同时，教科书内容也必须与学生认知心理结构相适应，知识设计要从学生已有经验出发，由易到难、循序渐进来组织学习内容。更为重要的是，教科书内容组织还要以社会为载体，由社会问题与学生感兴趣的问题或主题来统整知识与能力，使学生知识、情感、能力、品格等素养全面交融，兼顾学科发展逻辑和心理发展逻辑螺旋上升。

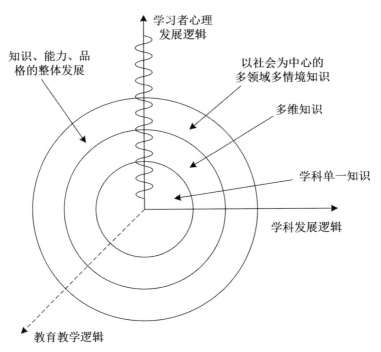

图6-4　核心素养导向的中小学教科书内容组织图

具体来说，在组织教科书内容时要重点关注以下几方面：

1. 确定教科书的单元主题

单元是构成教科书内容的一个个有机单位，我们通常称之为"章"或"节"。"章"一般是围绕某一主题或观念而展开的系列学习活动；"节"一般是围绕某一概念或问题而展开的具体学习活动。教科书是由知识内在联系形成的若干个主题单元组成，每一单元内容都有其固有的结构要素，这些要素的不同组合形成了教科书的单元结构。如，有以突出概念原理等内容为主的"理论主题"，有以体现科学探究过程和方法为主的"过程主题"，有反映学科基本观念为主的"观念主题"，还有联系社会生活内容为主的"社会主题"，等等。

一般来说，一个完整的教科书单元主题都由三部分组成：一是知识点或知识体系；二是知识陈述、图式或范例；三是知识复习或应用练习的题例。在组织教科书的这些内容时，要对单元主题的这些构成部分进行分析，研究它们之间的关系和联系方式。如，是否依据各类知识的特点形成系统的知识主题，或以社会问题为核心形成不同的社会主题，或将不同类型的知识相互融合，形成有利于学生学习的综合性主题。也就是说，我们在编制教科书某"章"的主题时，要对这"章"的教科书内容作系统构成分析，让学生知道这些内容在该"章"乃至在该教科书整个知识体系中的地位和作用，具有什么教育功能。同样，当进行具体某"节"的教科书主题分析时，也要把这个主题置于整个"章"的系统中，看一看它在教科书的该"章"中处于什么特殊地位，能发挥什么特定作用。

素养本位的教科书单元主题的确定，应加强学科、学生和社会三者的融合，努力构建综合性的单元主题。既要根据每个主题单元的内容与特性，将知识与素养发展互相渗透融合，又要根据学科特点与学生实际，社会生活进行整体规划，将不同主题单元、不同年段、不同年级之间知识与素养妥善衔接。

例如，"部编本"语文教科书的内容组织就是采用"双线组织单元结构"，一条线索是按照"内容主题"（如"修身正己""至爱亲情""文明的印迹""人生之舟"，等等）组织单元，课文大致都能体现相关的主题，形成一条贯穿全套教材的、显性的线索，但又不像以前教材那样给予明确的单元主题命名；另一条线索是将"语文素养"的各种基本"因素"，包括基本的语文知识、必需的语文能力、适当的学习策略和学习习惯，以及写作、口语训练，等等，分成若干个知识或能力训练的"点"，由浅入深，由易及难，分布并体现在各个单元的课文导引或习题设计之中。每个单元都有单元导语，对本单元主题略加提示，主要指出本单元的学习要点。①

再如，像数学等实践性较强的科目，在教科书的编排上要注重以单元的形式构建知识团。通过合理的编排，使学生建立起完整的知识体系，完善学生的认知图式，使学生认识到知识并不是一个个孤立的个体，各个知识点间都具有内在的联系。鄂教版普通高中数学教材就十分注重"知识团"的构建，对许多单元的内容都进行了整合。例如，在"空间几何"部分，"棱柱、棱锥、棱台和球的表面和体积"部分的内容是由图形理解、图形绘制和图形区域的面积计算的逻辑顺序组成和分布的，这样就可以给学生创建一个完美的知识体系，逐步提高学生的空间想象力。苏教版普通高中数学教材在促进学生知识、技能的学习过程中，特别重视学生探究能力和思维能力的发展。教材内容是通过"'问题情境—学生活动—意义建构—数学理论—数学运用—回顾反思'等内容组织形式，引导学生主动提出问题，为了解决问题而寻求解决的方法，从而建立数学，在获得数学理论之后通过辨别、变式训练、解决简单的问题、解决复杂的问题等环节逐步进行数学运用，在运用过程中充分理解数学内容，之后进行回顾反思，获得升华"②，发展数学核心素养。

2. 体现单元主题的层级化编排

单元主题的层级化编排是指在进行教科书内容组织时要关注概念与概念之间的内在联系与层级关系，以引导学生构建科学合理的知识网络。教科书内容是基于核心素养精选出来的素材，涵盖了课程标准中所规定的关键性知识，但这些知识不是一个单独的个体，有其遵从的内在逻辑关系，按层级可以划分为核心知识概念、重要知识概念以及次位知识概念。

以具体学科核心素养导向的教科书编排为例，教科书的每一章中需要

重点安排的是重要概念，而每一节中需要着重体现的是次位概念。章与章之间的重要概念相互联系，节与节之间的次位概念相互串联，章节之间相互融通以建立学科课程知识的核心概念。教科书的内容组织需要强化这种概念之间的沟通，以整体框架、章、节、选文、练习的概念叙述形成概念层级系统，努力构建出教科书内容组织层级化的特点。比如，体现重要概念的章的编排需要将知识概念与学生素养的发展看得同样重要。章的结构可由章导语、图片、经典诗歌名句组成，图片的选择不仅需要契合本章的学科知识，还需保证美感，以带给学生视觉上的审美体验，从而在章导入时便激发学生浓厚的学习兴趣。章导语、经典诗歌名句等与之相得益彰，以创设出真实问题情境，在情境中体现出本章需要学生掌握的重要概念，为学生对本章知识概念的建构以及素养的发展做好铺垫。而体现次位概念的节的编排也需要得到关注，每一节可以从"问题探讨"栏目出发，以基于问题、基于项目、基于情境的素养发展角度，激发学生对次要概念学习的兴趣。"问题探讨"栏目的设置可由图片、情境以及问题三部分构成，问题与图片用来创设情境，基于情境来选择与提出问题，三部分相互协调配合，引导学生进入情境之中，增强学生的学习体验感。当然，值得一提的是，在创设情境之后教科书正文要以文本形式突出章节的知识概念，以构建学生完整的知识体系。

3. 关注教科书内容的学习活动设计

核心素养导向的教科书编制遵循的是素养与能力发展的生成逻辑，教科书内容组织在重视知识获取的同时，更重视学生获取知识的能力，突出学习的探究性与生成性。因此，要对精心选择的教科书内容进行结构化、情境化、活动化的编排，为学生的积极参与、主动发现、自主构建留有充分的生长空间。

以地理学科为例，地理实践能力既是学生内隐的核心素养，又能够通过其外在的具体行为表现而得到呈现。如何组织编制核心素养导向的地理教科书内容呢？首先，要注重培养学生收集和处理地理信息的关键能力，在每一小节通过"活动"栏目设置问题，以问题引出每一小节的相关学科内容知识。在解决问题的过程中，让学生通过对知识信息进行针对性的收集与处理，从而提高他们处理信息与解决问题的能力。其次，要关注学生交流协作能力的培养。课程内容的安排应该要求学生进行合作探究的小组性学习，在与他人信息交流与分享的实践过程之中，增强学生的合作意识和能力。最后，教科书还要注重培养学生的反思意识。例如，地理教科书中的"活动"栏目在设计时要求学生对黄土高原地区气候与环境的资料进行查找与收集，并要从当前发展困境与未来转型方向提出自己的见解，从而提升学生的问题反思意识。

中小学教科书作为学校开展课堂教学活动的重要资源，引导学生积极参与学习过程的多种活动是非常必要的。这既是中小学教科书的一个关键特征，也是衡量教科书编制质量的重要指标之一。在教科书的编制过程中，通过自主、合作、探究三大新型学习方式的推动，创设良好的学习情境，开展有效的学习活动，为培养学生的核心素养提供了坚实的基础。

（四）教科书内容组织的策略

1. 创新教科书的单元组编模式

尽管传统教科书在编排体例上也不乏文体组元、思想组元、训练点组元等尝试，而且除选文系统外，也有知识系统、练习系统，等等。但总体而言，这种单元组编的形式在实际教学中仍需要依靠教师对教科书内容的再次研读和开发，以进一步提炼出本单元的核心素养。核心素养导向的教科书编写要重视对单元结构要素的重新组织，将整本教科书分为若干个专题单元组成，每一单元内容都有其固有的结构要素。而单元结构要素我们可以将其划分为以下不同的部分，如单元专题、单元专业技能发展指标、活动设计、专业知识等。单元专题是用来区分单元学科知识性质维度的结构；单元专业技能发展指标则相当于通过本单元的系统学习后，学生应该达成的主要发展指标，简而言之就是教科书一个单元的学习目标；活动设计是承载一个单元教与学的具体活动安排，是串联整个单元的桥梁，既要包括丰富的学习资源又要尽量避免与选文内容知识的重合；专业知识则是指教科书中随文出现的并伴有解释的专业术语和专业知识，这是学生拓展知识面的一个有利渠道。对单元进行重组主要是为了避免教科书中出现的如选文互斥的现象，从而提升教科书内容编排的科学性与合理性。

以最新统编版高中语文教科书的单元编排结构为例，其突破了以往的单线组元形式，而突出以"语文素养"和"人文主题"双线组元的单元结构。其编排特色体现出统编版教科书非常重视"语文素养"中各基本要素的落实。一方面,教科书的每一单元按照语文知识的选文维度将与主题相关的内容编排在一起,形成了一条明显的贯穿于整个教科书框架结构的显性逻辑;另一方面,教科书的每一单元又根据学生的身心发展规律将"语文素养"中各要素以知识点的呈现方式,有组织有计划地嵌入各个单元之中,形成了教科书体例结构编排中的一条隐性逻辑。这种编排方式打破了以往许多版本的教科书在进行语文知识点编排时的弊端,如知识点的分散、知识点关联性不强、知识点素养化特征弱等。统编版教科书将语文素养中的各要素由易及难、有条不紊地分布于教科书的各大栏目板块之中,以帮助学生构建整体的知识网络体系,有效培养了学生的语文素养。

值得一提的是,在统编版语文教科书的古诗文学习中,为了贯彻对学生语文素养的培养这一原则,许多课文后面以"补白"的形式补充了课文中相关的语文知识点。如,七年级下册《古代诗歌五首》课文后面补充语法知识"主谓短语";《鱼我所欲也》课文后面补充了关于国文的学习,等等。

2. 突出教科书内容结构的素养化

教科书内容结构的素养化可以通过凸显教科书核心概念,明确学习方法策略,强化思维训练等方式来完成。

首先,在进行教科书内容结构组织时,应通过全方位、多角度、立体化的形式来引起教科书使用主体对核心概念的关注。教科书每一小节的导语栏目应该点明本小节学习聚焦的学科核心知识概念,在课后栏目中通过探究实践以及思考讨论等栏目的设置组织学生进行学习活动,以帮助学生建立概念。

其次,明确学习的方法策略。核心素养导向的教科书不仅要帮助学生获取知识,更要从"教会知识转向教会学习"。

例如,统编版小学语文教科书的编制就非常注重学生对语文阅读策略的掌握。小学中高学段每学年上册的语文教科书在体例结构上都精心编排了一个阅读策略单元。单元的设置是以某一具体阅读方法策略为教学点,围绕这一策略进行教科书内容的组织和安排,其目标是引导学生掌握这一策略方法以迁移至后续的阅读学习之中。统编版语文教科书的这一体例结构明确了"阅读策略"这一概念，通过提高学生的阅读策略意识，引导学生有意识地根据具体的阅读情境选择和运用阅读策略方法。

第三，强化思维训练。思维是一个抽象层面上的概念，在实际的学科教学中，对于学生的思维训练都隐藏在具体的教学活动之中，未能在教科书中得到明示与呈现，这使得教师在依据教科书进行教学活动时很容易忽视对学生思维训练的培养，从而导致学生"想得少"而"记得多"。核心素养导向的教科书编制不仅可以通过活动设计来加大对学生思维训练的培养，还可以设计相关的"思维训练"栏目板块，以提高实际教学过程中对思维训练的重视程度。强化教科书中的思维训练，使学生的思维训练更加系统全面，从而使学科核心素养的培养更加显性化。

3. 重视架构教科书内容的支架体系

支架式学习是建构主义学习理论提出来的一个重要思想。在教科书中，支架主要指的就是教科书编制者专门为教科书使用者提供的，以方便其快速了解教科书内容结构，掌握知识点分布，最大程度上开发和利用教科书开展教学活动的工具。架构好教科书内容的支架体系，可以帮助学生更好更深入地理解教科书内容。支架可分为技术型支架和教学型支架两种类型。技术型支架包括目录、序言、索引、使用说明、页末注释等，这类型的支架更多层面上是为了提供给教科书使用者更高效使用教科书的一种帮助手段；教学性支架包括前言、教学步骤、习题解答、使用建议、方法论注解等，这类型的支架则更多是从教学过程的层面出发，为教师的教以及学生的学提供帮助的手段。核心素养导向的教科书在搭建教科书内容的支架体系时需要花费很多功夫，毕竟学科知识可以借鉴原有的编制经验并遵循其知识逻辑，而教科书内容的支架体系架构则需要不停的摸索和更新。

四、核心素养导向的中小学教科书内容呈现

教科书内容在经历选择和组织后，就进入完成教科书文本设计的最后一道工序——教科书内容的呈现。这也是教科书编制中的重要环节。教科书内容呈现主要解决的是如何有效地将教科书要传递的内容信息呈现给学生，呈现过程中应注意哪些因素。素养本位的教科书内容呈现要注意两个方面：第一，要尽量从学生的生活经历中充分调动学生参与学习的积极性；

第二，要引导学生运用多种探究方法主动学习和获得知识，充分体现学生科学探究的基本过程。

（一）教科书内容呈现的原则

1. 以核心素养为特色，突出教科书的编制理念

在传统观念里，教科书担任的是"知识源泉"的角色，主要功能是呈现完整的知识体系。基于知识本位的课程价值取向，教科书只需呈现该学科完整的知识结构供学生学习即可。而在素养本位时代，教科书不只是传递知识的工具，还要成为促进学生全面发展的助力者。而素养是一个整合了知识、能力、情感、态度、价值观的复杂体系，教科书要承担发展学生核心素养的功能，就必须根据核心素养的内涵、特点来设置相关栏目，优化教科书的呈现方式。

例如，在苏教版普通高中语文课程标准实验教科书中，围绕高中语文课程目标和学生学习目标，以探究为核心，创设了"文本研习""问题探讨""活动体验"三种呈现方式。虽然这三种呈现方式的侧重点不同，但各有侧重而又相互融通。"文本研习"以提供典范性阅读文本为主线，根据创设阅读对话情境──引导学生参与阅读对话──表达交流阅读的体验感受的思路进行，使学生解读文本、鉴赏作品的能力得到了提高。"问题探讨"主要以引导学生发现问题──分析问题──解决问题──提出有价值的问题的思路展开，学生在问题探讨过程中，不仅发展了理性思维还培养了他们的批判意识。"活动体验"围绕人文内涵性专题和学习要求，将具体的学习材料融入各种丰富多样的语文实践活动中，引导学生在活动中体验、思考与探究，在综合性活动中提高了学生的语文素养。整个教材的呈现方式是以"探讨"为核心，以"研习"为基础。"研习"中有"探讨""活动"，"探讨""活动"中有"研习"，贯穿语文学习的整个过程，形成了教科书的一大鲜明特色。

2. 综合考虑教科书的学科特性与学生学习心理特征

每个学科都有其自身的学科特征，核心素养落实到学科中就叫做"学科核心素养"。学科核心素养是把核心素养更加细化的具体实施和落实，通过各学科独有的特色来更精准地培育学生。

例如，在英语教科书的编制中，重要的不是突出内容的深度，而是培

养学生的语言感知能力，俗称语感。英语教科书的编制就要多利用拓展板块，增加经典名著阅读、报刊赏析、综合语言实践等知识，让学生的视野立足世界。同时还要设置视听说板块，对个别学生专项练习，达到针对性提高的教育效果。

在音乐教科书的编制中，就要善于启发引导学生寻找自己的兴趣点和爱好，重点并不是"教音乐"而是让学生"悟音乐"，把音乐作品赋予人文意蕴，丰富生命内涵，让学生在音乐赏析中思考人生，放飞梦想。

在美术教科书的编制中，重点要培养学生的审美能力，不能过于抽象让学生感觉艺术高不可攀。要加强"物我对话"，留足空间让学生自由发挥，脑洞大开，引导学生把艺术创造当作表达自己的途径，为学生未来长远发展奠定基础。

在体育教科书的编制中，虽说体育必须要注重课外训练活动，书本的指导必不可少。但更重要的是要培养学生阳光的心态、健康的体魄和良好的意志作为最终的追求。

学习是学生主动参与情境并自主构建知识结构的活动，通过认识、理解、掌握客体的内涵与关系，进而获得理性认识，构建自身知识网络的过程。核心素养导向的教科书编制要把握学习的本质，立足于学生发展的需要，以此为切入点来改变学生的学习方式。教科书内容的呈现要引发学生的有意义学习，提高学生自主学习的能力，形成学生的开放式学习。学习素材是帮助学生学习的重要支架，在丰富学生知识领域、拓展知识面、识得知识技能等方面发挥着重要作用。核心素养导向的教科书需要培养的是学生选择并建构知识的能力素养。因此，在编写时需要通过呈现丰富多样的学习素材来引导学生的选择与建构。

以统编版历史教科书为例，在"中华文明的起源与早期国家"这一小节中，为了拓展学生的历史知识与呈现更丰富的历史信息，教科书展示了非常充足的学习素材。例如：关于历史概念的关键文字介绍、真实记载的历史史料、珍贵稀奇的历史文物、不同历史时期的国家变迁图，等等。丰富的图片素材呈现较过去有了很大比例的增加，其用意在于强化学生的历史时间与空间观念。而且，教科书呈现学习素材不是进行简单的累加，而是整体统筹并妥善协调了素材之间的陈述关系。首先，以图辅文、图文互证，产生了很好的叙述美感；其次，以问引叙、叙问结合，建构了很好的思维场域。

（二）教科书内容呈现的要求

1. 知识呈现方式多样化

首先，课程知识的呈现要体现情境化。情境化的课程知识呈现方式我们也可以称之为"情境刺激"策略。斯金纳认为，学习是指有机体在某种情境中自发做出的某种行为由于得到强化而提高了该行为在这种情境刺激下发生的概率，即形成了这种行为反应与情境之间的联结，从而获得行为经验。可见，教科书中所承载的课程知识在进行呈现时就要通过创设良好的学习情境，让情境与知识的学习两者相融合。而且，课程知识的呈现方式需要将其放置在能够发生应用的真实的生活情境之中，从而建立起知识与实践应用之间的联结。

核心素养导向的教科书编制要合理运用"情境刺激"策略，也就是说，教科书要通过情境的创设从而引入新知识新内容，引发学生的认知需求，激发学生的学习兴趣。这种策略在教科书中的运用具体可以通过以下两种方式进行：

一是通过问题情境的创设引入教科书中的知识内容。以地理教科书中的"地球的运动"为例，在学习这一内容之前便可以安排探索栏目。探索主要是为了联系本内容知识点以创设出问题情境激发学生的求知欲并锻炼学生思维，问题可以创设为：准备一个地球仪和少量有颜色的液体，将液体顺着地球仪顶端滴下后再轻轻转动地球仪，观察转动前和转动后液体的流动路线变化是否是一样的，这样的知识呈现方式不仅创设了实验问题情境，也无形中培养了学生的观察能力、动手操作能力。

二是通过问题情境的创设引入新知识。这些类型的知识属于课程标准中需要学生了解的次位概念知识。因此，可以以问题创设的形式引发学生去课后进行学习与思考。如图 6 - 5 是人教版小学数学教科书中一个属于科学情境的素材，将我国的科技发展以图片形式展现给学生，开阔了学生的视野，利于培养他们的科学理性思维，让学生为我国科技进步感到自豪，同时能增进他们对国家的深厚感情。

5. 地球直径 1.28 万千米，月球到地球的距离是地球直径的 30 倍。月球到地球有多远？

图 6-5　人教版小学五年级数学教科书上册练习二

其次，课程知识的呈现要体现人性化。核心素养导向的教科书一条关键的编制思路是"以学为中心"，这里的"学"指的便是学习者。教科书的课程知识在呈现方式上要以能诱发学生思考，点拨学生思维为主，从而展示出人性化的特征。这种人性化的呈现策略在教科书的具体编制中可以通过如下几方面来体现：第一，教科书编制者要根据中小学生身心发展的特点规律，将抽象的概念通过感性的资料引出，以建立学生的直观认知思维；第二，对于课程知识中较为抽象的、学生难以掌握的概念和定理，可以通过给概念下定义，或者进一步扩充概念的方式，帮助学生建立起感性认识与理性认识的联结，进一步理解概念内涵；第三，通过补充同类型的知识，以促进学生的学习迁移，加深对知识的理解；第四，积极建构起学生关于新旧知识的联系，运用同化与顺应来促成学生的有意义学习。显然，这些知识呈现方式应该是凸显人性化的，也是遵循了儿童认知发展规律的。图 6-6 是人教版小学五年级上册数学教科书练习八中的"小数除法"内容，内容以表格形式呈现，具有一目了然的效果，能够让学生很快抓住信息的重点，增加课后习题编写的灵活性。

3.

	保留一位小数	保留两位小数	保留三位小数
40÷14			
26.37÷31			
45.5÷38			

4. 蜘蛛的爬行速度大约是蜗牛的几倍？

你还能提出其他数学问题并解答吗？

动物名称	爬行的速度
蜗牛	0.045 千米 / 时
陆龟	0.32 千米 / 时
蜘蛛	1.9 千米 / 时

图 6-6　人教版小学五年级数学教科书上册练习八

再次，课程知识的呈现要体现活动化。学生核心素养的培养不是一蹴而就的过程，技能的获得以及能力的提高本来就有内隐和外显两种形式，更何况学生的学习有其显效的长期性。中小学生所处的年龄阶段正是天性活泼好动的时候，他们大都反感无意义的程序化学习。核心素养导向的教科书重点要关注的问题是如何促使学生在面对长时间的、大量的学习时，仍能持续保持学习的兴趣。以国外许多的教科书为例，他们在编写时便非常重视以趣味性、丰富性、多样性的活动来呈现知识或技能，学生获取的知识技能通常以渗透的形式隐于学习活动之中。学生通过多种多样的活动来获得知识与技能，增强学习的体验感，从而能更愉快地、更轻松地开展学习活动，更乐于接受知识。

最后，课程知识的呈现要体现综合化。基于核心素养的本质特征，核心素养导向的教科书在呈现课程知识时要更加注重学生综合思维的培养。

以地理教科书为例，地理区域是教科书中的重要内容。核心素养导向的地理教科书的编制要综合化地呈现课程知识，就要从以下几方面出发：第一，教科书以区域发展为支撑，强调区域之间的要素关联是区域协调发展的前提。比如在介绍各区域发展差异时便可以引入我国东西中部各地区自然环境、经济发展方面的多个因素进行对比，还可以将我国与其余各国区域的发展做因素的分析与对比；另外还可以结合其余学科课程的知识，如数学、社会等学科知识进行综合的呈现。第二，教科书选取的每一个区域发展均经历了历史发展与空间变化。因此，要综合实践和空间两个角度对区域发展进行分析，以发展学生的综合思维。第三，教科书要选择不同尺度的范围区域，增强学生的空间尺度观念。比如从全球尺度重新定位国家发展角色，进行尺度重构，以构建学生的整体发展观和大局意识观。

2. 栏目设置丰富多彩

丰富多彩的栏目设置不仅清晰地展现教科书内容的逻辑结构，也为学习者掌握教科书知识结构提供了明确的引导。传统教科书在栏目设置上较为单一，大部分由正文栏目、课后栏目两大主要板块组成。这样的教科书内容呈现方式规范而又传统，在一定程度上制约了学生思维能力的发展。素养本位教科书的板块栏目设置必须是异彩纷呈的，要将其内容分别置于不同的板块栏目之中，丰富学生知识，发展学生能力，厚植学生情感。不论是正文栏目、课后栏目还是附加栏目，都要做到既要为学生提供学习方法指导，又要培养学生自主探究与创新意识，使学生掌握所学知识的同时拓展知识的深度与广度。

首先，正文栏目要贯彻"少而精"的选文原则，不仅要构建优秀经典的选文系统，还需要注重各正文栏目之间的联系，如"案例分析""学习聚焦"等都能凸显教科书的育人功能；其次，课后栏目的设置不应该局限于知识性复习或者课后练习，还可以开辟多样的栏目种类，如相关阅读推荐、科学史话、问题探究等。最后，其余附加栏目则要巧妙设置活动，以启发学生的思维、培养解决问题的能力。

以历史教科书为例，素养导向的教科书可以采用"主辅结合"的多样化栏目设置结构，如"一主七辅"的栏目设置结构。"一主"指的是教科书的主干栏目即正文栏目，其内容主要是对历史性主干知识的叙述，"七辅"则是指七个教科书的附加栏目，是推动正文学习的助学栏目系统，其设置主要是对正文的主干性知识进行丰富和补充。以一段主干性历史知识学习为例，时空描绘在"历史地图"，要义提醒在"学习聚焦"，情形描述在"史料阅读"，细节放大在"历史纵横"，思维导引在"学思之窗"，深度追问在"问题探究"，阅读延伸在"学习拓展"。这种主辅结合的栏目多样化设置，能够极大地增加学生与教科书的对话层次，培养学生信息归纳搜集的能力。多样化的栏目形式与"主辅结合"的栏目设置能够促成教科书对学生学科性知识的"教"和学生发展核心素养的"育"的过程。

此外，教科书还要以学生的学习为中心做好版面设计。教科书的版面是将课程知识、图表、栏目设计等教科书内容结构要素进行结构性视觉呈现的表达。教科书的版面设计质量不仅能够凸显出课程教学内容，揭示课程知识的内在联系，而且能从很大程度上提升学生的学习兴趣，促进学生对知识的理解以及把握内容的脉络。如，教科书中的照片、表格、图形、线条画、流程图等图像的呈现既要体现出对内容的形象化解释和直观概括，又要突出对文字内容的补充和延伸。文字表述要灵活多样，包括陈述式、讨论式和问题式等，语言要亲切、生动，建立学生与知识之间的"我—你"对话关系。

认知心理学研究表明，在儿童认识和记忆所学内容中，视觉的作用是很大的，在学生的学习中充分调动他们的视觉，学习效果将大大增强。图6

-7 和图 6-8 是人教版小学五年级数学教科书中的两道练习题。图 6-7 要求算出 30 元钱能购买到图中哪些商品，这道题目看似简单，实则是考验学生观察图的能力。图片将各种商品直观地呈现给学生，便于学生接受，既能缓解学生的视觉疲劳，又能够引导学生探索，激发学生的求知欲。图 6-8 是图文结合的形式，图片以色彩鲜艳、富有美感的形式来辅助习题内容，极易提高学生的注意力，加深学生对题目的理解，同时也丰富了教科书的表达方式。

2. 30 元钱买下面的东西够吗？和同桌说一说你是怎样算的。

图 6-7　人教版小学五年级数学教科书上册练习四

3. 鸵鸟是世界上最大的鸟，它比天鹅重 100 多千克。算一算，图中鸵鸟的体重是天鹅的多少倍？

图 6-8　人教版小学五年级数学教科书上册练习七

3. 呈现载体多元化

新时代的课程与教学要关注的焦点是帮助学生运用工具获取信息的能力而不是知识的直接习得，因为面对海量的信息资源，爆炸式的信息增长速度，如何获取并内化信息的能力比信息本身更为重要。当前，混合式教学已经成为了教育发展的主流趋势之一。智能教学平台、移动学习终端、电子书包等教学媒体的出现使教学资源开始变得多元化、数字化、动态化以及共享化。为了跟上时代发展的步伐，迎合教育发展的趋势，核心素养导向的教科书在编制时要紧紧抓住信息化教学的关键突破口，进行与纸质教科书相得益彰的多样化数字教科书整合。首先，编制者要意识到，数字化教科书并不是纸质教科书中课程知识的简单数字转化，而是在纸质教科书的基础之上创设性地开发移动课堂和课外拓展课堂。随着新媒体技术的成熟与智能手机的普及化，学生的学习与生活越来越依靠于新兴媒体技术的支持。可见，通过智能手机开展自主学习活动也成为了当今的一种重要学习方式。基于智能手机轻巧便捷的优势，结合中小学生学习的特点，教科书移动终端的数字化资源开发可以选择内容与课程知识联系紧密的扩展知识或者是补充性知识，学生只需要扫一扫教科书中的二维码便可以获取文字、音频、视频等数字化教科书资源。这种方式能够拓展学生信息来源的途径，实现多样化的学习需求，便于学生开展自主探究性学习。

教科书内容呈现方式的信息化，是 21 世纪教学信息化、课程建设信息化、课程资源信息化的重要举措，随着大数据时代以及新媒体技术在教学中的广泛推及与应用，教科书的编制和出版将实现全方位、多领域、全过程的智能化发展，教科书内容将以更好的呈现方式适应时代需要，促进学生的深度学习。

第七章
核心素养导向的中小学教科书编制策略

核心素养导向的教科书编制，给我们提出了诸多要求。与以往教科书相比较，核心素养导向的教科书编制更要凸显其情境性、探究性和跨学科性的特点。本章结合具体样例从知识整合和学习情境两个层面对核心素养导向的教科书编制策略进行具体阐述。

第一节　基于知识整合的中小学教科书编制

怀特海在著作《教育的目的》中写道："我极力主张的解决方法是，要根除各科目之间那种致命的分离状况，因为它扼杀了现代课程的生命力。"[①] 学习科目的零散和相互独立，不可能形成学生完整的知识体系，更不能更好地解决问题和促进创新。而"作为知识与技能、过程与方法、情感态度与价值观三个维度协同联动的整体生成物，作为个体内在修养和外发力量的有机融合体，作为能够适应自身发展和社会发展需要的广泛适应力，作为各种具体素养成分在个体面临特定问题情境时的综合性运用，核心素养在生成路径、发展势态和表现方式上都暗含着整合取向的知识观"[②]。于是，

---

① 怀特海. 教育的目的 [M]. 北京：北京师范大学出版社，2018：12.
② 李松林，贺慧. 整合性：核心素养的知识特性与生成路径 [J]. 教育科学研究，2020 (6)：13.

知识整合成为培养学生综合能力，发展学生核心素养的必然选择，核心素养导向的教科书编制也必须顺应这种趋势。

一、教科书知识整合的涵义、价值及其原则

（一）知识整合的涵义

知识整合的提出是基于学习迁移理论、建构主义学习理论和多元智能理论，有丰富的理论根基。后来经过学者们的深化拓展进而应用于教育领域。从教育层面看，知识整合就是把零散的、关联性强的知识连接起来，聚点成面，形成一个网状的知识结构，沟通知识各个部分、整个学科间乃至学科与社会的联系，做到融会贯通，形成系统的知识体系。知识整合不是把相关知识拿过来集中呈现就算完成了，而是要根据学生的学习能力和接受程度，按照一定的逻辑和方法把知识打乱重新编排。知识整合的目的是为了让学生能够建立完备的知识体系，做到以点带面，举一反三，提升综合分析的素质和能力。各学科的知识内容是相互交叉、相互融合的，并不是独立发展的，学科间知识的交叉性和互补性为知识整合提供了条件。

（二）知识整合对学生发展的价值

核心素养导向的教科书编制应充分认识到知识整合在教育教学中的重要性和必要性。其重要性体现在知识整合能够综合知识内容，建立知识体系，有利于发展学生的核心素养和迁移能力。其必要性体现在知识整合能够促进教育发展，提升教学质量，满足课程目标和培养人才的需要。具体来讲，知识整合的主要价值体现于以下几方面。

1. 知识整合是实现课程目标的需要

当前，我国基础教育课程改革已从"知识核心时代"转向了"核心素养时代"，课程目标也从以往的"双基"和"三维目标"转向了"核心素养"培养，注重知识的综合与应用，不再局限于基础知识的掌握与理解已成为现代教育发展的必然趋势。而知识整合能够把零散的知识点归纳为系统的知识体系，便于学生内化迁移，实现知识向能力的跨越。比如，义务教育数学课程标准（2022 版）中提到数学课程的目标是要"体会数学知识之间、数学与其他学科之间、数学与生活之间的联系，在探索真实情境所蕴含的关系中发现问题和提出问题，运用数学和其他学科的知识与方法分

析问题和解决问题"①。这些目标的达成都需要知识整合这一策略进行辅助。

2. 知识整合是促进教育教学的基础

知识整合对教育教学的影响可以从两方面来分析。一方面，知识整合加强了学科内部与学科间知识的统整，能够促进学科之间资源交融，缓解了各学科之间相互割裂的局面，也满足学生的学习需求。对于学生来说，学习单一学科的知识和融合各学科知识进行学习，后者更有利于发展学生的综合能力。另一方面，教育教学与学生已有经验和生活是密切相关的，知识如果脱离了与学生生活经验和社会经验的关联，教育教学就没有了落脚点，成为"空中楼阁"。知识整合不仅是学科知识的整合，还有知识与生活、知识与社会的整合，这样可以开阔学生视野，把教育与生活联系起来，把理论与实践联系起来。

3. 知识整合是促进人全面发展的开端

未来社会需要的人才是能良好适应社会、全面发展的人才。知识整合能够培养学生的综合素养和迁移能力，引导学生把在学校学到的知识以及学习过程转化为学习能力，这种能力不管是从事何种行业都是必需的。如果只是单纯记忆零散知识点，学生则不能将知识"串联"起来，不会整合迁移，集成知识模块，或者不能建构知识群，形成知识的整体性、结构性思维。那么这样获得的知识就是死的知识，不能成为学生思考的载体，当遇到要利用知识的时机时不见得能把知识调动出来，学生也无法从知识的学习中获得素养生长的根基和力量。因此，知识整合可以促进学生对知识形成全面的整体性理解，帮助学生重新创造新的知识或构建系统科学的知识体系，培养学生的整体思维和综合解决问题的能力，这对于学生全面发展的培养是必不可少的。

（三）教科书知识整合的原则

知识整合的前提是要在保留学科主体地位的基础上，适度地选择具有发展性、生成性、迁移性和整体性的知识整合对象。这就决定了教科书在实现知识整合的过程中要遵循科学性、整体性、发展性、适度性等原则，

---

① 中华人民共和国教育部. 义务教育数学课程标准［S］. 北京：北京师范大学出版集团，2022：11.

这些原则是制约教科书跨学科知识整合的首要行为规范。

1. 科学性原则

科学性原则是指所选取的整合内容、整合方法、活动设计要科学合理。主要体现在：第一，选取的内容要有正确的导向，体现社会主义核心价值观，这是教科书跨学科知识整合内容的首要行为准则；第二，选取的内容是最典型、最具代表性且与学科内容相契合的知识，这是教科书内容最科学的选择范围；第三，要根据学科间知识内容的不同类型与关系，合理选择不同的整合方法，如演绎、归纳、比较，等等；第四，知识整合的教学活动设计应与教学实践相结合，符合学生的认知发展规律，并且是大多数学生能够理解和掌握的知识，这是教科书的普及性与基础性需要。

2. 整体性原则

整体性原则是指将学科间相关联但分散的知识整合成一个系统化的知识体系，体现知识是一个相互联系的整体。一方面，学生的知识本来就是一个多层的、复合的整体。另一方面，在教科书中，单元与单元、主题与主题、单元与主题之间的知识也是相互联系、相互融合的整体。另外，与同一学科知识相吻合的其他学科知识在内容上也具有其整体连贯性。知识整合的最终结果，不仅应该是一个系统的、完整的综合性知识体系，而且应该是一个逻辑清晰、线索分明、系统性强的整体。因此，跨学科整合的内容既要选择同一学科知识体系的内容，又要结合其他学科相关知识和学生生活知识，以形成学生对知识的整体印象。

3. 发展性原则

发展性原则是指知识整合是一个动态的过程，并不是一成不变的，会随着知识的扩展及学生能力的提高不断升级更新。促进学生发展是教育的主要目的，这种发展不仅体现在促进学生知识与能力的发展这一基础目标上，还体现在促进学生知识、能力、情感态度与价值观综合发展的核心素养目标上，这也是教科书促进学生发展的重要目标。当然，知识整合的发展性也是教师在引导过程中自我发展和完善的过程。

4. 适度性原则

适度性原则是基于单元的教学时间和学生的精力有限来考虑的。跨学科知识的整合要在充分关注交叉学科知识整合的基础上，把握好度，进行高效选择和编排知识，以满足学生能力的需要。教学内容随着教育观念的不断进步，我们越来越注重学生综合知识的学习以及核心素养的培养。知识整合对教科书的内容选择来说是一个重要策略，也是核心素养导向教科书编制的必然选择。

二、教科书知识整合的类型

在实际的操作过程中，学生虽然是学习的主体，但往往因缺乏积累知识和整合经验的能力，无法承担自主整合的任务。教师自编不仅费时费力，而且还会受到教师自身学识的限制。因此，教科书统筹规划，完成知识整合是服务师生的最佳途径，也是培养学生核心素养的关键一环。一般来说，教科书知识的整合有以下三种类型，具体见表7-1。

表7-1　基于知识整合的教科书编制类型

知识整合类型	学科边界	主题来源	主题目标	设计目的
学科内部知识整合	清楚	源自学科	不独立	促进学科理解
跨学科知识整合	清楚	源自学科或生活	有限的独立	形成多学科思维
超学科知识整合	模糊	源自独立问题	独立	培养创新思维，促进深度理解

（一）学科内知识整合

学科内部知识整合是指从一门学科出发，章、节设置上有一定逻辑性，知识内容呈现有一定连贯性，促进学生对本学科理解的一种内容组织方式。每个单元的单元回顾是知识整合的重要表现形式，利于学生理解知识框架，促进复习巩固。如果缺乏学科内部的知识整合，对于低年级学生来说，不仅不能善于总结知识和及时复习，难免还会出现边学边忘的现象，导致学习效果大打折扣。高年级学生虽然具备自主整合知识的能力，但是学生能力不一，有些知识难度大、内容繁杂，整合起来费时费力，也会影响学习效果。因此，教科书编制过程中学科内部的知识整合对于提高学习效率，帮助学生复习巩固有重要作用。

教科书学科知识内部整合通常关注的是学科知识与学生学习方式的整

合。这种整合的组合有三种方式：一是依据课程标准和教科书目标的要求，以主题、问题、概念等连接不同单元或知识进行整合；二是依据学科知识的内在逻辑关系进行整合；三是将不同年段的学科知识融合成单元主题进行整合。这种整合方式不要求打破学科知识疆域而形成一门新的学科形式，而是重视将学科相关知识从多视角、多方面进行整合处理，从而获得对知识更全面、更深刻的了解，达到培养学生综合运用知识解决问题的能力。

（二）跨学科知识整合

跨学科知识整合，是指采用多学科的形式，用多学科的角度、观念、方法来理解同一个主题，促进学科之间的融合。由于核心素养具有跨学科性，并不具体指向某一学科，传统分科课程因受各学科逻辑体系的限制，在核心素养培养上具有局限性，而跨学科知识整合正好能够弥补这一局限。

教科书的跨学科知识整合，是指教科书在打破学科界限和学科知识固有结构的基础上，以统整的大主题、大概念连接不同的学科，围绕这些大主题和大概念，合理整合各学科资源，让学生在学习过程中体验彼此之间的联系，从而建立系统、整合的思维方式，实现学科间对学生综合能力的培养。因此，综合性、创造性、开放性、灵活性是跨学科主题的主要特点。

例如，历史作为一门交叉学科与很多学科都有很多关联点，任何历史事件的发生和发展都离不开时间、地域和环境。许多学生学完历史之后只是有了历史发展的时间概念，而缺乏立体空间概念，最终造成对历史内容把握的不全面、不明晰。在七年级上册历史教科书《沟通中外的"丝绸之路"》①这一节的内容中，张骞出使西域是著名历史事件，是历史学习的重点。但是丝绸之路的路线图也是很重要的辅助工具，编者把地理学科中相关的自然地理与人文地理融入到出使西域这一历史事件中去，这样就相当于把学生置于一个立体空间中，既能激发学生的探索兴趣，又有助于学生更全面地理解历史，还能更好地培养学生的时空感。地理空间能够帮助学生深入理解历史事件，历史事件的发展也能帮助学生理解地理的变迁，两

①　教育部组织编写. 义务教育教科书中国历史（七年级上册）［M］. 北京：人民教育出版社，2016：63—65.

者结合能达到"1 + 1 > 2"的效果，这就是知识整合的魅力所在。

再如，人教版高一上学期必修一的地理教科书《地理信息技术在防灾减灾中的应用》这一节内容就充分体现了教科书跨学科知识整合的思想。

这一节内容中，首先是让学生先学习遥感、全球导航系统以及地理信息系统技术的特点和相互关系；然后利用这些信息技术来辅助学生分析泥石流灾害发生前和发生后的变化，让学生深刻理解信息技术在防灾减灾中的作用；最后让学生通过交流讨论以及资料查找的方式，提出综合运用遥感技术、全球卫星导航系统和地理信息系统进行防灾、减灾的具体程序和方法。这一课时的设计把信息技术的知识充分融入到地理学科的学习中，不仅能够辅助学生理解知识，还能促进学生解决相关地理问题，实现跨学科知识的完美融合。利用一个主题同时提升了学生的信息素养和地理素养，这是"1 + 1 > 2"的效果。

当然，教科书的跨学科知识整合应以一定的学科知识为基础，且坚持该学科知识的主导地位。以学生的知识经验与能力水平为依据，适度地选择正确的、科学的、关联度强的知识，进而编制以本学科知识为主、其他学科知识为辅的内容完整、逻辑清晰的知识体系。

（三）超学科知识整合

超学科知识整合是所有整合过程中综合程度最高的类型，具体指的是知识的整合已经不限于严密学科逻辑的学科知识体系和学科间问题，而是知识与社会、知识与现实生活紧密联系。超学科知识整合具有独立于传统学科的学习目标的特点，生活性、教育性、体验性是其内容整合的主要特征。由于目标独立性强、学科边界模糊而成为整合过程的重点发展对象。它是培养学生综合思维和创新精神的重要途径之一，能够促进学生深度学习，追求的是学生道德、智力、健康、审美等的全面和谐发展。

教科书的超学科知识整合通常是将学科知识与学生社会生活紧密联系，针对社会和生活实际问题，以跨学科的小项目、小课题形式，或采取与学生学习和生活密切相关的实际案例来呈现知识内容。这种知识整合要求学生将所学知识运用于生活实践，以资料收集、实地调查、问卷访谈等多种方式开展小组合作的实践探究活动；在合作与交流中呈现自己的学习过程，分享各自多种多样的成果；在探索与实践中积累经验，升华思想，发展综合能力和创新思维。

三、基于知识整合的教科书编制示例

2022 年版义务教育化学课程标准指出：“教材的编写要加强学生必做实验和跨学科实践活动设计，要以大概念为统领，精选教材内容，处理好学习过程与学习结果的关系，落实课程标准中规定的学生必做实验和跨学科实践活动。通过化学实验、交流讨论、社会调查等科学探究活动，引导学生积极主动地学习，增进对所学内容的理解；结合教材不同内容主题的学习，系统规划、设计跨学科实践活动，引导学生运用多学科知识和方法解决实际问题。”① 下面，立足 2022 年版义务教育化学教科书课程标准“化学与社会·跨学科实践”这一主题内容要求，自选了“保护水资源”跨学科主题学习活动设计方案，来说明教科书编制中的跨学科知识整合。

“保护水资源”跨学科主题学习活动设计方案

水是构成生命体的基本单位，是生命发生、发育和繁衍的基本条件。在我们赖以生活的地球上，有 70% 是被水覆盖着。其中，97% 为海水，与我们生活最为密切的淡水却不足 3%。随着农业、工业和城市供水需求量的不断提高，导致了有限的淡水资源更为紧张，并且还经常遭受污染的威胁。因此，保护水资源迫在眉睫。

（一）主题的育人价值

水是中学化学重要的一种常见物质，是“物质的性质与应用”学习主题中核心知识“常见的物质”的内容。“保护水资源”是“化学与社会·跨学科实践”活动内容，综合体现了“物质的多样性”“物质的组成”“化学的可持续发展”等学习主题的大概念，以及常见的物质，化学与资源、能源、环境、健康的关系，科学伦理与法律等核心知识。涉及语文、数学、

---

① 中华人民共和国教育部. 义务教育化学课程标准（2022 版）［S］. 北京：北京师范大学出版集团，2022：50 – 51.

地理、生物学、信息科技、体育与健康、艺术等多学科课程内容。需要学生运用化学核心知识，自主整合这些多学科相关知识，参与实践活动，解决问题。通过知识整合，促进学生元素观、变化观等化学观念的发展，进一步构建化学的可持续发展等大概念。

本主题让学生置身于真实情境中，引导学生学会用辩证的方法看待水资源的丰富和有限，全面认识水在解决与资源、能源、环境、人类健康等相关问题中的作用，发展学生融合工程与技术教育解决实际问题的能力。提升学生保护和节约资源的可持续发展意识和社会责任感，增强为建设美丽家园、美丽中国、为全球生态安全作贡献的信念，从而树立人与自然和谐共生的科学自然观和绿色发展观。其育人价值见图 7 - 1。

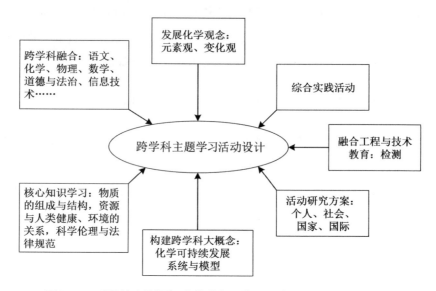

图 7 - 1 "保护水资源"跨学科主题学习活动设计方案的育人价值

（二）主题的内容结构

"保护水资源"跨学科主题学习活动设计涉及语文、地理、生物学、数学、信息科技、体育与健康等多学科课程内容。其中，水污染的净化与处理需要学生运用"物质的组成与结构""物质的化学变化"等主题类学习中的知识来完成；了解水资源的现状，认识水污染的来源及其危害，需要学生综合运用地理、生物、化学、信息技术、体育与健康等课程资源来完成；

学习防水污染等法律法规，明白破坏水资源应该承担哪些法律责任等需要运用道德与法律等知识来完成。其内容结构见图7－2。

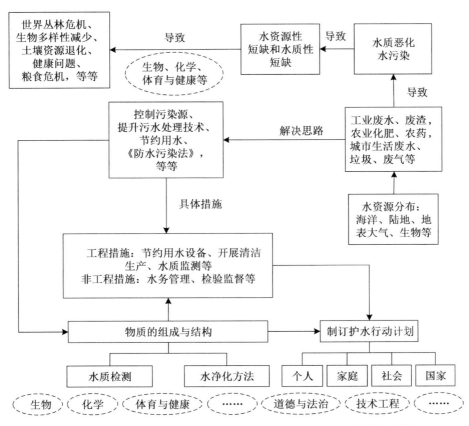

图7－2　"保护水资源"跨学科主题学习活动设计方案的内容结构

（三）主题活动设计

1. 活动目标

（1）了解地球上水资源情况，能够从不同视角理解水与生态环境保护、人类生活的关系，提出有价值、有力量的开放性问题。

（2）探究水污染的原因和危害，从物质的组成与结构等方面了解水污染的净化与处理。知道破坏水资源应该承担哪些法律责任，让学生逐步积累在实践中的学习经验，提高他们对跨学科问题的研究能力。

（3）通过实践活动，从化学视角分析讨论水资源的综合利用问题。强化学生的环保意识，养成珍惜资源、主动践行节约资源、与环境友好相处的绿色生活方式，增强为社会做贡献的责任感。

（4）通过在实践中的科学探究活动，培养学生的团队精神与团队协作能力，提高学生调查研究和语言交流与表达能力，形成主动学习、善于思考、勇于批判质疑的良好品格。

2. 活动设计

本主题活动围绕"人类为什么要保护水资源"设计了相互衔接、步步深入的四个核心活动。通过四个核心活动（任务），引导学生在实践中不断探究、学习、思考，经历完整的问题解决过程。

活动一：制定主题学习活动方案，明确解决问题的指向。要求学生结合已有知识和经验，查阅相关文献资料，了解世界水资源短缺现状，探究水污染的原因及其带来的危害，明确保护水资源的意义和价值。

活动二：寻求问题解决方案，构建基于化学视角的问题解决模型，设计问题解决的基本思路。要求学生了解控制水污染源的方法与技术，如污水处理的操作流程、节约用水的方法、水污染防治执法监管，等等。

活动三：系统设计解决问题的具体措施，研制护水行动方案。依据方案的设计思路，基于社会与生活实际，结合定量与定性分析，权衡利弊，从个人、家庭、社会、国家乃至国际层面设计系统治理、保护水资源的行动方案。

活动四：进行成果的总结、交流与展示，付诸行动。要求学生展示和汇报保护水资源的行动方案，交流其研制过程以及在研制过程的收获和体会，并进一步改进和完善方案。再走进家庭、社区，践行护水行动。具体学习任务单见表7-2。

表7-2　学习任务单

主题任务	
制定主题学习活动方案	
寻求问题解决的方案	
系统设计解决问题的措施	
成果总结、交流与展示	

3. 活动实施与评价建议

（1）活动实施建议。

"保护水资源"跨学科主题学习活动，可以紧密结合"物质的性质与应用"以及"化学与社会·跨学科实践"的内容要求来进行。需要学生有一定的知识储备，结合已有的知识和经验，在教师的引导和组织下，进行活动任务的分解、规划、实验、模型建构、交流和总结反思等系列活动。具体课时安排，教师可以结合学生知识层次和教学实际进行安排和适当调整。在活动实施过程中，教师对学生提出的活动方案要有针对性地给予引导，让学生不断改进和完善方案。

（2）活动评价建议。

学习活动评价要体现活动的育人价值和活动目标。主要评价学生能否利用化学反应知识完成相关的项目式学习任务及跨学科实践活动。活动评价方法可以采用阶段评价和整体评价结合、过程性评价和终结评价结合。评价方式可以采用教师评价、学生自评与互评、社区管理评价与家长评价相结合。评价内容可以围绕五个方面进行：第一，学生的参与态度。如学生参与活动时间和次数、提出活动设想和建议的主动性、是否认真观察思考问题和完成学习计划等。第二，团队协作能力。如学生是否积极参与小组活动、与人沟通合作的技巧和愿望、主动帮助别人和寻求别人帮助、认真倾听同学的意见以及与别人一起分享成果、组织协调各种关系等；第三，创新精神和跨学科探究能力。如学生能否正确运用化学相关知识认识物质、实验探究物质的性质；能否从多层次、多维度、多视角综合运用多学科知识发现问题、提出问题，并以独创性的方式着手解决问题和表达自己的学习结果等。第四，收集资料和处理信息能力。如学生是否认真查阅资料、收集信息的数量和质量、对信息的辨别反思能力等。第五，实验设计与操作技能。如学生是否能正确使用和操作化学实验仪器，等等。

第二节　基于情境学习的中小学教科书编制

　　核心素养展现的是终身学习者多维复合的综合素养，其培养不只是记忆积累知识，还涉及高层次的心智复杂机制。较之传统教育那种脱离情境的机械知识和技能教学，核心素养并不指向琐碎而零散的知识点，必须要转化为真实复杂任务情境下的活知识和能力教学。在情境学习理论看来，知识是基于社会情境的一种活动，是个体与社会环境相互作用的产物，而不是认知主体之外的客观客体。知识具有建构性、非结构性和默会性，只有在情境中学习才能形成。正是基于知识的情境性，学生的学习就不再是机械灌输和烦琐训练，而是在相应的情境中通过互动协商来完成知识的意义建构与生成。换言之，人类的知识与情境是无法分离的，学生"学得会""带得走"的终身受用知识和能力只有在具体真实的情境中才有可能习得。既然核心素养的形成和生长离不开情境，那么，核心素养导向的教科书知识和学习也离不开情境，回归情境成为核心素养导向的教科书编写的必由之路。

一、情境学习的涵义、特点及意义

（一）情境学习的内涵

　　"情境"与"情景"不同。在《辞海》中，"情境"指"一个人在进行某种行动时所处的社会环境，是人们社会行为产生的具体条件"。"情景"则指的是"情况和光景"。情境学习理论认为，知识是具有情境性的，从来就没有脱离情境的真正知识和能力，学生的学习是在具体的情境中进行的。可以看出，研究人类如何获得知识和知识如何发生是情境学习关注的重心。情境中包含着多学科的知识点和学习任务，需要综合运用多个学科知识或者不同学科知识来形成系统解决问题的情境。只有将知识与技能的学习根植于真实情境中，才能使学生在真实情境中完成知识的意义建构。因此，我们将情境学习理解为：依据特定教学目标和学生身心发展特点，精心设计真实事件或真实问题的情境，学生借此来进行主动理解知识、建构意义的一种学习实践。好的情境是充分调动学生学习的主动性和积极性，启发学生思维、提升学科素养的重要途径。

（二）情境学习的特点

1. 真实性

"真实"有两层意思，一是指情境学习中的情境是来源于学生真实的生活环境和真实的社会环境，与学生的生活、经验、情感发生关联。二是情境学习的情境也可以是教师根据教学实际，为学生创造一个感性的虚拟情境或未来可能遇到的某种生活情境。一个情境的真假不在于它是否真的会在生活中发生，而在于它是否反映了社会和生活的现实，是否能够激发学生的学习热情。因此，调动学生的学习兴趣和参与动机，建立科学世界与学生生活世界的实质关联，触发学生生命成长的需要，获得对客观事物的深度理解和自身高阶思维的发展，这些都是构成核心素养教育的重要前提。

2. 驱动性

驱动性主要指引导学生发现的问题要能冲击学生的已有认知，不偏离教学目标，又能引发学生探究与实践的欲望。问题最好从学生已有经验着手，具有一定的挑战性。核心问题要体现学科本质和学科思维。大问题要有行动的空间，有层次和梯度，一步步引导学生深度学习，思维进阶，发展能力。

3. 有效性

情境学习的有效性体现在三个方面：一是目标指向明确，有助于教学目标的达成。创设情境的目的在于促使学生在鲜活的知识背景中，帮助学生理解知识，获得情感体验、建构自身知识。因此，问题情境的设计要与教学目标的落实相勾连，符合课程特性，聚焦学科目标，着眼综合育人。二是学习情境要融入学科核心知识与关键能力，蕴含整合跨学科领域的任务和有价值的问题。三是情境学习要以学生认知结构为基础，有助于学生运用学科知识和学科方法解决问题。

4. 实践性

实践性是情境学习的一个重要特征。情境学习的本质就是要促进学生在实践中通过互动合作、积极思考、学用合一来实现知识、情感、态度、能力、价值观的整合，培养学生的综合思维。下面分别从维度、特征及操作要点三方面来说明情境学习活动的结构。见表 7 - 3。

表 7 - 3　情境学习活动结构表

情境学习维度	情境学习特征	情境学习操作要点
创设情境	真实性	1. 情境贴近学生生活，体现直观性、趣味性、丰富性；
	挑战性	2. 情境以学生认知结构为基础，有助于学生探究
建构问题	驱动性	1. 问题与教学目标关联； 2. 大问题有可分解的层次性； 3. 核心问题体现学科本质
探索实践	参与性	1. 学生参与度高； 2. 学生参与问题探究的主动性和积极性
	学科性	1. 运用学科知识、学科方法解决问题； 2. 问题的解决体现学科思想和学科思维
	可视性	1. 有需要完成任务和协作的机会； 2. 有整合跨学科领域的任务； 3. 有学生探究活动的方案
分享中升华	交互性	1. 互动协商，积极分享； 2. 将知识系统化； 3. 实现知识、情感、态度、能力、价值观的整合

（三）情境学习的意义

1. 引导学生自主建构知识，发展综合素养

从本质上来说，学生的学习是一个积极主动建构知识的过程，这个过程是建立在学生理解和加工信息的基础之上，需要学生将新旧经验联系和相互作用来实现。情境中蕴含学生知识学习的背景，可以为学生提供新旧知识关联的素材、信息和具体实例，既帮助学生重温旧经验，还从不同侧面、不同角度引导学生去挖掘知识的本质和联系，获得新经验。学生在情境中体验到了知识的生发过程，实现了知识的意义建构，发展了自身的认知能力和思维能力。

2. 为知识提供生长点，培养学生探究能力

学生学习能力的发展是以知识为基础，为学生提供生动丰富的学习素

材是情境学习一方面的作用。但颇为关键的是，情境学习还可以为学生知识的生长提供平台，为知识在实践中的应用提供机会。因为知识只有在实践中应用才能活化，否则，知识就是僵化的知识。学生在应用知识的过程中，利用情境中提供的材料进行各种学习活动，发现问题，提出问题，在探究中解决问题，获得新知识。这种生动有趣的探究活动不仅促进了学生的知识、技能和经验的联系，还有利于学生进一步认识知识的本质，逐渐养成科学的态度，获得科学方法，发展他们的探究能力。

3. 调动学生认知，激发学习兴趣

认知需要情感，情感促进认知，乐学才能善求。学生有了学习的兴趣，才能孜孜以求地开展学习活动。而兴趣是培养学生学习情感的先决条件，好的情境既是激发学习兴趣和愿望的源泉，又是促进学生情感发展，维持和强化学生学习动力，促使学生积极主动地学习的重要途径。因为知识的产生和发展不能脱离活动情境，知识一旦脱离了具体的活动情境，学生就会落入低效的认知学习而无法走进深度学习。尤其是对于思维活跃的中小学生而言，为他们提供生活中遇到的实际问题、高新科技素材或者社会关注的问题，能快速引起他们的注意，调动学生参与学习的积极性和主动性。

二、基于情境学习的教科书编制环节

（一）定位教科书的目标

教科书目标定位主要来源于三个维度：一是聚焦学科核心素养和课程目标，着眼学生学科素养养成；二是目标设计既要体现知识的内在逻辑性，又要体现跨学科性，具有综合性和整体性；三是要积极探索整体育人，既兼顾学科核心素养，又注重核心素养。由此构建一个从小到大、环环相扣的由学科育人到综合育人再到整体育人的教科书目标体系。

（二）创设真实而具有挑战性的情境

学生总是带着问题来参与学习活动，教学的过程也就是解决有关问题的过程，教科书的概念、法则、定律等都是在解决问题的过程中产生出来的。因此，教科书可以将结合科技创造、社会生产、学生生活等具有时代特征的典型事例编入其中，通过编排一系列的问题情境，引导学生以自然探究、社会参与等方式来安排自己的学习进程，开发整合情境学习资源。

教科书中的学习资源包括能促进学习进程的各类真实的、虚拟的信息和器具，比如，概念的建立、规律的形成、播放视频的媒体设备、实验探究的仪器工具。可供在线查找的搜索引擎，等等。为了便于学生更好地寻找解答问题的思路，学生通常需要了解问题的背景和含义，建构相关知识网络，为问题的顺利解决储备必要的知识。因此，教科书设计要充分考虑学生解决问题所需要的学习资源，将学科知识和学生生活联系起来，兼顾学生的兴趣、可能存在的认知空白与认知冲突，把学科知识进行生活化、情境化处理，帮助学生形成一个处于运动中的思维网络，这是十分必要的。

（三）以问题驱动搭建任务

"'核心素养'不是直接由教师教出来的，而是在问题情境中借助问题解决的实践培育起来的。"① 问题是思维的源泉和动力，更是保证学生深层次认知参与的核心。学生在情境中进行观察分析，产生认知冲突，就会主动形成问题意识，开始进行思考与探究。教科书在进行问题设计时，应与课程标准和教学内容相联系，问题可以是现实生活中的真实情境问题，也可以是模拟现实的问题，可以覆盖教科书的若干章节。那么，编制教科书时，如何以问题驱动来激发学生思维呢？首先，要对课程目标和教科书目标进行前端分析，精心设计出学科核心问题。问题既可以是立足单元主题，将单元间材料整合起来的一个核心问题，也可以是将单元内材料整合起来的一个核心问题。然后引导学生对问题进行探究，以形成连续的学习情境。在依托学习活动解决问题的过程中，特别要关注学生的学习状态，引导学生在真实的学习情境中完成知识的重构，实现学习经验的结构化。其次，根据学科核心问题分解为层层递进、环环相扣的子问题群，使之形成问题串和问题序列。最后，让学生在问题串中进行知识建构与问题解决。

（四）实践中分享与建构知识

学习的实质是让学生在实践参与中进行问题解决学习。只有在实践活动中，学科知识才得以活化，才能够对学生生命意义具有建构作用，也才能对学生的精神世界具有丰盈作用。没有主体的身体与心灵融入的实践，只能是情景，而非情境。分享是精神的升华，学生知识和思想的整合唯有

---

① 钟启泉. 基于核心素养的课程发展：挑战与课题 [J]. 全球教育展望，2016（1）：9.

在实践中交流才能不断得以实现。如果学生在活动中通过问题解决和任务完成，将生成的各种事实性知识进行整合，并按照一定的关系结构联结起来，形成统摄性的知识结构，然后在教师的引导下学生运用这个概念作为工具，举出不同类型的正例和反例，进行深度学习并内化，高阶思维和迁移能力就得到了发展。

三、基于情境学习的教科书编制示例

我是校园设计师

地理课程要发展的学生核心素养包括：人地协调观、综合思维、区域认知、地理实践能力，集中体现地理课程的育人价值。2022 年版义务教育地理课程标准指出："地理教科书要将核心素养作为谋篇布局的纲领，以人地关系为主线串联起丰富的地理课程内容，围绕综合思维、区域认知和地理实践力的培育组织课程内容，展现地理课程内容的深刻内涵和价值追求，使社会主义核心价值观教育在地理课程中得到落实，使地理教科书的育人功能得到充分体现。"① "我是校园设计师"主题是以地理课程内容"认知区域"和"地理工具与地理实践"等相关知识储备为基础，让学生参与"校园规划设计"这一真实情境，围绕"如何设计校园平面图"这一问题，综合运用语文、数学、美术、劳动等多学科知识，在地理教科书中设计的一个情境学习主题。

（一）主题育人目标

1. 结合学校实际，让学生立足校园这一真实情境，将所学的各学科知识渗透到活动中去，主动发现、分析、探究解决问题的方法，激发学习兴趣和学习热情，提高综合素质。

2. 通过地理工具与地理实践等相关知识的学习，让学生将书本知识应用于实践，激发学生自主探究学习的积极性，提高学生社会实践、人际交往以及综合运用语文、数学、美术、劳动、信息技术等多学科知识解决问

---

① 中华人民共和国教育部. 义务教育地理课程标准［S］：北京：北京师范大学出版集团，2022：43.

题的能力。

3. 通过参观、查阅文献等方法，分析良好校园环境给学校带来的影响，让学生切身体会校园环境与我们日常生活息息相关，体验与感悟人地关系的和谐对学校和自身发展的影响。

4. 提高学生收集、分析、处理和运用信息的能力，引导学生在主动探究中学会与他人进行合作、交流、分享，并能虚心接受他人意见，利用地理、数学、美术等相关知识提出改进方案。

(二) 主题内容设计

1. 设计思路。

"我是校园设计师"主题设计涉及多学科课程内容。其中，设计图的整体构思需要学生综合运用语文、地理、数学、信息技术、美术、劳动等课程知识来完成；设计图中物体的方向和比例尺的确定需要学生运用地理工具、数学等知识来完成；设计图符号的标注、色彩、元素的搭配需要学生运用美术等相关知识来完成；了解学校用地结构和布局及师生对校园建设规划需求需要学生运用数学、地理、道德与法治等知识来完成。其内容设计思路见图 7-3。

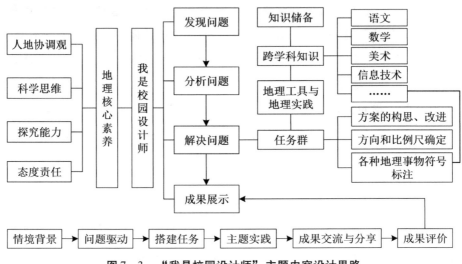

图 7-3 "我是校园设计师"主题内容设计思路

2. 内容结构。

本主题内容按照情境背景——→问题驱动——→搭建任务——→主题实践

────→成果的交流与分享展开。

（1）呈现校园平面图情境背景，发现问题。

在学生对地球仪、地图等地理工具相关知识学习的基础上，引导他们围绕"如何设计校园平面图"这一问题展开讨论。教师呈现美丽校园的相关视频和多种校园平面图，引导学生感受、欣赏校园的美，分析校园平面图设计在结构和功能区分上的优点和不足，讨论如何补充和完善。让学生不断提出问题，产生兴趣，自主建构学习框架，探寻解决问题的途径。在此过程中，引导学生将语文、地理、数学、美术、信息技术等知识综合呈现，让地理课程内容和教师引导过程、学生学习过程在探究活动中融为一个整体。

（2）探究校园平面图，提炼关键问题。

根据学生形成的问题，提炼出校园平面图设计的三个关键问题：第一，如何根据学校用地结构和功能布局来构思与改进校园平面图设计。第二，如何确定校园建筑物、树木和绿地等事物在平面图中的方向和比例尺。第三，校园各种事物，如建筑物、树木和绿地等在平面图上用什么符号来标注。针对学生的问题，教师讲解绘制学校平面图的相关知识，并呈现学校平面图的示范图，引导学生说出绘图的思路、要求、方法、工具和技术，反思之前呈现的平面图存在的问题，提出补充、改进和完善的建议。最后，将学习活动设置为三方面任务：

任务一：完成平面图的改进与构思。要求掌握绘图的知识与技能，写出绘图的步骤、方法和流程，完善学校平面图的结构、功能等方面的设计。任务二：准确确定平面图的方向和比例尺。要求学生比较平面图与地图的异同，在图纸上标注代表性的高程点，按一定比例尺将校园建筑物、树木和绿地等事物用规定的符号、线条在纸上缩绘出来。任务三：正确标注平面图上各种地理事物的符号。要求学生理解各种符号的含义，了解平面图上符号代表的名称等。

（3）设计校园平面图，逐步解决问题。

小组成员或个人根据已有知识背景和经验，解决上述任务，完成校园平面图的设计方案。设计过程中，要尽量考虑学生的认知发展特点，并提出相应的要求：第一，校园平面图的设计方案，既可以个人完成，也可以小组分工合作共同完成。第二，校园平面图的设计方案，既可以根据学校用地结构和功能布局，进行整体设计，也可以是校园建筑物、运动场、生活区等某一方面的设计。第三，根据现有资料和工具，将成员明确分工，按照"前期调研——构思草图——修改草图——完成设计方案"等实践环节展开。第四，平面图设计要规范，布局合理，要在原有基础上有所改进。如，校园平面图设计在整体上要重点突出校园的自然性、历史性与人文性相结合；功能上要重点突出多样化、人性化与生活化相结合。具体学习任务单见表7-4。

表7-4 学习任务单

主题任务	构思、结构、功能区分、元素和色彩的搭配等
校园整体平面图设计方案	
建筑物平面图设计方案	
操场平面图设计方案	
生活区平面图设计方案	

（4）校园平面图改进方案的交流与分享。

成果交流与分享是学生在对围绕活动主题进行广泛研究取得的大量第一手信息和资料进行整理归纳之后，将得出的结论和意见进行汇报交流、升华思想的过程。成果交流与分享一般以谈心得体会、讨论会、答辩、口头报告、多媒体演示操作等形式进行。首先，教师创设情境再现活动主题，用幻灯片、视频等形式播放活动实施阶段的一些活动剪影，并简单介绍活动过程；其次，组织学生汇报各自成果，分享在活动中的收获、感悟、困惑以及解决困惑的方式，引导组与组、生与生相互交流；最后，以学生评、组内评、教师评等形式，对各组活动成果进行适当的点评，评选出优秀设计方案。

（三）主题活动设计

活动设计是学生自主探究和解决问题的关键环节。根据问题任务群，本活动设计了五个相互衔接的核心活动。

活动一：做好前期调查设计，积累数据资料。前期调查是做好平面图设计的第一步。引导学生通过调查、访谈等方法，了解学校用地结构和布局、建设与规划现状，分析、研究校园现有平面图设计存在的问题，为后期校园平面图设计的改进与完善积累数据和资料。

活动二：做好方案策划，明确解决问题指向。结合地理相关知识，利用相关文献，阅读校园规划平面图，了解设计校园平面图的相关知识和技能，如能够描述图形特征、提取图上地理信息、尝试对学校环境进行合理规划，等等。

活动三：提出改进方案，寻求问题解决路径。主要包括：校园建筑、体育场、绿地、道路、广场、停车场等如何合理布局，以及功能区如何划分、平面图不同素材和颜色如何协调、元素和色彩如何搭配、各种建筑物如何标注等，构建基于地理人地协调观的问题解决思路。

活动四：做好校园平面图设计，解决问题。依据方案设计思路，结合学校实际和师生需求，从学校、师生、个人等层面合理进行校园平面图设计。

活动五：进行成果的总结、交流与评价，提交设计方案。要求学生展示和汇报平面图的设计方案，相互交流，进一步改进和完善方案。成果的评价可以围绕成果的适切性、创新性展开。如，平面图设计方案是否切合学校实际，平面图上学生运用地理工具获取的地理信息、加工的地理信息、表达的地理信息是否准确，在功能上是否有文化内涵，结构上是否有独特创意，等等。在评价过程中引导学生进行自我总结、反思，修改，完善，最终将修改的方案提交学校。

本主题活动是围绕学生所在学校这一真实情境展开，学生、教师、学校管理者等都是本主题活动重要的资源。从跨学科的角度看，学生完成上述研究任务，需要运用语文、数学、美术、道德与法治、信息技术教育、劳动等相关知识。从地理、美术的角度看，学生们通过调查、考察等地理常用的研究方法，在真实环境中观察、认识学校的地理环境，切身体验良好校园环境给他们带来的身心愉悦，感悟地理环境与人类生活的和谐共存，从而树立起为学校建设的科学态度和责任担当意识，这正是地理课程育人价值的重要体现。

（四）活动实施与评价建议

1. 实施建议

"我是校园设计师"主题活动，需要学生紧密结合"地理区域划分"、

"地理实践与地理工具"以及"地理与社会·跨学科实践"主题中的核心知识来完成。同时，学生对学校的发展规划及其地理工具要有一定了解。在实施过程中，教师一方面要给学生的设计方案提供不断改进、完善、展示及交流的机会；另一方面要结合学生的认识发展特点对方案有针对性地给予引导和评价反馈，引导学生完成对地理重点知识的理解，提升学生的地理学科核心素养。

2. 评价建议

活动评价重点评价学生能否在真实的环境中自主确定设计方案要求；能否在参与式观察和体验中完成对地理重点知识的理解，建构解决问题的思路，提出合理可行的设计方案。因此，评价要点建议从以下几个方面来考虑：（1）方案设计思路是否具有创新性；（2）绘画是否有地理特色；（3）是否能使用地理相关工具进行恰当定位；（4）是否具有合作精神和克服困难的毅力；（5）是否能主动、流畅地表述和评价自己的设计方案；（6）是否能倾听小组团队和教师的相关建议；（7）是否能充分借助网络、图书等不同学习工具，并综合运用不同学科的知识和方法来解决实际问题，等等。教师可以运用提问、点评以及小组相互提问、点评等方式，对学生的设计方案进行评价，准确把握学生地理学科核心素养的发展水平，并给出进一步深化的建议。

余论
呼唤教师的教材素养

　　课程变革的枢纽是教材变革。教材变革要求教师具有相应的教材素养。分析教材素养的涵义，研究教师教材素养提升的可能策略，既是我们应对变革时代教材发展面临的挑战，也是让教材推动教师专业发展、促进学生全面发展的现实诉求。

一、教材素养及其意义

　　"素养"在《现代汉语词典》中，意指"平日的修养"①。《辞海》中将"素养"解释为"经常修习涵养"②。林崇德先生在《21世纪学生发展核心素养研究》一书中指出："素养不只重视知识，也重视能力，更强调态度的重要性。"③ 较之素质，素养更强调后天学习和实践中获得的一种修养，体现在某一方面所达到的高度，包括一个人的知识、技能、情意或态度等品质。这些品质通常被认定为专业人员做出具体专业决策，采取特定专业活动方式，并取得特定表现的稳定的内在因素。意指专业人员在特定领域能达到一定操作和创造某种活动的水平，是一个动态的质量指标。教材素养是教师作为专业人员在长期的教育教学中能动地研究与使用教材应具备的知识、技能和态度等品质，主要体现为教师的教材观念以及教师在教材理解、教材运用、教材编创等方面的一种综合能力。教材素养的内涵非常

---

　　①　中国社会科学院语言研究所词典编辑室.现代汉语词典［K］.北京：商务印书馆，1978：1096.

　　②　辞海编辑委员会.辞海［K］.上海：上海辞书出版社，1999：1606.

　　③　林崇德.21世纪学生发展核心素养研究［M］.北京：北京师范大学出版社，2016：11.

丰富，不同时代有不同的要求，在一定程度上支配着教师的专业水平和教育教学行为，决定着不同时代学校课程教材的实施效果和教师个人的发展。缺乏良好教材素养的教师，往往将教材视为一种"法定文化"，注重于"教教材"，把教学当作一种以"传授"和"记忆"为手段，以"掌握"为目的的简单活动；具有良好教材素养的教师，能以自己对教材的独特理解为基础，从注重"教教材"转向充分利用和享受教材，从强调用教材进行知识传授转向注重教材促进学生终身发展。如果说，教师的专业素养是决定课程与教材改革成败的关键要素，那么，教材素养应成为教师专业素养中一项要素。理由有三：

第一，教材变革时代呼唤教师的教材素养。教材是人类文明成果、民族优秀文化和课程与教育内容的重要载体，是学校教学和教师教育的依据，也是学生健康成长的精神食粮。正因如此，才有了一波又一波的教材改革并成为政府关注的焦点。教材改革兴许有其不完美，但从"一纲一本"到"一纲多本"再到起示范作用的"部编本"教材的多样化发展，是实践应试教育到素质教育再到核心素养改革发展的成果，这是毋庸置疑的。这正是国家落实立德树人的大举措。教材的生命力在于质量，教材质量体现在其培养的人不仅要有知识、有能力、有素质、有智慧，更要有灵魂。这个灵魂就是社会主义核心价值观、中华优秀传统文化、中国精神、革命传统精神等，这是学生终身发展和社会生存的根基，也是新时代的教材深远育人意蕴所在。面对当前我国风格迥异的多样化教材和全新的统编教材，作为教材改革践行者的教师，要跟得上教材变革的步伐，践行教材的时代育人使命。只有拥有良好的教材素养，打破传统的对一本教材内容或者传统教材的内容精细把握的局面，对教材的相关政策、内容编排、学术性、实用性、时代性等多方面进行全面认识与研究，才能在实践中更好地运用教材，肩负起教材塑造灵魂、塑造生命、塑造人的时代重任。

第二，教材素养是推动教师个体专业发展的重要途径。课程改革实践带给我们一个基本认识：课程改革与教师发展总是相伴而行，没有教师的发展就没有课程的发展。教师是变革课程的具体执行者，教师的观念、素养和能力制约课程的改革和发展。可以说"任何违背教师意愿的教育改革，从来没有成功过"①。在人类社会发展更加开放、更加多元和复杂化的信息社会,教材正在发生巨大变革,传统教育教学方法和模式遭遇前所未有的挑战。如果教师依然固守"教材即知识""课本即根本"的传统,缺乏课程开发的意识,忽视参与课程开发的作用,其结果是难以对课程教学现象进行有效审视。也只会使教学辛辛苦苦且游离于教学的真正意义之外,进而使教学与帮助学生获得持续生长能力的价值追求渐行渐远。美国学者古德莱德曾从课程实施层面提出了"理想的课程、正式的课程、领悟的课程、操作的课程、经验的课程"五种不同的课程类型,这几种层层递进的课程类型关系清楚地阐释了课程的变化历程。从理想的课程转化为经验的课程需要经过多重转换,这个转换过程中最为关键的一环是千百万教育实践工作者对课程的理解,这个过程就是教师的教材再开发过程。事实上,"课程研究与开发应该属于教师,只有这样才能使课程在实践中得以很好实施"②。真正有效的课堂,每一位教师都是课程与教材的开发者,教师要依据课程标准的理念,对教材进行评估、改编和加工;要以审慎的态度理解、运用教材,挖掘教材资源优势,弥补教材缺憾,填补教材空白,以确保学习者和所用教材两相匹配,在实践探索中实现对教材的超越。这样,"教师的教材就成了教材的功能性价值的决定性因素"③。这个过程自然成为教师实现自身专业发展的过程,教师对教材的"开发、创作和再创作",成为促进教师专业发展和自主发展的有效途径。

第三,教材素养是促进学生全面发展的内在需要。教育的本质是培养人。培养什么样的人、怎样培养人是教育要解决的根本问题,解决这一根本问题的重要载体就是教科书。教材是人类优秀文化的精选和传承,教材所承载的文化知识,最终目的是要引导学生学以致用,获得全面发展。在由教师、学生、教材共同构成的教学三要素中,教师是介于教材与学生之间,实现教材育人功能的桥梁。桥梁作用的大小主要取决于教师以何种教

① 国际21世纪教育委员会向联合国教科文组织提交的报告:教育——财富蕴藏其中 [M]. 联合国教科文组织总部中文科译,北京:教育科学出版社,1996:1.

② Lawrence Stenhouse. An Introduction to Curriculum Research and Development [M]. London: Heinemann Educational BooksLtd,1975:142.

③ [日] 佐藤学. 课程与教师 [M]. 钟启泉,译. 北京:教育科学出版社,2003:19.

学方法和手段引导学生走进教材，实现教学目的的创造性。教师怎样用教材，想要达到什么样的教学目的和效果，在教材的理解、加工以及教材运用等环节，都需要紧紧围绕处于主体地位的学生进行。没有学生参与的课程实施与教学实践，所谓创造性地理解和使用教材也变得毫无意义和价值。每个学生对教材的理解和运用，不是被动复制教师的讲授过程，而是带有个性化的"二次开发"，本身就是一种具有创造性的活动。具有良好教材素养的教师，能更好地启迪学生创造性地运用教材，指导学生探索教材如何促进自主学习，帮助学生掌握教材中人类优秀文化、领会人类优秀智慧成果，厚实他们可持续发展的文化底蕴，并由此促进学生全面发展。

二、教材素养的构成分析

教材素养以一种结构形态存在，是教师的教材观念、教材理解能力、教材运用能力、教材编创能力的综合考量。其中，教材观念是教材的认识层次，是教材素养的核心。教材理解能力、教材运用能力、教材编创能力是构成教材素养的基本内容。教材理解是教材运用和教材编创的基础，是教师教材素养和教材能力的静态呈现。教材运用和教材编创是教师教材观念、素质、能力的动态养成。具体来说，教师的教材素养由以下内容构成。

（一）教师的教材观念

教材观是教师在长期的教学实践及其教育思维活动中对教材的作用、地位、本质属性以及对教材处理的基本规律等一系列问题的认识和理解。这种认识可能是清晰的、显性的，也可能是模糊的、隐性的；这种理解可能是反思的，处于思维的深层，也可能是感官的，处于思维的表层。教材观支配着教师对待教材的态度、使用方法和效果。没有明晰教材观的教师，在教育活动中对教材不会有恰当的直觉和清晰的判断，更不会自觉地修正自己对待教材的态度与使用方法。因此，教师的教材素养提升，首先需要明确教材观的基本问题，即教师主张什么样的教材观，需要克服什么样的教材观，其核心是教师如何对待教材。

与教材素养关联最紧密的教材观是"材料式"的教材观。而首先应该拒斥的是对教师影响深远的"学科中心主义"的"圣经式"教材观。"圣经式"教材观把教材看作是专家编制的课程"产品"，具有绝对的权威性，认为教材的价值在于"控制"和"规范"教学。它往往表现为三种基本观点：一是认为"教材即课程""课程即教材"，把教材理解为学科课程内容，与学科知识等同起来；二是认为"教材即学科"，把学科知识结构与教材简单地等同起来；三是认为教材内容即教学内容，把教材内容当做教学中的唯一"法定知识"。持有这种教材观的教学更多强调一种单一的"教教材"的技能，将教学过程简单视为线性地传递知识的过程。圣经式的教材观虽然提高了教学效率，但也容易导致课程和教材的分离，将教材从课程开发与设计中剥离出来，否定课程开发与设计是教学的重要内容。这种教材观，实际上是以牺牲人的主体性为前提的，个体的生命意义只体现在知识的把握上，忽略了"在知识的吸收过程中，态度、才能和本领的形成实际上比知识本身更重要"[1]。违背了教学研究"为什么教""教什么""如何教"的根本问题，往往容易陷入"灌输中心"的泥潭。

要让教材转变为教师和学生共同探求新知识的平台，就必须激发教师主动参与个人意志的课程开发意识，确立"材料式"的教材观。"材料式"的教材观超越"圣经式"教材观，强调教材不是从外部控制教学的产品，它只是教师引领学生人格建构的范例，供师生解释、质疑、批判的开放性文本材料，更多强调"用教材教"，将教学理解为课程、教材、教师、学生的互动过程。"材料式"的教材观遵循三个主要原则：第一，教材的价值不在"控制"教学，而是为教学服务。它不否认对材料本身所蕴含的知识和技能的传授与掌握，但它更关注知识、情感、态度、价值观的整合在教学中的价值。第二，主张"教师即课程"。教师是课程的开发者，学生是知识主动获取的建构者。教师要有课程意识，真正地进入课程，将静态的课程设计转化为动态的课程实施。第三，教师和学生是课程创生的主体。教学过程不只是忠实执行既有课程计划和教材的过程，而是师生共同创造新的经验的过程。教师可以"对预设的课程内容进行了一系列的变更，或充实，或替换，或增删，或拓展[2]"，将其转化为创生的课程。

---

① S. 拉塞克，G. 维迪努. 从现在到2000 年教育内容发展的全球展望 [M]. 北京：教育科学出版社，1996：265.

② 郭元祥. 教师的课程意识及其生成 [J]. 教育研究，2003（6）：36.

"材料式"的教材观冲破了"教材中心"的惯性束缚，尊重了教师的专业自主权，给教师重新审视和定夺教材的内涵、功能及地位提供了更开阔的视野。它也尊重了学生的主体地位，能够推动学生改变学习方式，培养他们的创新意识和批判精神。

（二）教师的教材理解能力

教材理解是教师运用教材的基础。教师若想有效承载课程与教材赋予的时代使命，唯有以"理解的姿态"去对待教材，才能超越被动应付的重复性劳作，实现对教材的优化，并内在地促进学生学习生命的和谐发展，使课程与教学真正充满诗意的创造，成为一种文化传承和导向灵魂觉醒的事业。教师的教材理解拒斥"圣经式"的教材观，认为课程与教学不是一项仅仅关注如何"教教材"，或者被迫接受教材知识的技术性活动，而是一项建立在"材料式"教材观基础上，围绕什么是教材、如何实现教材的价值、在原有知识观基础上主动建构新知识、重组教材知识结构的理性思辨过程。如伽达默尔所言，"理解意味着内在认知（innerawareness）的一次增长，而这种认知又作为一种新的经验加入到我们自己的知识经验的结构中去。"① 从教学活动的角度出发，教材理解能力主要包括两个方面：

第一，教材文本的理解。作为一种静态的文本，教材直接反映并体现着其课程标准规定的学习内容，有其自身的特点和明确的教学要求。教师要站在课程的高度，基于自身的教材观念对教材的编排思想、知识体系、组织结构等有正确的把握。如，教师要熟悉课程标准的内容，领会教材的编写意图，把握教材特点和整体结构，明确教材的教学目的、教学要求、教材重点、难点和关键点，挖掘教材隐含的教育资源，等等。教师只有在原有价值观念的基础上，形成与课程文本一致又独具个性的教材理解，才能创造性地用教材进行教学。

第二，教材文本理解的理解。教师对教材的理解不应只是单纯对教材文本进行读取、解释，还要以教材研究者主体身份投身到教学实践，在课堂教学生活场域中审视自己先前的教材理解，对教材实践背后可能出现的各种问题有敏锐洞察和判断，并进行诠释和批判。教师只有积极运用教材

---

① ［德］伽达默尔．科学时代的理性 ［M］．北京：国际文化出版公司，1996：97．

观念和课程理论知识对这些问题进行价值辨识和文化解读，修正原有教材理解，才能根据教学实际做出符合学生发展的教学决断。因为教材理解不是凭空想象，而是依教学情境脉络而决定的，一旦知识脱离了具体的情境，知识本身的生命力就被削弱了。① 也只有这样，教师才能跳出既有教材理解思维的束缚，立足真实场域中的真问题，在思考与质疑中使教材焕发知识的生命活力。如果教师没有积极主动地投身于教学实践中的教材理解，就难以形成自觉反省的智力实践方式，就会沦为预定课程和文本的忠实执行者，成为课程开发的局外人。

值得注意的是，教材理解能力"需要教师有相应的课程知识为前提，能够对课程变革有一个过程性的认识，即理想课程进入现实的课程需要经过教师的生成性转化"②。课程与教学的变革从来就没有固定程式可以参照和模仿，忠实于"教教材"试图追寻一套标准化模式，不但不能取得预想的教学效果，反而损害作为专业人员的教师所看重的专业自主。因此，教师的教材理解能力，是教师个体履历与课程教材相遇的碰撞中建构意义的过程。

（三）教师的教材运用能力

可以说，课程教学实践中的批判性创造表征着教师的教材运用能力。当教材走进课堂时，教师从教材的"传递者"转变为教材的"设计者"，这不仅关涉教学理念的转变，更是关涉教学实践的操作。教师要用自己的教育智慧对教材进行再认识，对教材内容进行加工与修饰。只有当教师以尊重教材不拘泥于教材为前提，在具体的教学情境中创造性地研究教的内容和教的方法，对教材作革新性和批判性的使用时，课程的潜能才能得以现实展现③。因此，教材育人价值的实现过程，实质上是教师在教学活动中积极主动、创造性地运用教材的过程。教材运用能力具体包括两个层次：

第一，转化教材。转化教材是教师运用自身教学实践知识与习得经验，将教材内容进行精心处理，合理分配，妥善安排教学顺序，向有利于学生

① 周彬. 论指向立德树人的教学论建构 [J]. 湖南师范大学教育科学学报, 2019 (3)：85.
② 张金运, 程良宏. 教师的课程理解力及其生成 [J]. 现代教育管理, 2014 (1)：82.
③ 郭晓明. 从"圣经"到"材料"——论教师教材观的转变 [J]. 高等师范教育研究, 2001 (6)：20.

发展的方向转化。转化教材一般体现在教师上课前的教学方案设计上，是教师顺利开展教学的前提条件，是在对教材内容充分理解的基础上在教学活动中有效地引导学生学习的过程①。教师可以通过对教材内容进行创造性的选择、增加、删减和调整来提高学生的学习兴趣，也可以通过拓展有意义的材料和信息来满足学生学习发展的需要。

第二，超越教材。教材是静态的，课堂是流动的，无论设计好的教材内容（或教学方案）有多么完整，教师不能只停留在"教教材"上，还应根据课程标准、学科特点、教学目标、学生实际以及具体教学情境，对影响教材实施中的各种因素进行分析、把握和调适，对教材进行现场开发，活用教材。"即教材二次开发中的现场开发。"② 教师要以学生的"学"为中心，将教材视为一个动态的、发展的事件，看做一种创生课程的"材料"和"资源"。通过探究式的教学方法，在开放的情境中向学生揭示知识的生发过程，使教学成为一个师生互动、激情碰撞、共同生成新的教育经验的过程。

（四）教师的教材编创能力

教材编创能力是教师以研究者的眼光进行独到巧妙的编写和创作教材的能力，是教师较高的教材素养要求。教材的编写和创作必须建立在三个重要前提之上，一要认真学习课程理论，钻研课程标准，了解教材编写理念、组织方法和编排方式；二要研究学生特点，以学习者认知能力为导向；三要全面、整体认识所教学科特点，精心设计教材。并不是所有的教师都要求具备较高的教材编创能力，但参与教材编写创作，对提升教师教材素养不失为一种良策。实践证明，在课程改革赋予教师更多课程开发与创新权利的背景下，越来越多的教师参与到课程与教材编写中来。在教材编创过程中，教师不仅要学习课程理论知识，研究教材编写方法，还要研究学科、学校、学生以及自身特点。这既丰富了教师课程与教材理论研究，又促进了教师专业发展，还让教师积累了课程教材知识和经验，提升了教师

---

① 吴亮奎. 我国教师的教材素养及其面临的时代要求 ［J］. 当代教育与文化，2018（4）：61.

② 于兰，刘佳星. 基于教材维度的教师专业发展研究 ［J］. 渤海大学学报，2019（3）：140.

的教材运用能力。

三、教师教材素养缺失的主要表征

（一）"似是而非"地认识教材

育人，是教材的核心目标。立德树人要求教师要有与时俱进的教材理念，不仅要理解课程标准，还要理解教材的编写特点；不仅要关注教材显性、隐性的学科知识，还要关注教材显性、隐性学科知识的德育功能；不仅要强调培养学生的一般能力，还要重视发展学生的关键能力，等等。对于这些新的教材理念，教师们应该耳熟能详。然而，在教育教学实践中，有不少的教师却不能将它们真正融入到自己的思想观念中，并落实到具体的教学行动上。他们对教材反而有着各自不同的认识和实践行为，认为教材就是课程，教材内容就是学科内容，学科内容就是教学内容。教学的目的就是让学生掌握系统化的学科知识，教学的任务就是把书本知识传授给学生。这种只见教材不见课程的做法，实际上窄化了教学的内涵，人为地将教材从课程开发与设计中剥离出来，否定课程开发与设计是教学的重要内容，其实质是割裂了教材和课程的有机联系。

（二）"浅尝辄止"地理解教材

夏纪梅教授曾提到，"教师对教材的研究是教研相益的最佳途径，为教而研，为研而教，在教中研，在研中教"①。处于教育教学一线的中小学教师，最了解学生实际，并且具有得天独厚的科研素材资源，完全可以教研相依，互相促进，共同发展。可现实却恰恰相反，对教材有着深刻理解与研究的教师并不多，主观理解教材甚至不理解教材成为现实中某些教师教学的常态。有的教师认为教材是可有可无的教学资源，只要有配套的教学参考书，不需要进行理解；有的教师认为教材经过了教育部门的严格审核，自己还不具备对教材提出质疑的能力，或者根本未知晓教材的编写意图，凭自身教学经验去判断教材；有的教师停留在对教材表层结构研究，偏重于对教材的知识点、教材"双基"的关注，忽视对教材知识结构、教材

---

① 夏纪梅. 教材、学材、用材、研材———教师专业发展的宝贵资源［J］. 外语界，2008（1）：30.

"双基"之外的"多基"等深层结构的挖掘；有的教师认为理解教材就是理解教材知识本身，忽视知识蕴含的思想方法等实质性内容对学生发展的价值引领；甚至还有的教师把提升学生学习成绩作为理解教材的依据，上课以知识讲授为主，学生整体发展的多种需求被忽视。由于缺乏对教材深入理解与研究，教师难以养成质疑教材问题的意识和批判反思教材的习惯。

（三）"舍本逐末"地运用教材

教材是静态的，提供的只是素材；课堂是流动的，是一场思维之旅。教师应该根据学生实际将静态的教材进行动态化加工，使教材和学生进行积极有效的互动，让学生在高昂愉悦的情绪中随问而思，随引而发。我国中小学教材设计在新课改以后有了很大的创新，给教师和学生灵活使用教材留出了足够的探索空间。在具体教学过程中，部分教师已经意识到教材的局限和不足，他们不再视教材为圣旨，懂得对教材内容进行调整和整合的必要性和重要性。很多教师会结合教学目标和学生实际对教材内容进行加工与创造，选择增加或删减一些内容，调整教材内容顺序来提高学生学习教材的兴趣。或者扩展教材内容的深度和范围，补充大量拓展资料和信息以满足学生需要。然而，这种看似创新性、灵活性的教材使用方式，大多是在新课程改革大背景下做出的一种盲目跟从。囿于讲授教材知识，一味追求完成教学任务，停留在对教材知识解释的表面形式上，忽视对教材隐性教育资源以及蕴涵的教育理念和思想方法的深层挖掘等，仍然成为大多数教师运用教材的首要目的。这样的教材运用，反而把教材的重点内容"逼"向次要地位，使学生的思维视野在看似热闹的课堂氛围中被无形限制。

四、教师教材素养缺失的归因

（一）课程意识淡化

课程意识是教师对课程理论建构、课程资源开发等方面的一种敏感思维和自觉行为。缺乏课程意识的教学，往往看不到教材之外的东西，使教学游离于教学的真正意义之外。由于"学科本位"课程思想在我国学校课程中的影响，许多教师对于"课程与教材"这两个在教育界被广泛使用的概念以及它们之间的关联与区别并不明晰。虽然学者们对课程和教材定义进行了多种多样的阐释，但"教材即课程"的观念已经非常深刻地被众多教学人士所接受。认为课程和教材是合二而一的概念，甚至进一步认为，课程只是在涉及教材时才有具体意义，教学不存在课程资源开发。在这种课程思想影响下的我国中小学教材编写，也遵循了学科知识逻辑的编写思路，教材内容设计坚持以学科知识及其发展为基点，强调本学科知识自成一体。这种编写思路显然适合学生的认知发展规律，有助于学科知识的生成和技能的训练，为学生未来专业发展提供充足准备。但是，过于关注学科知识的逻辑性与系统性，难免会将教学过程异化为知识的灌输过程，使教师没有意识到，更没有主动参与个人意志的课程开发意[①]。大多数教师认为课程决策是由课程专家操控的，教师的任务就是忠实执行课程。

（二）教育惯习固守

在当前的教育教学中，有些传统观念时刻在蛊惑着教师的思维，或者早已渗透在教师的潜意识中，根深蒂固、坚不可摧，使教师经常按照"老规矩""老惯例"办事，从而影响教师对问题的分析和判断，走入惯性思维的误区。正如杨启亮教授所说："改革所要改造或革除的最直接也最平常的东西是惯例，但最艰难的也是惯例，正是惯例所形成的某些权威定势，会以一种自然而然的形式隐蕴着某种文化霸权。"[②] 我国传统文化"师者，所以传道授业解惑也"的教育惯性将教师角色定位在传授知识的"教书匠"角色上，学生只能被动地接受。教师职业的稳定性让教师形成照本宣科、按部就班的职业惯性思维，禁锢着教师们的改革意识和改革精神。从"20世纪 70 年代开始的'双基'教学惯性，人们就一直强调基础知识和基本技能的教学。从教材的理解与处理到教学目标的分析与确定，从教学内容的组织到教学方法的选用，从一堂好课的评估标准到最后的考试评价，人们都将'双基'作为一个基本的判断依据，从而遮蔽和阻挡了教师对学科思想方法的关注和思考"[③]。尽管"新课程标准和新教材改造了这些原因赖以

① 刘辉，李德显. 中小学教师课程能力缺失的表征、归因与救赎［J］. 当代教育科学，2019（11）：49.

② 杨启亮. 教材的功能：一种超越知识观的解释［J］. 课程·教材·教法，2002（12）：12.

③ 李松林，杨静. 基于学科思想方法的整合性教学研究［J］. 中国教育学刊，2011（1）：43.

存在的土壤，但惯例和霸权，无疑是一切试图超越它的改革者的极大障碍"①。这种惯性思维导致的直接后果是，一方面使教师和学生安于现状，不思进取，将自己束缚在一个相对封闭的知识环境中，对课程教材感到无所适从，无从反思，或者空有"反思之志"，而无科学、全面、客观的反思切入点②。另一方面使老教师迂回于过去滞后的理念，墨守成规，缺少创新能动的勇气，最终成为一名名副其实的"教书匠"，使新教师秉承老教师权威和以往知识经验，故步自封，难以涌出新思维，做出新决策。

（三）功利应试驱使

随着新课程改革的不断推进和深入发展，我国中小学教材设计发生了很大变化，教材逐渐超越狭义的知识，走向关注学生能力的发展。尤其是统编教材，在编写思想、教材特色、体例结构、选文、单元和练习设计、插图和装帧等方面均体现出鲜明的时代特色与生活气息，强调教师在教材使用上必须坚持立德树人，立足核心素养，在原有基础上根据各地实际进行逐步调整、改进和更新。然而，在我国应试教育大背景下，学校教育的现实情况仍未完全脱离"应试"的影响，相反的是"应试"的价值被无限放大，"学生的全面发展"让位于"促进升学率的提高"③，分数成为评价制度中的主宰者。迫于升学率压力，教师和学生不得不放弃对课程与教材的拓展和开发，把教学局限于以"传授"和"记忆"为手段，以"掌握"为目的的简单活动中。一旦当升学的内涵只剩下了分数时，人的健康、道德、人格、世界观、价值观、人生观、快乐等这些不能用分数衡量的重要教育价值都将被忽略。此时，教材的意义被遮蔽，教材的功能被消解，赋予教材知识经典性和权威性的功能远超越了教材的发展功能。课堂教学成为塑造"单向度的人"的工艺流程，学科知识成为师生共同膜拜的中心，学生的人格培养、关键能力的塑造在机械的操练中渐渐消失殆尽。

（四）理论知识欠缺

丰富的理论知识是提高教师教材素养的必要条件，也是深化教师教材

---

① 杨启亮. 教材的功能：一种超越知识观的解释 [J]. 课程·教材·教法，2002（12）：13.
② 徐晋华. 阻碍教师教学反思的因素之反思 [J]. 教育评论，2016（10）：129.
③ 周序. "应试主义教育"的"应试规训"及其消解 [J]. 华中师范大学学报（人文社会科学版），2014（3）：154.

观念、优化教材运用方法的奠基石。不能站在教育理论的高度来分析与理解教材，即使能发现和提出问题，也只能停留于问题表面，而不能深入问题本质，透彻地剖析问题，更谈不上从多角度、多维度来反思教材。目前的现实情况是，唯教参为第一要务，很少关注或者不去关注教育理论学习成为中小学教师群体中的普遍现象。受社会多元价值观念的影响，部分教师仍然把教书仅仅看作一份谋生的职业。他们教育理想缺失，责任意识淡薄，教学热情不高，自我发展规划缺乏，满足于原有知识储备，拘泥于传统教学方法，使教学真正成了"教书"。我国目前职前教师教育课程设置在结构、内容以及实践环节等方面上有所欠缺，在一定程度上制约着职前教师理论与实践知识的获取。虽然很多院校的教育专业课程在过去的"小三门"（教育学、心理学、学科教学论）的基础上有所增加，教学实践环节有所加强，但离师范生专业认证要求仍然相差甚远。在职教师的职后培训，涉及最新教育教学理论研究成果的内容不多，课程内容窄化，注重知识量的积累，缺少对知识结构的优化已成为培训常态。这既不能全面提高教师理论水平，也难以解决教师教学工作中的实际问题。

五、提升教师教材素养的策略

教材素养的提升是一个持续的、长期的过程，需要教师在平日的教学实践中坚持学习，不断反思，踏踏实实地逐步养成。面对当前课程与教材的时代转型，教师应从自身出发，积极参与课程、教材与教学革新，立足于日常教学实践不断提升自身的教材素养。基于此，笔者以为，提升教师的教材素养需要关注以下几方面。

（一）修炼课程意识，明确教材定位

"人是自我的，所有的外力如果不通过自我的内在转换，根本不能起到真正的作用。"① 教师教材素养的提升，是建立在自觉、明确的课程意识基础之上，只有教师的课程意识发生了合理转变，才有教师合理的教材观念。很难想象一个对教师职业充满倦怠情感、课程意识模糊、教学观念落后的教师，他会自觉地关注课程，关注教材。课程意识是教师对课程理论建构、

---

① 王啸. 教育人学—当代教育学的人学路向 [M]. 南京：江苏教育出版社，2003：381.

课程资源开发等方面的一种敏感思维和自觉行为。具备明晰课程意识的教师，往往持有"材料式"的教材观，能认识到课程不仅是知识，更是经验，是活动。教材不再是课程实施的唯一资源，只是重要资源。教学过程不只是忠实执行课程方案的过程，更是师生共同开发课程资源、挖掘教材资源潜在价值、更好地促进学生发展的创造过程。教师课程意识的确立与养成，非一日之功，必须是一个艰苦磨炼的过程，不可一蹴而就。教师要锻造高尚的道德情操，明确自己在教育教学中的责任和主体地位，怀揣教师情怀，恪守教育本真，知晓并认同教材基本精神，从内心深处激励起树立课程意识的动力和决心。对教材的定位，教师要超越以往狭义的教材观，遵循课程标准的要求，自觉应用课程标准的理念与目标要求，在实践中不断深化自己对教材的认识。在对教材进行创造性的加工与改造过程中，教师要帮助学生认识教材、分析教材、理解教材、建构知识，真正实现科学、合理、有效地"用教材教"。

（二）增强理论自觉，养成教材反思能力

教材反思是教师反思自己在教育教学过程中理解和运用教材的理念和行为，是教师教材素养提升的基础。在教学过程中，教师从多方面、多层次，多角度与教材展开对话，发现教材实践中诸多丰富而不确定的问题，对这些问题不断审视和追问，使自己的课程意识不断明确，并借此自觉调整自身教学行为与学生、教材之间的相互关系，从而创造性地解决各种问题与难题。教师要想更好地反思教材，需要站在教育理论的高度来分析教材，理解教材。否则，就会陷入经验的泥潭。如果仅仅凭借未经提升的经验，不能用先进的理念关照实践，那么教师的反思也便失去了源头活水①，教学也难以有创新。教师只有具备了主动获得的理论，才能对教材实践过程有积极的观照和回望，让反思超越经验，摆脱囿于经验行动的狭隘，让教学走向深入发展。这就要求教师一方面要具备一种理论自觉的意识和能力去辨析、审察、反思各种外来理论。既要对一些经典的课程理论、教材理论和教学理论有批判的吸收，将其纳入到自己的观念系统，建构自己的课程与教学观念；又要跟踪学科学术动态，了解所教学科的前沿知识，把

---

① 张勇，张滢. 论教师教育者的教育问题意识及提升策略 [J]. 教育理论与实践，2015：36.

学科最新知识融入到自己的教学内容中，拓宽教材资源。另一方面，教师应本着"基于课堂、基于教材、基于问题、基于学生"的原则，以日常教学中遇到的问题为出发点，将理论知识与实践结合起来，去反思、去实践具体教学实践中应该教什么，如何教，真正实现对教材的重新理解或深度理解。例如，针对学生对教材中某些内容的争议，教师可以鼓励学生质疑教材内容的"问题"。通过挖掘生活中的教材课程资源，去寻找教材内容与学生生活的契合点，让学生从生活实际中去解读教材文本，内化教材内容。这样，学生在反思教材过程中积累了经验，生发了智慧，彰显了个性，教材在教学过程中也充满了生机和活力。对教师来说，在反思中也积累了有意义的经验，提高了使用教材的水平，促进了自身专业发展。

（三）培育教研文化，提高教材运用水平

教研文化是学校文化的核心，其本质在于用文化精神培育人。良好的教研文化，是教师新理念、新思维、新行为成长的平台，也是教材素养发展的保障，直接影响教师教材素养的提升。面对教学经验、专业水平、专业各异的教师和体系完整、特色多样的教材，学校要营造交流学术的教研文化氛围，鼓励教师相互学习，取长补短，让教师在其中接受潜移默化的感染和熏陶，不断提升专业知识和教育教学能力。首先，校长要引领教师转变教育教学观念。作为学校的核心力量，校长要用前瞻性的眼光科学规划学校愿景，明晰学校育人理念，提高自己的课程领导意识，带领教师转变课程观念，改进教学方式。学校要把重视师生个体发展，充分挖掘师生潜能放在突出地位，营造尊师重教，勤奋好学的和谐氛围，共同实施和践行立德树人。其次，学校要经常组织教师广泛开展教研活动。可以以教研组为单位，组织教师进行教学观摩、集体备课等常规研讨；可以引导教师对不同版本的教材进行比较与分析，发现其不同优势和特点，然后对这些教材进行科学合理的整合和建构，形成优势互补、特色共生的个性化教材；各教研组也可以组织组内学科教师自主开展教研，通过教师之间互相听课、说课、评课、读书交流、问题讨论、案例分析等活动，引导教师在活动体验中反思自己的教学经验与教学理念，共同交流教材使用过程中遇到的各种问题，帮助教师掌握教材使用的方法，从而真正转变教师"照本宣科式"的教材观，提高教材使用水平。最后，开展教材研修与培训。学校可以根

据实际情况，制定规划，将教材培训纳入教师培训计划，开展对教师的教材培训与研修。教材是一大批专家、学者和优秀教师的成功实践经验和智慧的结晶，是经国家教育部门审定出版的正式文本，不可避免地渗透了教材编者的价值观及意识形态。要让教师很好地理解教材蕴含的课程设计意图、价值取向，提升驾驭教材的能力，学校可以邀请专家特别是教材编写、课程标准制定和教材审查的专家，就相关课程政策包括课程标准的研制、教材编写背景、编写思想、教材体系结构、内容编排、使用方式等内容与教师面对面开展交流与学习，帮助教师系统全面地把握教材特点，掌握教学方法。教师也可以通过各种网络学习平台观看专家视频、博客、文章、评论、论坛交流等课程资源，把理论和方法引入到教学实践，丰富自身教材理论，进一步加深对教材的理解，最终在实践中提升自身教材素养。为了提高教材培训实效，学校可将教材培训作为教师教学评价中的一项考核指标，根据培训目标制定每一阶段的评价标准，逐步建立起与教师教材研究相适应的专业生活方式。

教师是教材的最忠实读者，也是教材的开发者和实施者。教材的改进、编写与使用，离不开教师力量的参与。与教材共变，是时代对教师教材素养的诉求。教师必须不断成长，努力建构与教材相适应的素养结构，才能游刃有余地应对时代挑战。

参考文献

［1］中华人民共和国教育部办公厅．教育文献法令汇编（1949—1952）［G］．中华人民共和国教育部办公厅印，1958．

［2］中华人民共和国教育部办公厅．教育文献法令汇编1962［G］．中华人民共和国教育部办公厅，1963．

［3］刘英杰．中国教育大事典（1949—1990）（上）［G］．杭州：浙江教育出版社，1993．

［4］教育部．教育部关于印发《基础教育课程改革纲要（试行）》的通知［R］．中华人民共和国教育部公报，2002．

［5］中华人民共和国教育部．教育部关于全面深化课程改革落实立德树人根本任务的意见［EB/OL］．http：//www. moe. gov. cn/srcsite/A26/jcj_ kcjcgh/201404/t20140408_ 167226. html？Pphlnglnohdbaiek，2014．

［6］中华人民共和国教育部．义务教育课程方案（2022版）［Z］．北京：北京师范大学出版集团，2022．

［7］中华人民共和国教育部．普通高中课程方案（2017年版）［Z］．北京：人民教育出版社，2018．

［8］中华人民共和国教育部．义务教育化学课程标准（2022版）［S］．北京：北京师范大学出版集团，2022．

［9］中华人民共和国教育部．义务教育地理课程标准（2022版）［S］．北京：北京师范大学出版集团，2022．

［10］中华人民共和国教育部．义务教育语文课程标准（2022版）［S］．北京：北京师范大学出版集团，2022．

［11］中华人民共和国教育部. 义务教育科学课程标准（2022 版）［S］. 北京：北京师范大学出版集团，2022.

［12］中华人民共和国教育部. 义务教育生物课程标准（2022 版）［S］. 北京：北京师范大学出版集团，2022.

［13］中华人民共和国教育部. 义务教育数学课程标准（2022 版）［S］. 北京：北京师范大学出版集团，2022.

［14］中华人民共和国教育部. 义务教育体育与健康课程标准（2022 版）［S］. 北京：北京师范大学出版集团，2022.

［15］中华人民共和国教育部. 普通高中语文课程标准（2017 年版）［S］. 北京：人民教育出版社，2018.

［16］中华人民共和国教育部. 普通高中数学课程标准（2017 年版）［S］. 北京：人民教育出版社，2018.

［17］中华人民共和国教育部. 全日制义务教育语文课程标准（实验稿）［S］. 北京师范大学出版社，2001.

［18］中华人民共和国教育部. 义务教育数学课程标准（2011 年版）［S］. 北京：北京师范大学出版社，2012.

［19］中央教育科学研究所. 中华人民共和国教育大事记（1949—1982）［M］. 北京：教育科学出版社，1984.

［20］课程教材研究所. 教材制度沿革篇（上册）［M］. 北京：人民教育出版社，2004.

［21］藤正犬. 教学原理［M］. 钟启泉，译. 北京：教育科学出版社，2001.

［22］钟启泉，崔允漷，张华，等. 为了中华民族的复兴，为了每位学生的发展——基础教育改革纲要（试行）解读［M］. 上海：华东师范大学出版社，2001.

［23］石鸥. 教科书概论［M］. 广州：广东教育出版社，2019.

［24］石鸥. 弦诵之声——百年中国教科书的文化使命［M］. 长沙：湖南教育出版社，2019.

［25］张华，钟启泉. 课程与教学论［M］. 上海：上海教育出版社，2003.

［26］李方. 课程与教学论［M］. 南京：南京大学出版社，2005.

［27］陈旭远. 课程与教学论［M］. 长春：东北师范大学出版社，2007.

［28］石鸥. 百年中国教科书论［M］. 长沙：湖南师范大学出版社，2013.

［29］石鸥. 百年中国教科书忆［M］. 北京：知识产权出版社，2015.

［30］钟启泉. 课程与教学论［M］. 上海：华东师范大学出版社，2008.

［31］陈琦，刘儒德. 当代教育心理学［M］. 北京：北京师范大学出版社，2007.

［32］张大均. 教育心理学［M］. 北京：人民教育出版社，2015.

［33］张华. 课程与教学论［M］. 上海：上海教育出版社，2000.

［34］钟启泉. 现代课程论［M］. 北京：教育科学出版社，2003.

［35］约翰·杜威. 经验与教育［M］. 北京：人民教育出版社，2005.

［36］成尚荣. 核心素养的中国表达［M］. 上海：华东师范大学出版社，2018.

［37］廖哲勋，田慧生. 课程新论［M］. 北京：教育科学出版社. 2003.

［38］黄显华，霍秉坤. 寻找课程论和教科书设计的理论基础［M］. 北京：人民教育出版社，2002.

［39］钟启泉. 学科教学论基础［M］. 上海：华东师范大学出版社，2001.

［40］安德烈·焦耳当. 学习的本质［M］. 杭零，译. 上海：华东师范大学出版社，2017.

［41］余文森. 核心素养导向的课堂教学［M］. 上海：上海教育出版社，2017.

［42］林崇德. 21世纪学生发展核心素养研究［M］. 北京：北京师范大学出版社，2016.

［43］吕达. 中国近代课程史论［M］. 北京：人民教育出版社，1994.

［44］曾天山. 教材论［M］. 南昌：江西教育出版社，1997.

［45］迈克尔·富兰. 变革的力量——透视教育改革［M］. 北京：教育科学出版社，2004.

［46］雅斯贝尔斯. 什么是教育［M］. 邹进，译. 北京：生活·读书·新知三联书店，1991.

［47］弗朗索瓦-玛丽·热拉尔，易克萨维耶·罗日叶. 为了学习的教科书：编写、使用、评估［M］. 汪凌，周振平，译. 上海：华东师范大学出版社，2009.

［48］联合国教科文组织总部中文科译. 教育——财富蕴藏其中［M］. 北京：教育科学出版社，1996.

［49］ 佐藤学．课程与教师［M］．钟启泉，译．北京：教育科学出版社，2003．

［50］ S. 拉塞克，G. 维迪努．从现在到2000年教育内容发展的全球展望［M］．北京：教育科学出版社，1996．

［51］ 范印哲．教材设计导论［M］．北京：高等教育出版社，2003．

［52］ 丁念金．课程论［M］．福州：福建教育出版社，2007．

［53］［美］泰勒．课程与教学的基本原理［M］．罗康，张阅，译．北京：中国轻工业出版社，2008．

［54］ 王本陆．课程与教学论［M］．北京：高等教育出版社，2009．

［55］［美］帕克·帕尔默．教学勇气［M］．吴国珍，等，译．上海：华东师范大学出版社，2005．

［56］ 石鸥．课程改革中的若干问题［M］．广州：广东教育出版社，2004．

［57］ 叶澜．中国基础教育改革发展研究［M］．北京：中国人民大学出版社，2009．

［58］ 钟启泉，崔允漷．新课程的理念与创新：师范生读本［M］．北京：高等教育出版社，2008．

［59］ 陈桂生．教育原理［M］．上海：华东师范大学出版社，2012．

［60］ 扈中平．现代教育学［M］．北京：高等教育出版社，2005．

［61］ 小威廉姆·E. 多尔．后现代课程观［M］．王红宇，译．北京：教育科学出版社，2000．

［62］ David Geoffrey Smith. 全球化与后现代教育学［M］．郭洋生，译．北京：教育科学出版社，2000．

［63］ Leslie P. Stffe & Jerry Gale. 教育中的建构主义［M］．高文，等译．上海：华东师范大学出版社，2002．

［64］ 廖哲勋，田慧生．课程新论［M］．北京：教育科学出版社，2002．

［65］ 石鸥，李新．新中国60年中小学教材建设之探析［J］．湖南师范大学教育科学学报，2009．

［66］ 石鸥，张美静．新中国教科书多样化探索之路及未来展望［J］．教育科学，2020．

［67］ 李善良．论中小学数学教材编写的基本原则［J］．数学教育学报，2007．

［68］ 钟启泉．"优化教材"——教师专业成长的标尺［J］．上海教育科

研，2008.

[69] 陈月茹，叶丽新. 教科书：对话中生成的开放文本 [J]. 当代教育科学，2006.

[70] 小威廉姆·E. 多尔，王红宇. 后现代思想与后现代课程观 [J]. 全球教育展望，2001.

[71] 彭寿清，张增田. 从学科知识到核心素养：教科书编写理念的时代转换 [J]. 教育研究，2016.

[72] 朱华. 新时代教科书的育人功能与编写方略 [J]. 当代教育理论与实践，2019.

[73] 钟启泉. 基于核心素养的课程发展：挑战与课题 [J]. 全球教育展望，2016.

[74] 王晓丽，张莉. 我国中小学教材编写的问题审视及优化策略 [J]. 教学与管理，2019.

[75] 杜尚荣，李森. 中小学教材编写逻辑体系的反思与重构——兼论教材编写的教学逻辑体系 [J]. 课程·教材·教法，2014.

[76] 叶波. 是"知识放逐"还是"知识回归"——基于课程改革认识论的核心素养再追问 [J]. 课程·教材·教法，2018.

[77] 柳夕浪. 从"素质"到"核心素养"——关于"培养什么样的人"的进一步追问 [J]. 教育科学研究，2014.

[78] 余文森. 从三维目标走向核心素养 [J]. 华东师范大学学报（教育科学版），2016.

[79] 关晶. 关键能力在英国职业教育中的演变 [J]. 外国教育研究，2003.

[80] 张紫屏. 基于核心素养的教学变革——源自英国的经验与启示 [J]. 全球教育展望，2016.

[81] 李艺，钟柏昌. 谈"核心素养" [J]. 教育研究，2015.

[82] 窦桂梅，胡兰. 基于学生核心素养发展的"1 + X课程"建构与实施 [J]. 课程·教材·教法，2015.

[83] 钱丽欣. 课程整合：回应未来社会对学生核心素养的期待 [J]. 人民教育，2015.

[84] 余文森. 从三维目标走向核心素养是课改深化的标志 [J]. 人民教

育，2016.

[85] 蔡清田. "国民核心素养"转化成为领域/科目核心素养的课程设计 [J].
湖南师范大学教育科学学报，2016.

[86] 李润洲. 学科核心素养的培育：知识结构的视域 [J]. 教育发展研
究，2018.

[87] 蔡清田. 核心素养的学理基础与教育培养 [J]. 华东师范大学学报（教
育科学版），2018.

[88] 曾天山. 我国教材建设的实践历程和发展经验 [J]. 课程·教材·教
法，2017.

[89] 王鉴，王文丽. 课堂教学如何构建学生发展核心素养 [J]. 高等教育研
究，2018.

[90] 张华. 论核心素养的内涵 [J]. 全球教育展望，2016.

[91] 核心素养研究题组. 中国学生发展核心素养 [J]. 中国教育学刊，2016.

[92] 朱华，夏永庚. 从"知识本位"到"素养本位"——新中国中小学教科
书编写的改革与发展研究 [J]. 全球教育展望，2021.

[93] 王丹艺. 为了学习的教科书：理论脉络、模型构建与设计编写 [J]. 中
国教育学刊，2021.

[94] 辛涛，姜宇，林崇德，师保国，刘霞. 论学生发展核心素养的内涵特征及
框架定位 [J]. 中国教育学刊，2016.

[95] 周序. 核心素养：从知识的放逐到知识的回归 [J]. 课程·教材·教
法，2017.

[96] 辛涛，姜宇，王烨辉. 基于学生核心素养的课程体系建构 [J]. 北京师
范大学学报（社会科学版），2014.

[97] 石鸥. 最不该忽视的研究——关于教科书研究的几点思考 [J]. 湖南师
范大学教育科学学报，2007.

[98] 石鸥，石玉. 论教科书的基本特征 [J]. 教育研究，2012.

[99] 石鸥. 中小学教科书 70 年忆与思 [J]. 湖南师范大学教育科学学
报，2019.

[100] 徐洁. 迈向"核心素养"：新中国成立 70 年基础教育课程改革的逻辑旨
归 [J]. 教育科学研究，2020.

［101］姜宇，辛涛，刘霞等．基于核心素养的教育改革实践途径与策略［J］．中国教育学刊，2016．

［102］褚宏启．核心素养的国际视野与中国立场——21世纪中国的国民素质提升与教育目标转型［J］．教育研究，2016．

［103］钟启泉．关于"学力"概念的探讨［J］．上海教育科研，1999．

［104］张华．核心素养与我国基础教育课程改革"再出发"［J］．华东师范大学学报（教育科学版），2016．

［105］褚宏启．核心素养的概念与本质［J］．华东师范大学学报（教育科学版），2016．

［106］石鸥，张文．学生核心素养培养呼唤基于核心素养的教科书［J］．课程·教材·教法，2016．

［107］石鸥，张学鹏．改革开放40年教科书建设再论［J］．教育学报，2018．

［108］靳玉乐，王洪席．十年教材建设：成就、问题及建议［J］．课程·教材·教法，2012．

［109］任丹凤．新教材设计：突出三重对话功能［J］．课程·教材·教法，2004．

［110］朱华，肖清清．中小学教科书70年改革的历程与经验［J］．湖南师范大学教育科学学报，2019．

［111］张金运，程良宏．教师的课程理解力及其生成求［J］．现代教育管理，2014．

［112］郭元祥．教师的课程意识及其生成［J］．教育研究，2003．

［113］谢华均，宋乃庆．新教材编写的教育理念探析［J］．课程·教材·教法，2003．

［114］习近平．在哲学社会科学工作座谈会上的讲话［N］．人民日报，2016．

［115］中共中央国务院关于教育工作的指示［N］．人民日报，1958．

［116］钟启泉．核心素养的"核心"在哪里［N］．中国教育报，2015．

［117］杨九诠．三对关系中把握核心素养［N］．中国教育报，2016．

［118］成尚荣．核心素养：开启素质教育新阶段［N］．中国教育报，2016．

［119］靳晓燕．教材建设是国家事权［N］．光明日报，2017．

［120］唐建新．一线呼唤主流教材［N］．中国教育报，2009．

［121］顾海良．坚持教材建设方向　担当教材建设职责［N］．中国教育报，2017.

［122］杨九诠．学科核心素养与复杂情境［N］．中国教育报，2016.

［123］韩艳梅．语文教科书编制研究［D］．华东师范大学，2004.

［124］乔晖．语文教科书中学习活动的设计［D］．华东师范大学，2010.

［125］任丹凤．中小学教科书编制设计的理论与实践研究［D］．华东师范大学，2003.

［126］毕华林．走向生本的教科书设计研究［D］．山东师范大学，2006.

英文类

［1］Laura Hersh Salganik. Key Competencies for a successful Life and a Well-functioning Society［M］．Hogrefe & Huber，2003.

［2］Lawrence Stenhouse. An Introduction to Curriculum Research and Development［M］．London：Heinemann Edueation Books Ltd，1975.

［3］Anthony Kelly. The Evolution of Key Skills towards a Tawney paradigm［J］．Journal of Vocational Education and Training，2001.

［4］Mertens，DSchlüsselqualifikation，Thesenzur zur Schulung fur eine moderne Gesellschaft［J］．Mitteilungen aus der Arbeitsmarkt-und Berufsforschung，1974.

［5］OECD. The definition and selection of key competences：executive summary：DeSeCo project，2005.

［6］Hy Kim. A Comparative Study between An American and Republic of Korean Textbook Series' Coverage of Measurement and Geometry Content in First through Eighth Grades［J］．School Science and Mathematics，1993.

［7］Haggraty，I. An Investigation of Mathematics Textbooks and Their Use in English French and German Classroom：Who Gets An Opportunity to Learn What？［J］．British Educational Research Journal，2002.

［8］Sebastian Rezat，Giessen（Germany）．The Structures of German Mathematics Textbooks［J］．ZDM Mathematics Education，2006.

后 记

　　灯下，写下书稿的最后一个句号，掩卷回眸，往事如昨。如果说后记代表着对自己教育教学生涯的批判和反思的话，那么我心里将一直在写后记。

　　拙作构思于五年前在北京做访问学者期间。2016 年 9 月，我正好赶上教育部中西部高等学校青年骨干教师国内访问学者这趟末班车，幸运成为石鸥教授的访问学者，成为导师教科书研究团队的一员。石鸥教授也是我大学本科时的老师，教授我们"课程与教学论""教育社会学"等课程，老师亲切、和善、幽默、睿智，听他的课如沐春风，醉人醉心。记得跟导师沟通访学期间的研究方向时，他给了我两个方向：一个是中小学课程与教学研究，一个是中小学教科书研究。我毫不犹豫选择了中小学教科书这一研究方向。此后，在导师的引领下，我开始关注教科书研究，并在导师的悉心指导和关怀下学习、成长！

　　于我而言，尽管在高校从事教育教学工作近三十年，可当我真正接近教科书研究这一领域时，才深切体会到"说起来容易，做起来难"这句话的含义。中小学教科书研究既离不开理论的指导，又离不开具体的实践操作指导，著书核心素养导向的中小学教科书编制更离不开理论与实践的结合。这些，恰恰是对教科书理论与实践研究缺乏持久关注，以及长期待在高校的我所难以涉足的。所幸的是，凭着对教科书研究的喜爱，我一直在努力中慢慢领悟，在师长、领导和同事的激励下慢慢前行。

　　内心的感受往往在感受最强烈的时候难以表达，只有用最平实的文字向关心我的老师、亲人、领导、同事以及帮助过我的人表达谢意。

感谢导师石鸥教授。感谢导师的指引和教诲之恩。一日为师，终身为父，导师的真知灼见，言犹在耳；关爱鞭策，铭记于心。

感谢我的工作单位湖南科技大学。感谢我所在的教育学院领导的关怀与厚望，是他们营造了一个激励我不断奋进的良好工作环境。

感谢我的同事们、家人们对我的理解与支持。同时，还要感谢我的研究生王婷、王淑贤、彭胜、董莹、王紫悦、陈佳依、姚姿等在我写作过程中为我提供的各种帮助。

本书的写作，吸收了教育界众多前人学者的学术成果。可以说，这些闪耀着科学与理性的中国当代优秀的观点、思想理论和研究方法为本书顺利完成提供了学术上最好的学习样板。毫不讳言，对于缺少基础教育教学一线实践经验的我来说，更多的是沿着前辈筚路蓝缕的基础上继续着夯实路基的工作。在此，对这些研究者们表示真心的感谢。

鉴于时间、资料以及个人学识水平，书稿难免有错误和诸多不妥之处，敬请各位前辈、同仁及广大读者批评指正，不胜感激！

朱　华

2022 年 5 月